LE PRINCE FOUDROYÉ

La vie de Nicolas de Staël

Journaliste au *Monde*, Laurent Greilsamer a consacré une première biographie à Hubert Beuve-Méry, parue en 1990 chez Fayard. *Le Prince foudroyé, la vie de Nicolas de Staël* a reçu le Grand Prix des lectrices de *Elle* et le prix de l'essai de la Société des gens de lettres. Laurent Greilsamer a publié depuis deux livres sur René Char (*L'Éclair au front, la vie de René Char* et *René Char*) ainsi que deux ouvrages d'actualité (*Où vont les juges ?* et *Le Dico de la présidentielle*).

LAURENT GREILSAMER

Le Prince foudroyé

La vie de Nicolas de Staël

FAYARD

ISBN : 978-2-253-08464-8 – 1re publication LGF

En mémoire d'Yvonne Klotz-Blum.

À Pierre Loeb.

Le Concert inachevé

En 1968, le musée national d'Art moderne de Paris avait osé accrocher dans son hall d'accueil *Le Concert*. Cet immense tableau rouge signé Nicolas de Staël s'était sur-le-champ imposé comme le testament d'un peintre météore.

À l'âge de quarante et un ans, avant de se débarrasser de ce qu'il appelait sa « carcasse d'homme », il avait posé là les dernières touches de sa symphonie picturale.

L'avant-veille de son suicide, en mars 1955, Nicolas de Staël s'était enfermé toute la journée dans une tour désaffectée du cap d'Antibes. Il avait brossé le fond de ce *Concert* avec fièvre. Sur cette toile de 350 sur 600 cm, ce géant avait essoré sa rage.

Le soir venu, il avait posé ses brosses, repoussé les paquets de coton avec lesquels il aimait, à la fin de sa vie, étendre ses couleurs. Staël avait ensuite soulevé le lourd châssis pour le caler, debout, au fond de cet atelier de fortune.

Le lendemain, il posait des ocres et des blancs de soie sur le jute avec cette gravité déchirée qui était sa marque. Tel un fantôme, il luttait encore, prisonnier, selon sa formule, d'une « solitude inhumaine ».

Lui seul savait que cette toile serait la dernière. Mais savait-il ce qu'elle porte d'espoir et de révolte ? On y retrouve sa démesure, sa faim d'espace, et la flaque écarlate qui dansait devant ses yeux, en 1917, lorsqu'il quitta, enfant, la forteresse Pierre-et-Paul, à Saint-Pétersbourg, emporté par une berline dans une ville en flammes traversée par des milliers de gardes rouges armés de coutelas et de fusils dérobés.

Ces flammes-là le poursuivirent toute sa vie. Lui-même semblait tout à la fois rongé par un feu incandescent et profondément maître des couleurs et de l'espace. La flaque écarlate le rattrapa au soir du 16 mars 1955, à Antibes.

Quelques semaines après sa mort, sa femme Françoise et son beau-fils Antoine Tudal poussèrent la porte de la vieille tour du cap d'Antibes. Le soleil couchant vint frapper *Le Concert*.

Les dimensions du tableau interdisaient qu'on puisse le sortir. Il fallut déclouer et rouler la toile sur place. De 1955 à 1965, le chef-d'œuvre resta inconnu, dans les réserves du marchand de couleurs Lefebvre-Foinet. Ce n'est que lorsque Françoise de Staël eut décidé de réaliser un inventaire complet de l'œuvre peint de son mari qu'elle fit dérouler pour la première fois *Le Concert* devant Jacques Dubourg, le marchand de tableaux de Staël, Jean Bauret et Pierre Lecuire, deux amis de son mari.

Le Concert apparut, inachevé et pourtant évident. Tableau magique. Icône du demi-siècle.

Quand Jean Leymarie reçut la mission de diriger le musée national d'Art moderne, il obtint de Françoise de Staël de l'accrocher comme un manifeste dans le hall. Puis le tableau regagna les réserves avant de partir pour le musée Picasso d'Antibes.

La légende de Staël n'avait pas attendu cette heure.

Il inspirait le respect, et une crainte vague. « J'ignore ce que sont ses colères, mais j'entends glousser, pâmer, sangloter son rire de gamin errant et géant », confiait le peintre expressionniste Kees Van Dongen.

Marc Chagall avait pressenti sa puissance : « Il était innocent, il avait une force cosmique. »

Georges Braque, son ami, connaissait ses capacités de rupture : « Dans n'importe quelle voie où il s'engageait ou se serait engagé, on était sûr enfin de rencontrer un peintre. C'est le plus sûr garant. »

Son unique obsession s'appelait la peinture. Elle était son souffle, sa vie, son sang.

Première partie

« L'individu que je suis est fait de toutes les impressions reçues du monde extérieur depuis et avant ma naissance. »

NICOLAS DE STAËL, 1951
(réponse au questionnaire
du musée d'Art moderne de New York).

Nicolas de Staël affichait volontiers une certaine négligence, mêlée de superbe, à l'endroit de ses origines familiales. « Voyez le Gotha », lui arrivait-il de lancer comme pour s'épargner la longue énumération de tous les preux chevaliers qui l'avaient précédé depuis la nuit des temps...

Et, de fait, il ne prétendait qu'au futur, laissant à d'autres le soin de réciter son arbre généalogique. Une fois pour toutes, cet insolent de haute lignée avait remisé au fond d'un tiroir les rares documents familiaux parvenus jusqu'à lui. Pour solde de tous comptes. Par manque de temps, pressé qu'il était de vivre le présent. Ses descendants, peut-être... Lui, jamais.

Il s'était bien interrogé, adolescent, sur les origines d'une saga remontant au IXe siècle en Allemagne, dans le duché de Westphalie. Une cousine éloignée, Olga de Oom, avait longuement répondu à ses questions. Il avait appris que le blason des Staël – neuf tourteaux d'or sur fond d'argent – signifiait qu'une lointaine

15

aïeule avait nourri « durant les croisades neuf châteaux et les villages environnants ». « Soyez sans crainte, lui assurait Olga de Oom, un lâche, un poltron, un malhonnête sont inconnus parmi nous. »

La geste des premiers Staël commence autour de leur château planté dans les riches terres de l'arrière-pays rhénan, à l'orient de Cologne, près de Bröl-Bache. L'audace les habite déjà, et la passion du coup de force : l'un n'hésite pas à organiser une fronde pour s'opposer à l'archevêque de Cologne, personnage politique considérable, Grand Électeur de l'empereur d'Allemagne ; un autre dirige un coup de main contre l'équipage d'un navire descendant le Rhin pour laver un affront.

Très tôt, les Staël von Holstein s'allient à la famille du duc de Clèves. Alliance financière : ils prêtent de fortes sommes à la famille princière. Alliance militaire : un document du 28 mai 1497 certifie la bravoure de Heinrich Staël von Holstein au cours des combats livrés pour s'emparer de la ville de Neuss (19 juillet 1474-26 juin 1475). Sa vaillance lui vaut d'être adoubé chevalier par l'empereur Frédéric III et de recevoir une rente annuelle de 50 florins.

La fortune des Staël paraît cependant bien moins assurée que ne le laisse entrevoir tel ou tel parchemin. Dès le XIIᵉ siècle, poussés par la nécessité et un trop-plein d'énergie, certains partent conquérir les bords de la Baltique, aux confins des principautés russes.

Le décor est rude : dans ces contrées s'étendent à perte de vue des forêts impénétrables, des marais et des tourbières habités par des peuplades où l'on pratique la polygamie, le culte des ancêtres et l'incinération des morts, jugée alors criminelle par les catholiques.

L'épée à la taille, piquant vers les landes septentrionales par-delà l'Oder, qui marqua longtemps la limite entre la chrétienté germanique et le paganisme barbare, les Staël s'inscrivent dans l'aventure de ces nobles et de ces marchands des provinces de Lübeck et de Hambourg partis vers l'est pour la gloire de Dieu. Poussée irrésistible, qui se moque des frontières. Les plus hardis arrivent en 1200 à la tête d'une flotte de vingt-trois vaisseaux en face des côtes de Livonie, partie de l'actuelle Lettonie, où ils fondent Riga en 1201.

De siècle en siècle, les chroniqueurs rapportent alors que les Staël von Holstein se rangent sous la bannière des chevaliers Porte-Glaive. Un nom propre à jeter l'effroi. Revêtus d'un manteau blanc frappé de deux épées croisées, ces cavaliers cherchent à étendre, par le fer, leur loi à toutes ces contrées, quitte à se heurter à de furieuses révoltes paysannes.

En l'an de grâce 1223, les chevaliers Porte-Glaive se font étriper à Viljandi. Une génération plus tard, le Russe Alexandre Newsky parvient encore à stopper l'avancée des Germains sur les bords du lac Peïpous. Le choc des troupes teutonnes et slaves retentit dans l'Europe entière. Épuisés, défaits, les chevaliers Porte-Glaive auraient rendu les armes si les chevaliers Teutoniques, de retour de Terre sainte, n'étaient venus leur porter secours.

Les Staël passent naturellement d'un ordre à l'autre. Ainsi la conquête par le fer et le feu peut-elle continuer, doublée d'une politique d'annexion plus douce, moyennant or, argent et pierreries. Mais l'histoire ressemble à une horloge folle. En 1410, les chevaliers Teutoniques sont défaits à Tannenberg par une coalition de Polonais, de Lituaniens et de Russes. Ulrich von Jungingen, grand maître des chevaliers, meurt au combat. Au crépuscule, son corps repose au beau milieu d'un carnage de cent mille hommes agonisants, l'œil révulsé, les lèvres fermées sur une dernière prière ou un dernier juron.

Revers de fortune…

Tout paraît consommé quand Johann Heinrich Staël von Holstein surgit drapé dans son long manteau blanc frappé de la croix noire. Cette figure de légende va régner à la fin du XVe siècle sur la Livonie. Il ne s'agit, pour l'heure, que de contrées sauvages disputées avec acharnement depuis trois cents ans à des hobereaux païens. Johann Heinrich conclut un traité avec la Suède au nom des chevaliers Teutoniques. Les documents attestent qu'il fut leur commandeur à Rakvere (Wesenberg), puis à Voru (Werro) de 1487 à 1509, avant de s'éteindre en 1515.

La colonisation est la norme. Les terres sont contrôlées, taxées par des régisseurs impitoyables. Avec l'impétuosité qui est leur marque, les Staël von Holstein tiennent leur rang. Les annales s'attardent tout spécialement sur Ropert Staël von Holstein dont les domaines se situent autant à l'ouest qu'à l'est. Pour la première fois, un Staël s'introduit durablement dans la sphère du politique. Le général von Plettenberg, souverain du pays, l'appelle auprès de lui et finit par le désigner comme son plus proche conseiller. Cette confiance lui vaut à trois reprises d'être dépêché en ambassade à l'étranger. Intime du prince, magistrat, député à la Diète de l'ordre en Livonie, Ropert meurt en 1527 à la tête d'une jolie fortune dont hériteront ses filles Margaretha et Anna.

Apprécions cette parenthèse heureuse pour ce qu'elle vaut : une exception. La généalogie des Staël s'égrène avant tout au rythme de drames et de revers de fortune brutaux. On retrouve ainsi, au XVIᵉ siècle, avec Hildebrand de Staël, le fil d'une histoire déchirée entre les intérêts nationaux de la Suède et de la Russie. Seigneur de la ville de Pebol, il combat sous l'oriflamme suédoise lorsqu'il se voit cerné et bientôt défait par les troupes russes. Humilié, il est expédié pour sept années dans les geôles de l'intraitable voisin. A-t-il trop ardemment soutenu les ambitions de la Suède ? Sans doute. Mais comment comprendre que tous ses biens soient alors confisqués par les Suédois ? Quelle fut donc sa faute ou de quelle félonie put-il être victime ? Les grimoires n'en disent mot.

Par son geste, la Suède ruine en tout cas sa famille. Mort jeune, il laisse deux garçons en bas âge, Mathias et Hans Johann, qui se retrouvent exclus de l'aristocratie, dans un dénuement complet. Les deux frères devront se consacrer au commerce pour survivre. Comme dans les meilleurs contes, ils finiront par hisser au plus haut la fortune des Staël et jouiront de biens considérables même s'ils doivent encore attendre une génération pour recouvrer leur titre de baron. Le fils de Mathias, Jacob, connaîtra ce bonheur.

Les Staël von Holstein retrouvent leur ancrage naturel : l'ordre militaire. Jacob choisit de servir dans l'armée de Suède et obtient le grade de colonel en 1652. La reine Christine de Suède lui restitue alors les domaines autrefois confisqués à son grand-père et lui confie l'édification des forteresses des pays Baltes. Après des années de travail, celles de Reval et de Nienschansk voient le jour. Passionné par les aspects techniques et scientifiques de son arme, il fait construire sur ses terres des moulins à poudre et à huile, persuadé que « de telles manufactures favoriseront le développement du pays ». Le voilà bientôt maréchal de Livonie (1667), puis gouverneur de la subdivision militaire qui englobe l'Allemagne et la Suisse alémanique (1673), puis encore gouverneur général de Reval (Tallin).

Mais, le 10 octobre 1679, à Riga, un rendez-vous qu'il a fixé à deux alliés, Gustav von Mengden et son fils Otto, tourne mal. La rencontre ressemble à un guet-apens. Les deux hommes tirent sur lui et le tuent. Toujours cette ombre d'un destin défavorable… Comme si les Staël von Holstein payaient le prix du songe sanglant qui les a conduits en Livonie.

« Cette terrible forteresse… »

Après tant de vicissitudes et de drames, l'histoire semble plus clémente. En Suède, la lignée des Staël s'implante durablement. Éric Magnus Staël, jeune chevalier flambeur, inscrit même son nom en marge de l'histoire de la littérature française en épousant Germaine Necker, fille du banquier et ministre des Finances de Louis XVI. En poste à Paris, il ne songeait pourtant qu'à honorer ses dettes en contractant une alliance avec une riche héritière…

Parallèlement, une autre branche des Staël s'est rapprochée de la Russie, mettant son épée au service des tsars. Dès le XVIIIe siècle, les Staël sont chez eux à Saint-Pétersbourg, Moscou et Voronej. Par le jeu des mariages, ils parviennent à s'insérer dans l'aristocratie russe et à se faire admettre, autant qu'il est possible en Russie, pour des barons baltes.

Tous demeurent passionnément soldats dans l'âme. Le virus les arrache à leur famille à l'âge de quinze ans pour ne les quitter qu'à la mort.

Carl Gustav, le grand-père de Nicolas de Staël, ne faillit pas à la tradition : né le 10 juin 1798, il participe en 1828-1829 à la guerre russo-turque, puis en 1831 à la guerre contre la Pologne sous les ordres du prince Gorchakoff. L'état-major souligne sa bravoure et le nomme commandant après l'assaut de Varsovie. De 1849 à 1860, il dirige la 2e division de cavalerie. Désigné général de corps de cavalerie en 1861, il finit par se retirer après cinquante-quatre ans de service, auréolé de la décoration de l'Aigle blanc, et remercié par diverses primes en argent et un domaine. Les archives signalent tout juste son mariage avec la baronne Margaretha Ulrica Ungern Sternberg et son abandon du luthéranisme pour la religion orthodoxe. Lorsque Carl Gustav meurt, en 1868, son fils Vladimir a quinze ans. L'âge de l'École des cadets.

Le père de Nicolas de Staël sera le dernier des chevaliers de la lignée. Des études classiques au lycée de Stavropol, dans le Caucase, loin de sa famille, puis une rude formation militaire à l'école des cosaques, spécialisés dans la défense des frontières, le prédisposaient aux honneurs et servitudes du service armé. Il commence au grade d'enseigne, goûte à la vie de garnison, à la fraternité militaire. À vingt-neuf ans, il épouse la baronne Olga Guéorguïevna Sakhansky, fille d'un lieutenant général. Deux fils, Ivan et Vladimir, naissent de cette première union. Il devient bientôt lieutenant, puis capitaine. L'histoire familiale retient qu'il compromet un moment sa carrière pour avoir lancé un encrier à la figure de son supérieur. Mais son courage et son entrain au combat le font pardonner. Il fréquente les états-majors, s'use sur les champs de bataille, disparaît de longs mois guerroyer dans les rangs du régiment de uhlans de la Garde impériale contre les Turcs lors de la guerre de Crimée. Immense, dur avec lui-même, tel apparaît Vladimir Ivanovitch, tant de fois propulsé aux avant-postes et blessé.

En 1905, couvert de décorations, souvent cité pour sa bravoure, la cinquantaine passée, le voilà général major. Un an plus tard, il est promu chargé de missions spéciales auprès du grand prince. Enfin, le commandement militaire le nomme en 1908 vice-commandant de la forteresse Pierre-et-Paul, à Saint-Pétersbourg.

La fonction est prestigieuse. La forteresse symbolise non seulement la quintessence du pouvoir militaire de l'Empire, mais aussi une grande partie de son histoire. Les hauts murs de la citadelle furent les premiers bâtis à Saint-Pétersbourg, alors que la ville n'était encore que le rêve fou de Pierre Iᵉʳ. La légende veut que le tsar ait lui-même tracé de la pointe d'une baïonnette, en 1703, l'emplacement des murs, et qu'à cet instant un aigle soit venu planer au-dessus de sa tête…

La forteresse Pierre-et-Paul illustre également les plus sombres pages de l'autocratie, marquées d'une cruauté telle que le prince anarchiste Piotr Kropotkine assurait sérieusement au début du xxᵉ siècle que personne ne prononçait son nom sans baisser la voix. Ainsi les tsars s'étaient-ils servis de la citadelle pour régler leurs différends familiaux et politiques, et punir toute opposition, de celle des décembristes (26 décembre 1825) à Bakounine, de Netchaïev au propre frère de Lénine, en passant par Maxime Gorki et tant d'autres. Tout au long des siècles, cette « Bastille » a rempli son sinistre office de caisson étanche, d'étouffoir de la pensée vivante.

Poste redoutable. Saint-Pétersbourg peut bien s'affairer, rire et gronder, la forteresse veille, véritable place forte. Vladimir Ivanovitch de Staël limite volontairement son univers aux rives de cet îlot posé entre la Grande Néva et le canal de Kronwerk, face au palais d'Hiver. Ce camp retranché constitue son empire, alors que son corps douloureux lui fait payer ses campagnes victorieuses et que ses blessures lui demandent des comptes. Une fois par an, puis deux, le voilà contraint de solliciter des congés pour se soigner et suivre des cures. Encore jeune et déjà vieux, le général reporte ses espoirs sur ses deux garçons, inscrits dans les meilleures écoles militaires.

Son épouse s'échappe parfois pour participer à un bal ou à un thé entre amies. Mais, bientôt, même ce lointain parfum de la vie de Cour s'estompe. En 1909, la santé de la baronne décline brutalement. Durant l'été, alors que Saint-Pétersbourg plie sous la canicule, la maladie emporte Olga Guéorguïevna. Le 3 août, une note de service apprend aux officiers le décès de la baronne. Quelques jours plus tard, la haute hiérarchie impériale et militaire s'incline devant la bière de la défunte et se recueille dans la cathédrale de la forteresse.

Veuf, père de deux garçons de quatorze et vingt ans, Vladimir Ivanovitch demeure « prisonnier » des hautes murailles. Il a cinquante-six ans. Il ne lui reste plus que son honneur et sa solde.

Lubov ou le « côté coton »

Lubov Bérednikov n'est déjà plus tout à fait une jeune femme. Mi-enjouée, mi-grave, elle arbore ses trente-cinq ans dans des toilettes simples et se partage entre son piano et le dessin. Elle réside au 60, perspective Nevski, ce qui marque précisément son rang : ne dit-on pas que la grande bourgeoisie et la petite noblesse occupent les numéros pairs, le « côté coton » de la célèbre avenue, tandis que la haute aristocratie réside aux numéros impairs, le « côté velours » ? Ainsi va Saint-Pétersbourg…

Son père, Vladimir Bérednikov, propriétaire foncier et rentier, a occupé les plus hautes fonctions au sein de la municipalité. Sa mère et sa grand-mère sont des Glazounov, famille d'éditeurs richissimes qui s'enorgueillit d'avoir donné le jour au compositeur et chef d'orchestre Alexandre Konstantinovitch Glazounov. Son frère Vania (Ivan), toujours habillé avec soin, gère les immenses domaines familiaux. Costia (Konstantin), son autre frère, se passionne pour les ballets et les… ballerines.

Pour sa part, Lubov Bérednikov hésite. Sa bonne humeur et ses rires ne peuvent voiler « son » échec : le fiasco de son mariage. Elle avait cru à Ilya Vassiliévitch Véliatchev, envers et contre tous. Contre sa grand-mère qui l'avait mise en garde grâce à son « sixième sens ». Contre ses parents dont les bons conseils l'avaient révoltée… Elle l'avait donc épousé et son union, bien vite saccagée par la démence d'un homme malade, s'était révélée un enfer. Ilya Vassiliévitch avait finalement dû être interné et cinq longues années avaient été nécessaires pour obtenir un divorce reconnu en bonne et due forme par l'Église orthodoxe. Cinq ans de lutte et de courage.

Cultivée, indépendante – elle est l'une des premières femmes à conduire une voiture à Saint-Pétersbourg –,

Lubov rêve désormais d'une vie apaisée. Elle songe à se remarier, et les siens l'encouragent. Les éventuels prétendants sont passés en revue. Des amis leur parlent d'un officier supérieur, le vice-gouverneur de la forteresse Pierre-et-Paul. À l'heure des présentations, Vladimir Ivanovitch, en grand uniforme, portant moustache et barbiche blanche, leur fait une forte impression. Un instant, ils ont cru voir entrer dans leurs salons l'un de ces barons baltes si souvent décrits par Dostoïevski, avec leur morgue pour tout capital et leur sens chatouilleux du devoir. Et puis, la glace s'est brisée. Ce géant mélancolique et rigide, raide et séduisant, leur a plu. Le veuf et la jeune divorcée ont échangé des sourires.

Lubov envisage sérieusement d'épouser le général Staël von Holstein, son aîné de vingt-deux ans. Elle s'apprête à quitter l'hôtel particulier familial pour la forteresse Pierre-et-Paul. De loin, les lieux paraissent lugubres, mais une visite l'a rassurée : passé la lourde porte Saint-Jean, surmontée de l'étendard impérial, on découvre une ville fortifiée presque paisible, avec ses bâtiments militaires alignés au cordeau, ses casernements, ses jardins plantés de tilleuls et de chênes, sa cathédrale.

Le général Danilov, commandant de la place, l'a accueillie avec une affabilité rassurante. À son côté, Vladimir Ivanovitch semblait dans son élément naturel. Ensemble ils ont traversé la place et longé la cathédrale pour rejoindre l'hôtel particulier du général de Staël, adossé à l'édifice religieux. Lubov a longuement contemplé l'étroite façade de sa future maison, avec ses six hautes fenêtres et son jardin coincé derrière une grille dorée. Puis ils ont fait quelques pas à travers le parc pour atteindre la courtine de la Néva. De là, la vue plonge sur le palais d'Hiver et le bleu du ciel. On oublie alors les sombres bastions, situés à droite, où croupit l'élite des condamnés politiques. On suit du regard les dizaines d'embarcations qui remontent le cours du fleuve…

Le mariage est célébré en 1911. La notice du « bottin » de l'aristocratie de Saint-Pétersbourg résume l'état du jeune couple : « Staël von Holstein Vladimir Ivanovitch, général major, vice-commandant de la forteresse Pierre-et-Paul. Marié à Mme Lubov Vladimirovna, née Bérednikov. Forteresse Pierre-et-Paul, numéro 7. Tél. 444-78. »

L'adresse fait frémir. Des naissances se chargeront d'en estomper l'horreur. Dès le 25 mai 1912, Lubov donne la vie à une petite fille, Marina Vladimirovna. Deux ans plus tard, à la veille de la Noël 1913 (le 5 janvier 1914 selon le calendrier grégorien), naît leur deuxième enfant : Nicolas de Staël. Tel un prince, il est baptisé dans la cathédrale où reposent les dépouilles des tsars.

Le général Vladimir de Staël organise lui-même le protocole des offices religieux. Les Glazounov et les Bérednikov, les Staël von Holstein et notamment le frère de Vladimir, Alexis Ivanovitch, aide de camp du grand-duc, grand-oncle de Nicolas II, se retrouvent pour cette cérémonie intime dans la « maison de Dieu ».

Quelques jours plus tard, le 6 janvier 1914, le tsar se rend à son tour à la forteresse Pierre-et-Paul pour présider la traditionnelle bénédiction des eaux de la Néva. En face, au pied du palais d'Hiver, se sont massés les dignitaires et les gentilshommes, les trois cents chambellans et toute l'aristocratie. Tout ce monde attend d'apercevoir, sur la rive droite du fleuve, le tsar, la tsarine, les princes et les grands-ducs, Son Excellence le gouverneur Danilov et son adjoint Vladimir Ivanovitch de Staël, pour invoquer la clémence du ciel et conjurer la grande peur d'un déluge. Sur fond d'hymnes religieuses, ce ne sont que prières inspirées et génuflexions ferventes.

Sur l'autre rive, l'office célébré dans la basilique Pierre-et-Paul s'achève dans les vapeurs d'encens. Précédée de deux novices portant haut les bannières de la cité, une longue procession de popes sort et s'étire, à laquelle participent, emmitouflés dans d'épaisses pelisses d'ours, le visage frotté d'huile de phoque, Marina et Nicolas de Staël.

Du cortège s'échappe un chant grave, une mélopée mystique destinée à apaiser les esprits de la Néva. Posté au sommet du bastion Narychkine, Nicolas II se signe. On tire une salve de mitraille qui traverse le bras du fleuve en résonnant. Et puis d'autres, jusqu'à la cent unième. Longtemps l'odeur de la poudre reste en suspension dans l'air.

Un frisson d'union

En ce mois de mars 1914, les Glazounov reçoivent. Anna Vassilievna Glazounova trône, impériale, entourée de ses plus proches amis. Il y a tant d'invitations à rendre, tant d'obligations si longtemps différées… Deux cents personnes se pressent dans les salons du premier étage. Des chaudrons chromés fument, débordant de saucisses chaudes au vin. À droite, d'immenses vasques d'argent regorgent de caviar ; à gauche reposent sur des plats de porcelaine de Sèvres des légions de petits champignons crus à la crème. Plus loin, d'autres buffets proposent de minuscules concombres salés, des borchtchs et des zakouski. Des domestiques en livrée passent comme des ombres, porteurs de carafons de vodka et de citronnades.

Dehors, devant le 60, perspective Nevski, on discerne dans la nuit les cochers réunis autour de braseros, toute une cohue d'hommes engoncés dans des touloupes en peau de mouton, le crâne et les oreilles mangés par leurs chapkas, et des attelages au repos, d'élégants tilburys, des chevaux frémissants, la croupe recouverte de couvertures, lapant les seaux d'avoine.

Entre Noël et Carême, la saison des bals s'étire pour réchauffer l'hiver. Le Tout-Saint-Pétersbourg – trois mille privilégiés étiquetés, classés, bien à leur place – s'enivre de sorties dans l'attente du printemps. Les soupers sont servis à une heure du matin, on donne les premiers cotillons et quadrilles à trois heures, et les nuits font pâlir les jours. Qui songerait que l'histoire porte toujours sa charge de tragédie ?

Six mois plus tard, l'odeur de la guerre prend à la gorge. Le 1er août 1914, après bien des hésitations, le ministre de la Cour se permet d'interrompre le déjeuner du tsar : « L'Allemagne nous déclare la guerre ! » Est-ce seulement possible ? L'Allemagne, c'est Guillaume II. Guillaume, son cousin ! Bouleversé, Nicolas II fait atteler pour aller se prosterner devant l'autel du monastère de Diveïévo. Sous un ciel superbe, quand Berlin, Vienne, Paris, Belgrade s'affairent pour le pire, Nicolas II murmure comme un somnambule : « Dieu est miséricordieux, le danger passera. »

Le lendemain, le danger s'est précisé. Le peuple réclame le tsar à Saint-Pétersbourg. Alors Nicolas II s'arrache à regret de sa résidence d'été. En quelques minutes, une vedette impériale quitte Peterhof, le Versailles russe, et l'entraîne le long de la côte du golfe de Finlande vers la Néva. En moins d'une heure, Nicolas II parvient au pied du palais d'Hiver, depuis si longtemps déserté avec ses pièces immenses et son mobilier protégé par des housses blanches. Les courtisans l'attendent au débarcadère. Tous s'engouffrent dans la galerie Saint-Georges. L'icône miraculeuse de Notre-Dame de Kazan a été dressée au beau milieu. Les princes et les ducs, le gouverneur et le vice-gouverneur de la forteresse sont pressés les uns contre les autres. On étouffe, mais la ferveur domine tout. « Seigneur, sauve ton peuple ! » clament des centaines de voix de basse.

Sur la place du palais, une foule opaque piétine. Des milliers de Russes, moujiks de passage, soldats, sous-officiers, étudiants et babouchkas attendent, désorientés. Les ouvriers grévistes aussi, brandissant soudain des bannières impériales. La haute porte-fenêtre du balcon du palais s'ouvre enfin. Pâle, Nicolas II s'avance, suivi de l'impératrice. Une grande houle déferle : un frisson d'union. La foule s'agenouille instinctivement, psalmodiant des prières. Le tsar et la tsarine se regardent, surpris. Le peuple les aime à nouveau ! Tous crient : « Dieu protège le tsar ! »

La Russie mobilise plus de quinze millions d'hommes. Elle s'ébranle, courageuse et candide. L'armée Rennenkampf coupe droit vers la Prusse orientale. Une armée considérable, huit divisions d'infanterie, cinq de cavalerie, les plus décidés et les plus nobles des officiers de Saint-Pétersbourg, dont Ivan et Vladimir de Staël von Holstein, vingt-cinq et dix-neuf ans. Plus au sud, l'armée Samsonov remonte lentement.

Sans même s'en douter, la Russie a déjà perdu la guerre. Il fallait aller vite ; les deux armées filent leur train sans hâte. Il fallait innover ; Rennenkampf et Samsonov répètent scolairement les grandes manœuvres annuelles.

L'Allemand von Hindenburg accule ses adversaires dans les marais de la région des lacs Mazures. Quatre siècles après la tuerie de Tannenberg, les mêmes landes boivent le sang des soldats conduits stupidement à la boucherie. En cinq jours, vingt mille hommes sont abandonnés, morts ou expirants ; quatre-vingt-dix mille sont faits prisonniers. Le général Samsonov découvre trop tard l'ampleur de son erreur stratégique et se brûle la cervelle. Ivan de Staël, le demi-frère aîné de Nicolas, tombe au champ d'honneur, fauché par la mitraille.

Souvenirs d'enfance

Nicolas II efface la défaite en distribuant des médailles. Il débaptise Saint-Pétersbourg, qui sonnait trop « allemand » aux oreilles russes, pour lui donner le nom de Petrograd. Durant quelques semaines, le peuple en arrive à oublier que la tsarine est la fille du grand-duc Louis IV de Hesse. Les opposants négligent provisoirement de la désigner par son sobriquet : « Nemka », « l'Allemande ». Tout est encore possible.

À la forteresse Pierre-et-Paul, le général de Staël se retrouve commandant en chef, mais sans le titre. Le haut état-major, semble-t-il, a décidé que jamais cet honneur ne lui reviendrait… Faisait-on payer à ce monarchiste fidèle son caractère rugueux et sa trop grande indépendance d'esprit ? Avait-on décidé, en ces temps de patriotisme exacerbé, de ne pas accorder le titre de gouverneur à un baron balte d'origine allemande ? Encore aujourd'hui, les motifs de cet oukaze restent obscurs.

Staël ignore en tout cas l'affront. Il accepte la fonction sans les honneurs, alors que la forteresse se transforme en camp de prisonniers accueillant les conseillers de l'ambassade d'Autriche-Hongrie, les officiers prussiens et des cohortes de soldats allemands. Les archives semblent cependant indiquer que ses responsabilités de geôlier en chef de l'Empire lui pèsent. Au travers des rapports et des notes conservés se dégage l'image d'un vice-gouverneur plus libéral avec les détenus qu'avec ses subordonnés, prompt à accorder à un prisonnier le droit de lire les journaux, d'écrire, et à refuser à tel de ses officiers d'utiliser un lit de camp plus confortable, non prévu par le règlement.

Puissant et nauséabond, le souffle de la guerre s'insinue partout. Des centaines de milliers de réfugiés refluent vers les villes. Les trains de marchandises déchargent sur les quais de Moscou et de Petrograd toujours davantage de soldats en guenilles, blessés. Comme l'impératrice Alexandra Fedorovna, les femmes de la noblesse s'improvisent infirmières, fabriquent de la charpie et assistent avec courage des chirurgiens de campagne qui amputent à la chaîne les enfants d'une Russie impuissante. En moins d'une année, plus de trois millions de Russes meurent au combat ou tombent aux mains de l'ennemi.

Les plus lucides ont compris. Alexis Poutilov, propriétaire des aciéries qui ceinturent Petrograd, pronostique avec fatalité : « Les jours du tsarisme sont comptés. Il est perdu, irrémédiablement perdu. La révolution est désormais inévitable… » Et cet avis froid, net comme un coup de scalpel, rejoint étrangement les prémonitions du confesseur-conseiller de la tsarine, Raspoutine : « Le sang des victimes rejaillira jusqu'au tsar, parce que le tsar est le père des moujiks… Je vous le dis, la vengeance de Dieu sera terrible. »

La Russie est devenue une broyeuse d'hommes, une gueule de glace insatiable. Dès 1915, la troupe manque de munitions et de ravitaillement, monte au front les mains nues, avec pour consigne de dépouiller les cadavres. C'est alors qu'un télégramme apprend aux Staël la terrible nouvelle : à son tour, Vladimir, vingt ans, est porté disparu. À l'arrière, l'aristocratie et la haute bourgeoisie se sont retranchées dans leurs appartements maigrement chauffés au bois. Le peuple vit un martyre. C'est tout un pays qui proteste sourdement, souffre de la perte de ses plus beaux régiments et de ses villes frontières.

À la mi-1915, Nicolas II prend lui-même la tête des opérations militaires. Ce tsar, qui pleure à la lecture de romans à l'eau de rose, se propulse aux avant-postes. La Russie s'enfonce irrémédiablement alors que les commandes de l'État sont confiées à son épouse, sous l'emprise psychologique et bientôt politique de Raspoutine, qui sait apaiser les douleurs du tsarévitch, hémophile.

Le 13 septembre, Nicolas II écrit à sa femme : « La difficulté tient à la situation de nos régiments ; un quart seulement est au complet. Les nouvelles réserves ne seront pas prêtes de sitôt, et nous n'avons plus de fusils. Je vous écris cela à vous seule, ne le dites à personne. »

La Russie sombre sans sursaut. Dans ce contexte déliquescent, les Staël gardent la tête haute et leurs principes. Respecté par ses officiers, apprécié par les soldats, le vice-gouverneur place en détention d'anciens dignitaires du tsarisme convaincus de corruption, voire de trahison, comme l'ex-ministre de la Guerre en personne, le général Soukhomlinov. Alors que la noblesse murmure contre Nicolas II, s'indigne de son amateurisme, se scandalise de son entourage et de l'influence prépondérante de Raspoutine, jamais le patriotisme ou le dévouement du vice-gouverneur ne seront suspectés.

Pour les Staël, la vie semble continuer, paisible et sereine. Une petite Olga Vladimirovna naît le 25 avril 1916, et Lubov parvient, en dépit des restrictions générales, à préserver pour ses enfants une vie presque confortable. Chaque été, la famille loue une grande isba avec parc et plage privée sur la côte sud de la Finlande. Après la saison des nuits blanches, en juin, une berline précédée d'un attelage chargé de malles emprunte la route vers le poste frontière du grand-duché. C'est à chaque fois un adieu aux couleurs de Petrograd.

Lubov de Staël « émigre » pour trois mois. La petite Marina porte ses cheveux noués sous un bibi gracieux, Nicolas arbore une sobre blouse traditionnelle et de hautes bottes souples. Tous deux voyagent sous la triple protection de leur mère, de leurs *nia-nia* (nounous) respectives et de leurs bonnes.

Souvenirs d'un monde disparu… Lubov peint des aquarelles et apprend à Nicolas l'art de tenir un crayon pour dessiner. Les enfants courent pieds nus pour être en harmonie avec la nature : leur mère y tient beaucoup, après avoir lu l'*Émile* de Jean-Jacques Rousseau. Les corps glissent dans les eaux calmes et froides du golfe de Finlande, sous le soleil piquant, tandis que tonne le canon et que les armées s'étripent en deçà de la

Lituanie. Parfois, Marina et Nicolas de Staël échappent à la surveillance et s'aventurent dans la propriété de leur voisin.

Souvenirs d'enfance... Trois mondes se superposent. Celui du père, géant inflexible et majestueux. L'éducation s'y règle martialement. Celui de la mère, chaleureux et aimant. On y apprend le goût de la liberté, du courage, du respect des autres. Celui des *nia-nia*. Un refuge de jupes amples où l'on peut se consoler en écoutant de vieilles légendes russes.

Pour combien de temps encore cette douceur des choses ?

Une flaque écarlate

Ils osent ! Le jeune aristocrate français n'en revient pas. Le comte Charles de Chambrun, premier secrétaire de l'ambassade de France, assiste sidéré au sac et à l'incendie du palais de justice de Petrograd. Devant des ouvriers en grève, une houle de flammes jaunes s'échappe par les portes-fenêtres et une longue écharpe de fumée noire salit le ciel. Ce 8 mars 1917, Chambrun vit en direct la première journée de la révolution russe.

Alors qu'il regagne l'ambassade, son attention est brusquement attirée par un régiment qui longe d'un pas vif les quais de la Néva. Il fait moins quinze degrés. La troupe, conduite par quelques sous-officiers, semble respirer à l'unisson dans le froid sec, exhalant en cadence un panache de buée. Seuls les canons des fusils brillent. Arrivés devant le perron du palais d'Hiver, face au quartier général militaire, les sous-officiers parlementent quelques secondes. Et puis la garde officielle s'efface, les sentinelles saluent l'étrange cortège. En quelques minutes, sans un coup de feu, le palais d'Hiver passe aux mains des Soviets. Les maigres forces en place, dont un bataillon féminin, fraternisent avec les assaillants. Sur la ville, le jour est comme tamisé, le soleil évanoui.

Le soir, à l'ambassade de France, le comte de Chambrun raconte son émotion : « J'ai vu le pavillon impérial descendre lentement, tiré par une main invisible. Aussitôt après, devant cette place neigeuse où j'étais seul, une cotonnade rouge flottait sur le palais. »

Est-ce cela, un moment historique ? La Russie, trop longtemps entravée par une autocratie aveugle, glisse dans la révolution avec naturel. On découvre soudain que les ouvriers connaissent par cœur les couplets de *La Marseillaise* et que l'armée, profondément désorganisée, rêve d'armistice.

Sur la perspective Nevski, la foule se masse pour crier : « Du pain et la paix ! » Des pelotons de cosaques, lance au poing, circulent entre les groupes. Certains manient de longs fouets de cuir pour empêcher les attroupements. Les premiers affrontements éclatent, sporadiques. Un mouvement de grève générale se propage. Les dépôts de pain sont forcés, les magasins de charbon pillés. Des groupes brisent sur les monuments les aigles impériales. Le lendemain, dernier jour de parution des quotidiens, les éditorialistes s'interrogent : « Est-ce une émeute ? Est-ce une révolution ? »

La rue répond à ces graves questions : on s'affronte au sabre, au fusil et à la mitrailleuse. Les véhicules sanitaires s'arrêtent près des blessés. Les voitures sont réquisitionnées, les chauffeurs de maître priés sans ménagement de s'écarter : « Descends de ton siège ! » Petrograd se drape de rouge.

Le 12 mars, la ville brûle. Une odeur de cendres couvre les quartiers du centre. Ce sont vingt commissariats, l'arsenal de la Liteïny, les bâtiments de la Sûreté et quelques ministères qui flambent. Devant l'hôtel particulier de la grand-mère de Nicolas de Staël, un groupe de cent cinquante ouvriers surgit, calicot au vent, drapeau rouge en tête, criant : « À bas la guerre ! » Il se heurte à un barrage de cavalerie. Un officier commande le feu. Une trentaine de soldats tirent au-dessus de la foule. Quelques balles frappent la neige gelée. Les ouvriers s'enfuient, laissant plusieurs blessés à terre.

Les portes des principales prisons cèdent sous la pression de la foule. Voleurs et bandits se répandent dans les rangs des grévistes et des émeutiers. La grande prison politique de la Schpalernaïa connaît le même sort. Reste la forteresse Pierre-et-Paul. La foule s'y rend d'un seul mouvement et vient cogner à ses portes. En vain. Le général de Staël von Holstein a donné l'ordre de ne laisser passer personne. C'est bien le seul bâtiment qui résiste. Le 12 mars au soir, la forteresse est assiégée…

Isolé, abandonné, ce symbole de l'autocratie cède le lendemain. Les lourds vantaux de la porte Saint-Jean pivotent sur leurs gonds pour laisser entrer, à midi, une délégation de députés de la Douma, soutenue par des émeutiers. Le général Vladimir Ivanovitch reçoit les parlementaires dans son bureau. Les députés exigent la libération des détenus politiques et veulent s'assurer de la bonne exécution de leur volonté. Le colonel Ivanichine, responsable du bastion Troubetskoï, les conduit lui-même vers les cellules glacées.

Bouleversés, hagards, les prisonniers marchent à petits pas dans la lumière fraîche. Pendant ce temps, la forteresse est investie par les insurgés qui courent sur les chemins de ronde des courtines, là où la vue balaie Petrograd, le palais d'Hiver, le Sénat, le bâtiment de l'Amirauté et sa flèche d'or, le golfe de Finlande avec ses milliers d'embarcations. C'est ici, mieux qu'ailleurs, que l'Empire russe avoue sa faillite. C'est ici que le pouvoir des Romanov est né, c'est ici qu'il meurt dans un hoquet.

Le général Vladimir Ivanovitch tente de contenir la tempête. Par son autorité, il parvient à sauvegarder un semblant d'ordre. Mais pour combien de temps ? L'anarchie souffle sur Petrograd. Et, dans la forteresse, la foule accourt, toujours plus dense et exaltée. Des groupes d'étudiants s'attaquent aux portes des dépôts d'armes et de munitions. Les stocks de poudre et d'explosifs sont bientôt ouverts à tous vents.

Dans la ville, des groupes courent de maison en maison. La foule encercle l'hôtel particulier du comte Fredericks, le pille, l'incendie. Le comte, arrêté, est traîné jusqu'au palais de Tauride où siège la Douma. Il retrouve là, dans une ambiance survoltée, l'ancien Premier ministre Stürmer, créature de Raspoutine, le métropolite Pitirim, le général Balk, préfet de Petrograd, l'amiral Hirs, le vice-amiral Karsov, le général Kourlov et tant d'autres, encadrés par des miliciens en armes.

À la forteresse Pierre-et-Paul, on déplore quelques morts, cadavres ensanglantés abandonnés à la vue de tous. Un comité de soldats est en voie de formation. Un message de sa mère parvient miraculeusement jusqu'à Lubov de Staël : « Prends garde ! Il faut fuir ! » En quelques mots, elle annonce l'arrivée d'un homme de confiance qui devrait permettre au général d'échapper à une arrestation devenue inéluctable. À la tombée de la nuit, le général se glisse, en tenue civile, dans une voiture. Lubov et les enfants se retrouvent isolés dans la forteresse avec pour tout secours Domna Trifonoff, la *nia-nia* de Marina.

Le lendemain à l'aube, le comité de soldats tambourine à la porte de Lubov de Staël. « Nous venons arrêter Vladimir Ivanovitch. – Mais il n'est pas là ! Je pensais qu'il était avec vous. »

Pendant ce temps, sa famille s'est mobilisée. Alors que la nuit dérobe déjà Petrograd aux regards, les trois enfants sont entassés dans une vieille calèche attelée discrètement. Deux hommes sûrs constituent l'équipage. Maintenu enfoncé au plus profond de la voiture, c'est la dernière fois que Nicolas descend l'allée centrale de la forteresse, passe sous la porte Saint-Pierre et emprunte le ravelin Saint-Jean, avant de dire adieu à cet étrange royaume d'ombres dont il fut l'insouciant Petit Prince.

Il n'a que trois ans et demi. Aussi léger qu'un souffle, il quitte ces hautes murailles éclairées par des lueurs d'incendie, avec, dans le regard, l'image d'une flaque écarlate.

« *Mon pauvre petit !* »

Le tsar est en sursis. Il quitte son quartier général de Moghilov, à vingt heures de train de Petrograd, pour la capitale. Les parlementaires de gauche exigent son abdication. Ceux de droite les rejoignent. La noblesse et les grands-ducs se détournent. La rue l'a déjà oublié. Et voilà que les chefs d'armée eux-mêmes lui font savoir qu'il faut songer à renoncer au trône. Tout se dérobe...

Dans la nuit du 14 au 15 mars, la Douma autorise la formation d'un gouvernement provisoire dirigé par le prince Lvov. Une république éruptive s'installe. Quelques heures plus tard, l'empereur de toutes les Russies, tsar de Pologne et grand-duc de Finlande, s'exécute : « Nous avons reconnu pour bien d'abdiquer la couronne de l'État et de déposer le pouvoir suprême. » Dans le wagon impérial qui lui sert de bureau pour diriger les armées, il confirme sa décision à deux délégués de la Douma : « Je désire garder mon fils auprès de moi. J'abdique en mon nom et au sien en faveur de mon frère, le grand-duc Michel Alexandrovitch. »

Le lendemain, le grand-duc Michel, face au soulèvement populaire, renonce au titre. Les derniers soubresauts de l'Empire n'ont pas duré vingt-quatre heures. Le peuple a provisoirement offert le pouvoir aux libéraux. Les modérés prennent les commandes, tandis que les socialistes-révolutionnaires et les bolcheviks prennent position.

Dans Petrograd en fusion, le général Vladimir Ivanovitch attend sa révocation. Il sait que les officiers supérieurs courent le plus grand danger. Ceux qui ont eu la témérité de circuler en ville ont été conspués. Des pelotons d'ouvriers les ont contraints d'arracher leurs épaulettes et leur ont confisqué leur épée. Certains, qui se rebellaient, ont été tués. D'autres ont pu se réfugier chez des particuliers et se terrent en attendant une accalmie. Bientôt, le général Voïéïkov, commandant des palais impériaux, sera incarcéré dans la forteresse Pierre-et-Paul.

Par miracle, le vice-gouverneur et sa famille sont parvenus à se retrancher dans l'immense hôtel particulier familial du 60, perspective Nevski. Une nouvelle vie s'improvise, scandée par les cortèges de manifestants et les appels du Soviet de Petrograd. Le luxe écrasant de naguère n'est plus de mise, même si l'ordinaire demeure resplendissant.

Fortunée, prévoyante, Lubov Glazounov, augurant mal des troubles à venir, a vendu dès 1915 la plus grande partie de ses terres. Pour l'heure, elle conserve ses appartements au premier étage, prolongés par les salons de réception. Les Staël s'installent dans l'aile gauche du deuxième. Un piano à queue symbolise le calme rêvé et provisoirement retrouvé. Lubov de Staël y joue pour apaiser les angoisses de ses enfants et chasser la nuit qui recouvre la ville. Sous sa caisse d'un noir profond, il abrite les jeux secrets de Marina, Nicolas et Olga.

Les chambres d'enfants se trouvent au troisième étage. Ici, tout s'organise autour de leur éducation. Les *nia-nia* règnent sur une cohorte de gouvernantes suisses et françaises. Car Marina et Nicolas sont sommés de s'exprimer à table en français. Le soir venu, alors que Lubov Glazounov dîne au premier en compagnie de ses invités, les *nia-nia* conduisent les petits Staël auprès de leur grand-mère pour la cérémonie quotidienne du baiser vespéral. Des toiles de maîtres couvrent les cimaises. Tout un mélange de natures mortes, de vanités, de portraits d'ancêtres tapissent les moindres recoins. Un musée imaginaire dans lequel se détache, cabré, un cheval digne de Géricault.

Ce décor cache mal les convulsions en cours. À la mi-mai 1917, de nouvelles manifestations traversent Petrograd. Dans le pays, les paysans brûlent les « châteaux » et s'emparent des terres. La Douma tergiverse, sans se résoudre à signer une paix séparée. Sous la pression de la rue, un nouveau gouvernement est nommé, dans lequel entrent cinq socialistes.

La carrière du général Vladimir Ivanovitch prend fin. Officiellement « pour cause de maladie ». Le 8 mai 1917, l'état-major lui alloue une pension de 1 882 roubles, augmentée d'une allocation équivalente. Dans un dernier geste, on lui remet les « insignes pour services rendus au-dessus de tout reproche ». À soixante-trois ans, le vice-gouverneur se retranche dans son bureau, derrière une vaste table ornée de la statuette d'un uhlan en argent. À quoi songe-t-il en contemplant ce cavalier armé d'une lance, symbole des troupes allemandes ?

« Expropriez les expropriateurs ! » Dans Petrograd, une foule miséreuse et ulcérée gronde encore. En juillet, des marins et des soldats extrémistes tentent de renverser le gouvernement provisoire. Le Soviet s'y oppose et Lénine opère un repli prudent en Finlande. Quelques semaines plus tard, en octobre, le gouvernement Kerenski n'offre plus la même résistance. Cette fois, Lénine, relayé par Trotski, appelle de toutes ses forces à la révolution. Le 25 octobre au petit matin, les bolcheviks coordonnent les mouvements des soldats de Petrograd, des marins de Kronstadt et des gardes rouges ouvriers. Seulement défendu par des cadets, le palais d'Hiver rend les armes. Kerensky est en fuite. Le pouvoir tombe aux mains des Soviets.

À quelques centaines de mètres, les Staël restent figés, reclus dans leur hôtel particulier. Toute sortie relève du défi. Ils vont demeurer « prisonniers » durant quinze mois. Des hautes fenêtres de leurs appartements, le général et son épouse peuvent seulement observer leurs enfants se promener dans les jardins de la place Alexandra, sous la garde de leurs *nia-nia*. Face à leur hôtel particulier, vers la droite, on aperçoit le monument de la tsarine Catherine II sur lequel a été piqué un drapeau rouge miniature. Plus loin, le théâtre Pouchkine. Légèrement vers la gauche, le superbe palais Anitchkov où résidait l'impératrice mère.

Les Staël craignent à tout instant l'irruption des révolutionnaires, une arrestation, le peloton. « Jamais la forteresse Pierre-et-Paul n'a été aussi bourrée », rapporte une observatrice, Zénaïde Hippius, dans son journal intime. Alors que la paix séparée vient d'être signée à Brest-Litovsk, en mars 1918, la guerre civile se propage, âpre, sans pitié.

Le 60, perspective Nevski est désormais peu sûr. Les soldats s'y invitent le soir, s'emparent des provisions, volent les bibelots, pillent le mobilier. Courageuses et fidèles, les *nia-nia* forment un cordon protecteur autour des enfants. La famille conserve en mémoire ce jour où Marina et Nicolas se sont rendus à la cathédrale Notre-Dame de Kazan pour prier et où un soldat a violemment arraché la croix et la grande chaîne en or de Marina.

« Tu n'as pas le droit de toucher à cette petite fille, voleur ! C'est sa croix, s'est écriée sa *nia-nia*, Domna Trifonoff, avec son accent du peuple.

– Hé, quoi, petite mère, a répliqué le soldat.

– Rends cette croix.

– Holà !

– Rends, ou Dieu te punira pour toujours !

– Là, petite mère, te fâche pas, a bougonné le soldat. C'est bon pour cette fois ! »

Les enfants dînent à présent à l'office. On mange peu et mal dans une vaisselle en argent. Tandis que Nicolas finit un soir une maigre bouillie, un domestique le regarde et murmure comme pour lui-même : « Mon pauvre petit ! » *Biedni maïlchik ! Biedni maïlchik !* Dans son exclamation passe toute l'époque, ce message qui signifie à l'enfant : « Tu n'as pas de chance ; le monde ne t'appartient plus !… »

Nicolas de Staël se souviendra toujours de ce trait. Comme, aussi, de cette scène de rue : une fusillade éclate non loin de lui. L'odeur de la poudre, le vacarme, les blessés, il veut tout saisir, enregistrer. Sa *nia-nia* lui tire le bras, cherche à l'empoigner. Et lui se débat pour voir, se traîne par terre pour résister, trépigne de fureur à l'idée qu'on veut le priver de ce spectacle.

Un jour, alors que Vania Bérednikov, son oncle, sort pour se rendre à un rendez-vous en ville, la milice l'interpelle au pied de la demeure familiale. Habillé avec trop de recherche, il a maladroitement attiré l'attention sur lui. Un mot de trop ? Un regard trop fier ? Quelques rares témoins, tétanisés, assistent à sa mise à mort.

Comme des ombres rompues

Au creux du canapé, une pyramide de diamants, de turquoises et d'émeraudes s'entrechoquent. Méthodiquement, Lubov de Staël tend une à une les bagues et les broches à Domna Trifonoff. Dans le plus grand secret, les deux femmes répartissent une partie des bijoux dans les doublures et les ourlets de la robe de paysanne de la *nia-nia*. Ensuite seulement la *nia-nia* dispose le reste des pierres dans une miche de pain que Lubov a partiellement évidée.

Seule la fuite peut les sauver. La fuite hors de Russie. La fuite, malgré l'opposition initiale du mari de Lubov. La fuite, en dépit de tout.

L'exécution sauvage de son frère Vania a définitivement décidé Lubov de Staël. La mort de Nicolas II aussi, annoncée laconiquement le 20 juillet 1918 dans les *Izvestia* : « Par cet acte de châtiment révolutionnaire, la Russie soviétique a donné un avertissement solennel à tous les ennemis qui rêvent du rétablissement du vieux tsarisme, ou même osent lui porter atteinte les armes à la main. » Les conditions exactes de l'assassinat de la famille impériale ne sont pas encore connues, mais les rumeurs laissent imaginer le pire. Au début de l'année 1919, les quatre grands-ducs survivants sont à leur tour exécutés dans l'enceinte de la forteresse Pierre-et-Paul.

Confrontée à une guerre civile mangeuse d'hommes, impitoyable aux anciens représentants du tsarisme, Lubov de Staël cherche depuis des mois un passage vers la liberté. L'espoir de trouver une brèche est pourtant mince. Toutes les routes sont surveillées, les gares contrôlées. À chaque barrage, les miliciens demandent les papiers des voyageurs. Toute personne en déplacement est suspecte. On ne peut sortir de Petrograd sans permis spécial.

Le soir, le général et son épouse évoquent à voix basse les rares nouvelles qu'ils ont pu glaner. Un de leurs amis serait parvenu à s'enfuir, grimé en pauvre diable, le visage dévoré par une longue barbe. Il aurait échappé à l'appel des miliciens sur le quai, puis se serait faufilé dans un wagon. Vrai ? Faux ? Quelques officiers, restés en contact avec le vice-gouverneur, le poussent à partir, quels que soient les dangers encourus. Ils l'assurent de leur protection jusqu'à la frontière avec des hommes sûrs. Le général tergiverse encore. N'a-t-il pas toujours souhaité finir sa vie en Russie, à la rigueur en Estonie où il est né, près du château familial de Staëlenhof depuis si longtemps perdu de vue ?

Justement ! Lubov se démène. Comprenant les difficultés d'une sortie clandestine de Petrograd, elle échafaude un autre plan. Les Staël, plaide-t-elle, ne sont pas russes, mais estoniens. Elle multiplie les démarches auprès du consulat d'Allemagne qui représente l'Estonie auprès des Soviets, argumente avec ténacité en s'appuyant sur les documents familiaux qui prouvent que le grand-père du général était seigneur héréditaire de Kotzum et de Rumm. En septembre 1918, elle obtient un premier résultat : la reconnaissance officielle par l'Estonie de la citoyenneté du général de Staël. Mais l'administration soviétique ne se contente pas de si peu. Lubov doit poursuivre ses efforts, obtenir confirmation de cette première attestation. L'instruction du dossier prendra encore près d'un an…

La vie des Staël s'organise autour de ce combat. De juillet 1918 au mois de septembre 1919, toutes leurs forces sont tendues à préparer ce départ sans retour. Des mois de conciliabules feutrés, de rendez-vous discrets avec leurs derniers amis, tandis que la diphtérie et la tuberculose se répandent dans la ville.

Au printemps 1919, un document accordant pleinement la nationalité estonienne au général et à sa famille leur est enfin remis. Libre à eux de partir, mais la Russie est cernée par un anneau de feu. La frontière intérieure est tenue par les bolcheviks, l'armée Rouge de Trotski ; la frontière extérieure, par les Russes blancs et les renforts alliés. Une offensive des troupes antibolcheviques du général Nicolas Ioudénitch, qui opèrent à partir de l'Estonie une percée spectaculaire vers Petrograd, complique paradoxalement leur projet. Durant quelques jours, l'armée Blanche progresse à tel point qu'elle s'empare de la ville de Gatchina, à quarante-cinq kilomètres de la capitale.

Petrograd semble prêt de tomber. Le sort favorise alternativement les deux camps. Pendant ce temps, la famine se répand dans la ville et les autorités interdisent tout franchissement des frontières. Les Staël font et refont leurs bagages où s'entassent leurs vêtements, de l'argenterie, des papiers de famille et un sceau en cristal à leurs armes.

C'est finalement dans le courant de l'été qu'ils parviennent à quitter Petrograd. Ils entraînent avec eux Domna Trifonoff, la *nia-nia*, qu'ils présentent comme une paysanne souffreteuse dont les Soviets auraient tort de s'encombrer. Étrange convoi autorisé à fuir à bord d'un train de marchandises et de chevaux, dans une chaleur poussiéreuse. Comme des ombres rompues échappant à une conjuration de bourreaux, ils doivent patienter des heures dans des gares inconnues, revenir en arrière, repartir. Bientôt ils descendent sur le ballast, avancent en rase campagne, marchent le long de chemins défoncés, fuient en zigzags et échouent à Polotsk, aux mains de l'armée Rouge !

Ce n'est pas l'Estonie rêvée. Qu'est-il donc arrivé ? On ne sait pas : des documents officiels attestent seulement que les Staël demeurent, durant l'été 1919, dans cette ville située au sud-ouest de Petrograd. Le 3 septembre, les policiers de la Tchéka font irruption chez eux, entreprennent une fouille en règle de leur appartement, confisquent les roubles et les quelques pièces d'argenterie qu'ils découvrent. Deux procès-verbaux sont dressés. Marina, Nicolas et Olga assistent en silence à la perquisition. Quelques jours plus tard, alors que Lubov de Staël et Domna Trifonoff viennent d'enterrer tout le reste de l'argenterie familiale dans un jardin, la Tchéka revient : « Citoyenne Staël, nous t'arrêtons. »

Très affaibli par les privations, miné par des rhumatismes, le général de Staël laisse Domna Trifonoff intervenir auprès des autorités et la *nia-nia* obtient sa libération au bout de quelques jours. L'alerte a été rude… Dès lors, les Staël préparent à nouveau leur départ dans la plus grande discrétion. Plus question de remonter au nord, vers l'Estonie : ils projettent de rejoindre Vilnius, en Lituanie, où ils espèrent retrouver Ludmila von Lubimov, la meilleure amie d'enfance de Lubov. Ainsi guettent-ils le moment favorable, durant les dernières semaines de l'automne, lorsque le soleil se couche en milieu d'après-midi.

Début décembre, sans bruit, ils se fondent dans la campagne blafarde ravinée par le gel. Derrière eux, toujours l'horrible peur de l'arrestation. Derrière eux, des rumeurs de peste. Devant eux, le traîneau qui les attend, prêt à couper à travers la neige dans un paysage de forêts profondes. Le vent souffle par rafales et l'on entend les hurlements des loups. En présence de Nicolas, le cocher s'inquiète :

« Espérons qu'ils ne nous attaquent pas !

– Que dis-tu, petit père ? sursaute la *nia-nia*.

– Ah ! c'est qu'ils ont faim, petite mère ! »

Arrivée devant la Vistule, la petite troupe s'arrête, à bout de force. Tous les ponts sont effondrés, le fleuve est infranchissable. Les Staël remontent vers le nord, finissent par traverser les eaux sur une zone gelée. Sous la canonnade, Lubov de Staël, ses trois enfants et le général soutenu par la *nia-nia* suivent en sens inverse les routes empruntées voilà deux siècles par leurs ancêtres.

Janvier 1920. Vilnius. Un air de fête, belliqueux et chauvin, semble électriser la ville. Les Staël ont à peine le temps de reprendre leurs esprits ; dans le grand hall de la demeure des Lubimov, la maîtresse de maison se précipite pour les accueillir : « Lubov, Lubov ! ma chérie, mon adorée ! Oh, quelle joie, mes amis, mais quelle joie ! Quand êtes-vous donc arrivés ? Lubov, oh, ma chérie, ma délicieuse petite Lubov, mon amour ! » Devant Marina fascinée, Nicolas et Olga étonnés, Ludmila von Lubimov et leur mère s'embrassent, s'étreignent, s'exclament.

Les deux amies d'enfance se sourient et pleurent. La carrière de leurs maris les avait séparées, les voici réunies : Ludmila, adorable et mondaine, richissime et généreuse, mariée à Dimitri von Lubimov, gouverneur de la ville, et Lubov de Staël von Holstein, grave, mûrie par les privations, la tourmente traversée.

Les Lubimov seront les seuls auprès desquels les Staël vont trouver secours. Les seuls à qui se confier alors que le temps des malheurs n'a pas achevé son cycle. Épuisés, ils se réconfortent auprès d'eux. Le général Vladimir Ivanovitch apparaît alors à ses enfants comme un grand vieillard, noble et majestueux avec sa canne, mais gagné par la paralysie et exigeant toujours le silence, tandis que sa femme tente désespérément de conserver un air de gaieté.

C'est finalement à Ostrow, en Pologne, que les Staël s'installent dans un exil froid et monotone. À la demande de la section russe de la Croix-Rouge, Lubov prend la direction de l'école qui accueille les enfants de réfugiés. On y apprend le calcul, l'allemand et le français, sans négliger l'histoire et les traditions russes. Marina, Nicolas et Olga suivent les cours. Parallèlement, Lubov se lance dans la confection de « patrons » pour la broderie, qu'elle vend, et donne des leçons de piano et de dessin.

Pendant ce temps, la Pologne, qui conquiert sa liberté, vit au rythme des victoires et des défaites contre la nouvelle Russie soviétique. L'arrière respire au rythme des combats en première ligne.

Bientôt complètement paralysé, le général de Staël est soigné par Domna Trifonoff qui le lave, le porte, lui donne à manger.

« *Nia-nia*, cette révolution bolchevique est le plus beau gâchis qui se puisse imaginer ! lui dit-il.

– Pour sûr, mais cette révolution, maître, ce n'est pas nous qui l'avons déclenchée. C'est vous, les barons ! »

Proscrit, vaincu par l'exil, le général s'éteint le 21 septembre 1921, à l'âge de soixante-huit ans. Les petits Staël – Marina a neuf ans, Nicolas en a sept, Olga cinq – vivent ce deuil comme un spectacle grandiose et solennel. Le général Vladimir Ivanovitch est enterré avec les honneurs militaires. Un orchestre ponctue la marche des officiers qui portent jusqu'au cimetière le lourd cercueil ouvert, selon le rite orthodoxe. Les enfants garderont toujours le souvenir de ce visage de cire émergeant d'un buisson de fleurs, et de cette longue main glacée qu'il faut aller baiser dignement du bout des lèvres.

Lubov décide de quitter Ostrow. Durant quelques semaines, les Staël séjournent dans la ferme d'un ami, à Siliovsky, près de Varsovie. Ils remontent ensuite vers le nord, à proximité de la ville libre de Dantzig, à Oliva. Telle une ultime protection, la *nia-nia* de Marina les suit. À eux cinq, ils occupent le premier étage d'une maison au 69 de la rue Zoppot, mais se réfugient dans l'unique pièce chauffée par un poêle.

La maladie qui rôde encore semble s'acharner sur ces survivants. Atteinte par des colites, Marina est alitée. Sa *nia-nia* la bourre de bouillons de poule salvateurs. Surtout, Lubov s'affaiblit. Un jour, partie avec Nicolas faire des courses en ville, elle s'évanouit dans une pharmacie. Sans se démonter, Nicolas s'emploie à la ramener à leur domicile. À sept ans, il a déjà cet air de défi qu'on lui connaîtra plus tard. Le front haut, le crâne rasé pour chasser les poux, il arbore volontiers un regard moqueur, mais, sous la paupière gauche davantage relevée que celle de droite, l'œil est plus sombre, en accord avec la situation.

A-t-il perçu l'inéluctable ? En dépit du courage de Lubov de Staël qui voudrait préserver autour d'elle une douceur et une joie fragiles, la maladie campe maintenant au foyer. Fin 1921, Lubov de Staël sent ses forces la fuir. Les médecins consultés diagnostiquent une tumeur cancéreuse au sein gauche. Une opération est tentée. Fatigue et souffrance vont désormais de pair, bientôt atténuées par l'injection de morphine. En quelques jours, l'éducation et la garde de Nicolas et d'Olga sont entièrement passées sous la responsabilité de la *nia-nia* et de Marina.

Leur mère est « absente », tentant de leur éviter le spectacle de sa déchéance. Une infirmière reste à son côté. La mort approche doucement. Nicolas et sa petite sœur se soudent. Leurs jeux et leurs rires persistent, en marge. Tels de petits barbares, ils s'affranchissent de plus en plus des règles que tentent de leur imposer Domna Trifonoff et Marina.

Fin juin 1922, Lubov fait venir à son chevet Marina et lui dicte une lettre à l'intention de son beau-frère, le baron Alexis Ivanovitch de Staël, exilé en France, pour lui demander de prendre en charge ses trois enfants. La réponse sera négative. Le 10 juillet, Marina prend sous la dictée une autre lettre à l'intention de Ludmila Ivanovna von Lubimov, alors à Paris :

« Chère amie, ma mignonne, toute ma vie depuis mon enfance est liée à toi, aussi bien les joies que les peines que nous avons partagées. Personne d'autre que toi ne m'est plus proche. Gravement malade, je t'adresse peut-être ici ma dernière demande : si je venais à disparaître, deviens la tutrice de mes petits enfants. Fais pour eux tout ce que tu ferais pour les tiens. Pour les premières dépenses, je t'enverrai les brillants et les documents restés chez moi. »

Le 1er août, Lubov confirme ses intentions. Elle convoque autour d'elle un notaire et trois témoins pour rédiger un testament, bref et sans appel, aux termes duquel elle institue pour héritiers ses trois enfants, désigne Ludmila comme leur tutrice et lui lègue la dixième partie de sa part de l'hôtel particulier du 60, perspective Nevski. Quelques jours plus tard, on la transporte à l'hôpital où elle meurt le 20 août 1922, à l'âge de quarante-sept ans, d'un cancer généralisé.

Convoqués dans la chambre funéraire, Marina se recueille et prie tandis que, dans un coin, Nicolas et Olga se poussent et chuchotent. « Quand il a fallu embrasser notre mère morte, on l'a embrassée en riant ! » raconte la cadette. Une pluie de rires pour étouffer la peine. Des éclats d'inconscience pour conjurer le drame. Le sceau de la mort sera toujours nié, brisé pour faire place à une énergie incandescente.

Ils se retrouvent nus devant la vie, nomades. Accourue de Paris, Ludmila von Lubimov mesure vite l'ampleur du fardeau. S'est-elle jamais vraiment occupée de ses trois fils, fixés à résidence en pension ? Que peut-elle bien faire de trois autres jeunes enfants ?

En quelques semaines, elle obtient par l'intermédiaire d'un ami, le baron Bernard de L'Escaille, ministre plénipotentiaire de Belgique en Pologne, l'adresse d'une famille, installée dans une propriété près de Bruxelles, qui assure pouvoir les élever. Sa décision est prise : elle conduit elle-même Marina, Nicolas et Olga, placés sous la garde de leur *nia-nia*, à travers la Pologne et l'Allemagne, pour débarquer, le 22 octobre, en gare du Midi, à Bruxelles.

La protection des Fricero

De la brique et de la pierre. Une lourde porte en bois sculptée surmontée d'un œil-de-bœuf. Un parc et son kiosque pour y prendre au frais une tasse de thé... Les petits Staël se souviendront toujours de la maison des Fricero. Une maison pleine d'enfants, généreuse et riche. Une maison comme on en rêve, en forme de coquille protectrice. Au 60 de la rue Stanley, à Uccle, le Neuilly bruxellois, un vieux majordome en gants blancs vous ouvre la porte. Tout en hauteur, avec son salon de réception, sa bibliothèque, ses chambres dans les étages, la demeure abrite, à l'arrière, un tennis ombragé. Ne découvre-t-on pas là un mélange harmonieux de confort anglais et de splendeur aristocratique russe ?

Le nom des Fricero, d'origine sarde, cache en effet une histoire familiale plus complexe, nouée au cours du XIXe siècle. Emmanuel Fricero a hérité de la nationalité russe par son père, attaché naval à l'ambassade de Russie à Londres puis à Paris, et du goût du confort de sa mère, anglaise. Ingénieur formé à l'École centrale de Paris, il a vécu quelques années à Saint-Pétersbourg et renforcé ses relations avec l'aristocratie avant de s'établir à Bruxelles pour diriger la conception et la construction d'ouvrages d'art.

Bouleversé par la révolution russe et ses conséquences, Emmanuel Fricero consacre depuis plusieurs années une partie de son énergie à soutenir des homes d'enfants destinés à accueillir les orphelins. Sa femme Charlotte, présidente de la Croix-Rouge, organise des convois maritimes à partir d'Odessa pour faire immigrer dans les meilleures conditions les Russes blancs.

Ludmila von Lubimov a frappé à la bonne porte. Le cercle de famille des Fricero est extensible, sans discussion : non seulement ils élèvent leur fille Youzia (Joséphine) et leur fils Nisson (Nicolas), mais ils s'occupent déjà à temps plein du descendant d'une grande famille russe, Alexandre Bereznikov. Bientôt, ils feront de même avec les trois enfants du général Wrangel, le baron Piotr Nikolaïevitch, qui tente de renverser les bolcheviks à la tête d'une division de cosaques de l'armée Blanche. Les enfants Staël s'inscrivent dans cette petite troupe au nom d'une solidarité de classe et du souvenir de l'histoire familiale des Fricero, elle aussi arrimée aux fastes révolus de la Russie impériale.

Cette saga mérite au moins un rapide détour, ne serait-ce qu'en raison de l'influence secrète que cette généalogie d'adoption a pu exercer sur Nicolas. La scène fondatrice a pour cadre la cour de Saint-Pétersbourg, et plus précisément un bal, au début du XIXe siècle. Une jeune femme, Marie-Anne Charlotte de Rutenskiöld, fille aînée d'un officier de la garde royale suédoise, croise le regard du grand-duc Nicolas Pavlovitch, futur Nicolas Ier. De la soirée, les deux jeunes gens ne se quitteront plus, au mépris de toute étiquette, et de leur amour naîtra un enfant illégitime, Joséphine, protégée par Nicolas Ier, adoptée par la Cour.

Une génération plus tard, en 1848, toujours à Saint-Pétersbourg, un peintre niçois, Joseph Fricero, ami du compositeur Liszt, arrive et défait ses malles après avoir traversé l'Europe jusqu'à Constantinople, puis gagné Kiev, Moscou et enfin la capitale. Le tsar, ravi de l'arrivée d'un artiste confirmé, lui octroie un atelier dans le palais d'Hiver. Il l'attire à Peterhof, l'encourage à demeurer en Russie.

Disponible, Joseph Fricero accepte de donner des cours de dessin. La jeune Joséphine – Youzia –, parfaitement intégrée à la famille impériale, fait partie de ses élèves. Conquise par la maturité de ce peintre, séduite par sa sensibilité, elle en devient vite la fiancée. Quelques mois plus tard, le couple quitte la Russie pour Nice, en passant par Odessa.

Leur mariage sera célébré le 3 janvier 1849, après la réception au consulat de Russie de l'autorisation nécessaire de l'empereur « à contracter mariage selon le rite orthodoxe avec le sieur Joseph Fricero, sujet sarde, natif de Nice ». Placés sous la haute protection du tsar, pensionnés par la chancellerie privée de Nicolas Ier, Joseph et Youzia Fricero peuvent alors s'installer à Nice. Ils vivront à « La Commanderie », large demeure entourée par la campagne. Leurs quatre fils, tous de nationalité russe, y grandiront.

Le conte de fées connaît pourtant ses limites après la mort de l'impératrice Alexandra Fedorovna, le 1er

novembre 1860. Les largesses de la Cour diminuent singulièrement : les Fricero doivent vendre une partie de leur propriété et réduire leur train de vie. Le peintre, à la fin de sa vie, rompt avec les mondanités, se retire dans son atelier et traverse des périodes de grand désarroi. À la veille de mourir, le 26 septembre 1870, il réunit sa famille pour un double aveu : « Je ne vous laisse pas d'argent, je n'en ai pas, mais vous trouverez des trésors dans mes cartons. »

Comment douter que ce conte d'un autre temps ait joué un rôle dans l'imaginaire de Nicolas ? Au terme de son adolescence, il ira se recueillir devant « La Commanderie » à l'occasion d'un voyage en Provence. « La maison du peintre est picturale », écrira-t-il.

À Uccle, en ce mois d'octobre 1922, la maison des Fricero témoigne simplement du passé : aux murs se mêlent de grandes toiles et des aquarelles, le travail d'un peintre globe-trotter qui s'est frotté aux couleurs de l'Orient, du Maghreb et de la Baltique. Dans ce musée de poche, les paysages d'Alicante et les portraits de jeunes Algériens, à demi masqués par leur burnous, voisinent avec des marines niçoises et d'imposants portraits familiaux.

Qui refuserait ce paradis ? Ludmila von Lubimov accepte avec gratitude la proposition d'Emmanuel Fricero de garder Marina, Nicolas et Olga. Ensemble ils conviennent que Ludmila deviendra la tutrice des enfants pour respecter les dernières volontés de Lubov de Staël : ce sera officiel le 22 novembre 1922. Les Fricero renoncent ainsi à adopter les petits Staël, de toute manière convaincus qu'ils doivent conserver leur nom, ce talisman précieux : Staël von Holstein.

« *Kolia, Kolia... Kolia !* »

Charlotte Fricero l'appelle « Kolia ». C'est le diminutif russe de Nicolas. Ses sœurs pouffent de rire quand Charlotte se penche sur la grande rampe de l'escalier pour crier : « Kolia, Kolia... Kolia ! » D'abord, Nicolas n'est jamais là quand on le cherche ; ensuite, Charlotte Fricero prononce mal ce petit nom d'un diablotin qu'elle adore. Il faudrait dire à peu de chose près : « Koola, Koola... » Un murmure dans une forêt.

« On jouait beaucoup, on criait beaucoup, on cassait beaucoup », se souvient Olga, la cadette. Nicolas et Olga sont des sauvages. Leur éducation est largement tombée en déshérence durant les années polonaises. Ils ne savent plus se tenir. À leur arrivée chez les Fricero, Marina les découvre, un jour, seuls dans la salle de billard, debout sur le tapis vert, piétinant avec allégresse le feutre impeccable. « Êtes-vous fous ? Descendez immédiatement ! » Les deux enfants refusent. Descendre ? Jamais ! Nicolas nargue sa sœur aînée. C'est lui le chef, lui qui doit commander, quitte à donner des coups. Mais est-ce bien nécessaire ? Toute la maison plie devant Kolia. Il est beau, grand, charmeur ; il n'a que neuf ans.

Les petits Staël ont trouvé mieux qu'une étape, une famille. « Des saints », résume Olga. L'effort des Fricero consiste à ne pas couper ces enfants de leur identité. Durant quelque temps, Domna Trifonoff veille encore sur eux. Chaque jeudi après-midi, sous sa garde, ils se rendent à l'« école russe » pour continuer à parler leur langue, apprendre les chants traditionnels et l'histoire de leur pays. Chaque dimanche matin, ils empruntent l'avenue Louise et traversent Bruxelles pour assister à l'office orthodoxe, rue des Chevaliers, humer les effluves d'encens, arrêter le temps. Kolia juge alors volontiers la religion orthodoxe unique et admirable, et la catholique dépourvue de toute grâce, sans liturgie digne de ce nom.

Au bout du compte, les Staël se sentent russes, indéfectiblement russes, et les Fricero y veillent. Un jour, ils apprennent par Marina qu'une religieuse du couvent des Dames de Saint-André, où les deux petites filles sont en pension, tente de les convertir au catholicisme. Le lendemain, Emmanuel Fricero les retire pour les inscrire à la pension des Fidèles Compagnes de Jésus.

Le souvenir russe, c'est aussi Ludmila von Lubimov qui resurgit à Pâques et tous les étés, telle une star de la haute société, après avoir égrené les saisons dans les palaces de Baden-Baden, Gstaad et Cannes. Ludmila et ses amants, Ludmila et son entourage, Ludmila ne se séparant jamais de sa femme de chambre, de son cuisinier et d'un cercle d'amis russes. Adulée par Marina, tenue en suspicion par Nicolas et Olga, elle passe tous les ans deux à trois mois avec eux. À cette occasion, elle loue une propriété tantôt à Blankenberge, tantôt à Juan-les-Pins, ou encore à Gérardmer. Chaque matin, un précepteur donne des cours de russe à ses pupilles.

Si Marina, qui a vécu huit ans à Saint-Pétersbourg, y participe avec plaisir et application, Nicolas et Olga les jugent longs et fastidieux, boudent et jouent les cancres. Nicolas préfère de loin recopier des gravures, décalquer des illustrations ou dessiner. Sitôt la leçon terminée, il repousse brutalement les affaires de sa grande sœur : « J'ai besoin de place ! » Au crayon, il croque des chevaux, des dizaines, des centaines de chevaux au galop, comme une immense armée venue le défendre. Et des bateaux, encore des bateaux. Un jour, pour se faire pardonner sa dureté envers Marina, il dessine dans son album de jeune fille un voilier de trois quarts avec, non loin, une chaloupe et ses passagers. « À ma sœur Marina, en souvenir de Kolia, le 23 avril 1925 », écrit-il au-dessous en russe. Il a tout juste onze ans.

Les journées en compagnie de leur tante leur semblent ne jamais devoir finir, hachées par les visites à des connaissances, entrecoupées de parties de tennis sur gazon, rythmées par le sacro-saint thé de dix-sept heures. À doses homéopathiques, ils s'imprègnent du mode de vie de leur classe. Ludmila von Lubimov souhaite entretenir chez eux l'esprit de famille ; elle les entraîne à plusieurs reprises chez leur oncle paternel, Alexis Ivanovitch, l'ancien gérant de Cour du grand-duc Pierre de Russie. L'accueil est courtois, mais sans chaleur. Alexis Ivanovitch se penche avec ce qu'il faut de sourires attendris et de regards sévères sur ces orphelins, se contentant d'adresser régulièrement à chacun, pour Noël, une boîte de fruits confits et un billet de banque.

Une scène résume assez bien la complexité de la situation des enfants Staël durant ces années : installés dans un wagon de première classe pour rejoindre leur tutrice, ils paraissent heureux et détendus. Nicolas a exigé que son lapin, un vrai lapin gavé et chouchouté, soit assis à la place d'honneur près de la fenêtre, dans le sens de la marche. Les bagages ont été disposés par le chauffeur des Fricero dans les filets du compartiment. Tout va bien, sauf qu'ils ne possèdent pour tout papier d'identité qu'une autorisation de sortie du territoire validée par leur école. À l'approche de la frontière, Marina, Nicolas et Olga se mettent spontanément à parler russe, anxieux de leur sort, soudain seuls face à leur histoire. Comme si le russe, avec ses intonations profondes et douces, ses caractères cyrilliques, son mystère, pouvait avoir la vertu magique d'éloigner le mauvais sort. Bien plus tard, Nicolas de Staël imposera parfois à ses amis la lecture à haute voix de poèmes russes, persuadé que leur seule musique les envoûterait.

Pour l'heure, Kolia bénéficie d'un régime de faveur chez les Fricero. Il fréquente en demi-pension une école bien cotée, le cours César, où il se rend en compagnie de Pierre Wrangel dont il partage la chambre à Uccle. Il oublie surtout à grande vitesse l'allemand, s'efforçant de mieux maîtriser le français. Mais la langue de Voltaire ne se laisse pas si facilement dompter par ce lointain descendant de Germains devenus slaves. Il bousculera toujours son ordonnancement avec aplomb. Déjà, Kolia parle et écrit avec son œil.

Le premier témoignage que l'on ait conservé de lui est une lettre adressée à Emmanuel Fricero. Il vient tout juste d'avoir douze ans et entreprend le récit des funérailles du cardinal Mercier, primat de Belgique :

« Quand nous sommes arrivés dans l'avenue de Treurenberk, il y avait une foule formidable. Arrivé à côté de la colonne du Congrès, il y avait pas moyen d'avancer, ni voir, tellement qu'il y avait du monde, tandis que moi, en poussant et passant près des chevaux de l'artillerie, je me suis séparé de Maman et Cie. Enfin, arrivé au coin de la place où se trouve la colonne du Congrès, où je ne voyais pas plus qu'avant, par hasard les soldats ont laissé passé les gens devant la colonne. Par ce moyen, je suis arrivé au premier rang après les soldats, où je voyais tout : j'ai vu qu'en premier lieu passait la cavalerie puis l'artillerie, puis une masse de prêtres, puis le cercueil du cardinal très simplement couvert de rouge et un quart en noir. Ensuite allait le roi, le prince Léopold, la famille du Cardinal, le général Foch, le représentant du président de la République française, le Comité russe représenté par le général Hartman et compagnies, les Italies, etc. »

Comment ne pas saluer cet écrit tout entier dominé par l'impérieuse obsession de voir ? Nous tenons là un premier autoportrait ; il illustre mieux que tout la vivacité et la tension qui habitent le jeune Staël au moment de suivre un cortège qui le renvoie nécessairement aux obsèques solennelles de son père à Ostrow.

Comme le français, l'anglais est d'usage naturel chez Emmanuel Fricero. La chambre d'amis, au 60 de la rue Stanley, accueille régulièrement des cousines d'Angleterre ou, mieux encore pour les enfants ravis, des cousins, officiers des Indes en permission, venus camper des mois entiers sous le ciel gris de Bruxelles.

On parle finalement toutes les langues chez Emmanuel et Charlotte Fricero, sauf « le belge ». Un cosmopolitisme élégant tient lieu de patrie, la langue française d'étendard principal. Le mode de vie emprunte volontiers à la Russie – le rituel du thé en famille – et à l'Angleterre : le soir, on fait cercle autour de la cheminée et du père qui fume la pipe. Dans la journée, on joue agréablement au bridge et au tennis, tandis que le jardinier ratisse les allées du parc et que le majordome range les affaires de Monsieur.

À l'évidence, cette vie douce plaît davantage à Kolia que l'école, vécue comme un carcan oppressif. De septembre 1924 à juin 1931, il fréquente sans goût à Bruxelles le collège Saint-Michel, gardant un très mauvais souvenir des jésuites, ses professeurs. Sur ce terreau, une légende a prospéré : celle d'un enfant délaissé au point d'être pris en pitié par un maître décidé à lui donner enfin une solide formation. Une légende déclinée à l'infini. Le critique d'art Pierre Cabanne écrit : « La solitude, l'instabilité, le manque de tendresse pèsent lourdement sur lui. Il s'évade puis se réfugie chez le directeur de l'établissement qui, surpris par la fermeté de caractère et l'esprit de décision de son élève, s'attache à lui donner une éducation supérieure à celle de ses condisciples. » L'écrivain Jean Grenier relate pour sa part : « Il s'échappa avec un de ses camarades pour se réfugier chez le directeur de l'institution elle-même qui les adopta tous deux et leur fit donner une éducation accomplie. »

La réalité est beaucoup plus simple et moins romantique. Nicolas de Staël prit en détestation l'enseignement des jésuites du collège Saint-Michel. Leur rigueur n'était pas la sienne, leur vertu non plus. Il prit l'habitude de « sécher » des cours, préférant les séances de cinéma aux leçons de morale. « Le peu d'application de Nicolas fait qu'il n'obtient pas le nombre de points requis en religion, en latin, en grec et en excellence », relève le principal du collège.

Inquiets de son indiscipline et de ses mauvais résultats, les Fricero jugèrent que l'internat lui permettrait de se ressaisir, de mieux se concentrer. Ce fut un fiasco. Durant deux ans, de 1929 à 1931, il subit tristement le régime des pensionnaires chez les mêmes jésuites.

Se sentait-il pour autant rejeté par ses parents d'adoption ? Tous les témoignages démontrent le contraire. Au reste, on a vu que Charlotte Fricero, qu'il appela toujours « Maman », l'idolâtrait, le considérant comme son fils, et l'on verra qu'Emmanuel Fricero n'avait d'autre ambition pour lui que la plus haute à ses yeux : préparer une grande école et devenir ingénieur…

Ils ont des airs de Tintin. Tous en pantalon de golf. Tous en cravate et veste. Un prêtre en soutane et col dur les accompagne toujours, telle une duègne. Autour d'eux flotte cette atmosphère scoute propre à la Belgique des années trente. Un air de liberté, aussi. Et de gaieté.

Au cours du printemps 1930, Charlotte Fricero a été contrainte de changer Kolia d'établissement scolaire lorsque les jésuites de Saint-Michel lui ont annoncé qu'il était renvoyé. Depuis quelques années, l'aristocratie et la bourgeoisie belges disent le plus grand bien du collège Cardinal-Mercier de Braine-l'Alleud, à une trentaine de kilomètres au sud de Bruxelles. Pourquoi ne pas tenter l'expérience ? L'établissement campe sur un vaste domaine avec une ferme, un poulailler, des potagers, des courts de tennis, un terrain de hockey sur herbe et un terrain de football. Révolutionnaire… Cela tient du campus anglais, régenté par l'Église catholique.

Sa fondation remonte à 1924. Tel Pierre Ier décidant la création de Pétersbourg, le cardinal Mercier marchait dans la campagne en compagnie de l'abbé René Verbruggen lorsqu'il planta sa canne en terre et déclara : « C'est ici que je veux construire un collège ! » L'abbé le regarda, interdit, et lui demanda : « Mais combien de ces hectares appartiennent au séminaire ? » Le cardinal sourit : « Aucun ! »

Une souscription nationale fera l'affaire.

Les professeurs renoncent à toute notion de salaire durant plusieurs années. Quand Nicolas arrive, le chauffage vient tout juste d'être installé dans les dortoirs… Qu'importe : l'atmosphère particulière qu'ont su créer les animateurs du collège emporte l'adhésion. Chaque promotion d'internes réside dans une maison de brique à colombages où elle mène sa vie. Chaque élève est placé sous la responsabilité d'un aîné, son tuteur. Et tous sont libres de fuir : comment clôturer vingt-deux hectares ?

La liberté a cependant des limites. En inscrivant Kolia en classe de troisième gréco-latine, Charlotte Fricero a le sentiment de jouer son va-tout. Nicolas de Staël doit impérativement se ressaisir. Elle précise d'elle-même au bas de la fiche de renseignements obligatoire : « Ne peut recevoir aucune visite, et pas de correspondance. » L'argent de poche est lui aussi strictement réglementé, permettant tout juste l'achat de quelques petits pains au kiosque de la procure.

Violent, le régime pourrait échouer. Il réussit. Au terme de la première année passée au collège Cardinal-Mercier, ses professeurs l'encouragent : « Nicky est bien parti. S'il continue ainsi, il peut remporter de beaux succès. » Au palmarès, on peut lire : « Nicolas de Staël a obtenu plus des 5/10 des points en excellence et a mérité une mention spéciale en version latine, en thème latin, en élocution française, en diction française et en histoire. » Son carnet reflète bien ces appréciations. Petite curiosité : il n'obtient que 6 sur 10 en dessin et cette note, la seule du bulletin, est rayée par le principal...

En seconde, dite classe de poésie, il semble plus absent. Une photographie d'école le fixe en pleine adolescence, mal à l'aise, engoncé dans une veste cintrée. Il brille dans les matières littéraires et s'effondre en mathématiques. « Nicky de Petrograd », comme finissent par l'appeler les prêtres, trouve heureusement un équilibre dans l'alternance du sport et des études. Il prend goût à l'escrime et remporte quelques coupes devant ses sœurs admiratives, gagne des tournois de tennis et renoue, au cours d'excursions sur les côtes belges, avec la natation qui restera toujours son sport de prédilection.

L'exercice du corps est la seconde religion de ce collège ultracatholique. Une bienfaisante médication : le sport dompte les révoltes, forge les caractères, libère les énergies. À petites foulées, les élèves sont invités à courir en lisière des champs, avec la plaine de Waterloo pour perspective. En fin d'après-midi et en soirée, on se regroupe encore sur le terrain de football pour des matches frénétiques.

En s'inspirant largement du modèle anglais, en organisant un voyage d'études annuel en Belgique ou dans un pays limitrophe, le collège Cardinal-Mercier innove. Pour le reste, l'établissement s'avoue clérical et conservateur. En 1932, Léon Degrelle, jeune journaliste catholique, directeur des éditions Rex, est invité à venir prononcer une conférence devant les élèves. Seul un contretemps empêchera cette grande gueule, future figure du fascisme belge, de venir haranguer les collégiens. Mais son discours aurait-il choqué « Kolia », élevé par les Fricero dans l'aversion de la révolution russe et du bolchevisme ?

Sur ces terres tranquilles, loin du vacarme de la capitale, la doctrine apostolique et romaine règne absolument, exempte de tout déviationnisme. Chaque année, la distribution des prix est présidée par le nonce, Mgr Micara, et l'enseignement ne saurait être dispensé par d'autres que des chanoines, des abbés et autres prêtres savants et rigolards affublés de classiques surnoms : « Cactus », « Le Bide », « Gratte-cul », « Vladimir

Papagoff ». Les religieuses de Notre-Dame des Sept-Douleurs exercent pour leur part un monopole sur les salles de piano, la buanderie et l'infirmerie.

En fin d'année, les collégiens sont invités à se retirer quelques jours dans un monastère. Cela s'appelle une « retraite de vocation ». Isolés dans des cellules, drapés dans le silence, les élèves sont réveillés pour les matines, alors que la campagne repose encore sous une chape de brume. Ils répondent par un *Deo gratias* au prêtre qui les sort du royaume des songes sur le coup de cinq heures du matin. Les repas sont bercés par la lecture publique de la vie des saints.

Avant de se lancer dans le siècle, les collégiens sont sommés de se livrer à une juste introspection. Bref, ils ne sont plus que prières, réflexions, méditations. La purge a du bon. Elle permet de tenter de se projeter dans le futur.

« *Je serai peintre !* »

Il sera poète. Virgile ou rien. Un Virgile moderne. Les mots lui brûlent les doigts, l'enivrent. Les mots sont des flammes sur lesquelles il souffle avec ferveur. La lecture de *L'Énéide* le bouleverse. Virgile… Il lui rend hommage dans un bulletin de collégiens à la mise en page austère :

« Voici Troie dans la nuit qui s'allume. Le ciel est en feu, la terre en sang. L'air vibre et la chaleur brûle dans la nuit. Sur les flots où passe l'odeur des tamaris, les carènes d'or, voiles d'argent et câbles blancs, portent Énée et ses rudes compagnons. Que de tableaux grandioses, que de décors de rêves ! »

Il sera militaire. Son meilleur ami, Emmanuel Van der Linden d'Hooghvorst, en a reçu la confidence. Une fois, une seule fois, Nicolas a évoqué devant lui ses deux demi-frères morts au combat. Image primitive, jamais effacée. Il sera cavalier en souvenir de son inscription, à peine sorti du berceau, à l'une des écoles militaires les plus prestigieuses de l'ancienne Russie. Sa *nia-nia* a gardé pieusement la lettre de Nicolas II au baron Vladimir Ivanovitch : « Sa Majesté l'Empereur, en ce jour du 20 août 1916, a daigné ordonner de nommer votre fils page à la Cour impériale avec inscription sur la liste des candidats au corps de pages de Sa Majesté. » N'a-t-il pas une autorité naturelle ? le goût du commandement ?

Il sera centralien. Emmanuel Fricero en rêve pour lui. Nicolas sourit. Ne dit rien.

Il est trop tôt. On n'est pas sérieux quand on a dix-sept ans. Nicolas n'est pas *sérieux*. Il est la foudre et la flemme, tantôt dandy, tantôt dépenaillé. On peut le voir, sur une photo, frimer à califourchon sur une moto de gros cylindre. Ou encore s'exhiber avec un fusil de chasse d'emprunt. Souvent, il passe le week-end chez les parents d'Emmanuel d'Hooghvorst, au château de Pallandt, dans ce Brabant wallon hérissé de forêts. Les deux adolescents partent chasser à cheval, laissant les trois sœurs d'Emmanuel, admiratives et amoureuses, à leurs jeux.

Il se cherche. Sommé par le bon abbé Goffart de rédiger un poème en classe de français, il demande à son ami Louis de Sadeleer de s'exécuter à sa place et reçoit avec amusement les félicitations de son professeur qui trouve sa poésie « très slave ».

Telle sera son année de rhétorique, la dernière au collège du Cardinal-Mercier. Agréable et désinvolte. Le premier semestre se solde par des résultats médiocres : « Nicolas doit envisager sérieusement la situation créée par un déficit de 20 points, relève le directeur de l'établissement. Seul le travail régulier lui permettra d'atteindre le but. » La régularité ne viendra pas.

Nicolas oscille. Il cultive une passion pour la littérature, pratique Baudelaire, Rimbaud et Verlaine. Mais il n'oublie jamais les auteurs latins et grecs qui lui apportent la lumière de la Méditerranée. Il passe des uns aux autres, compare, juge, condamne et récompense. Les livres deviennent ses compagnons. Ils représentent à ses yeux un gage de fidélité. Ainsi offre-t-il à son ami Louis de Sadeleer, futur bibliophile, un volume de poèmes d'Anna de Noailles.

Il écrit. Beaucoup. Tenant son stylo comme un pinceau, le laissant glisser sur la feuille pour épouser ses émotions. Emmanuel et Charlotte Fricero préfèrent le voir écrire que dessiner, comme si l'écriture était à leurs yeux plus noble que le dessin ou la peinture. Parfois, ils se disent que Nicolas sera écrivain. Ils conservent ses lettres, pour leurs « archives ».

Nicolas flotte. Sa bonne humeur lui tient lieu de bannière. Il chasse la perdrix, nage le crawl dans la mer du Nord, entonne des airs d'opéra. Ses amis ne discernent aucune ombre sur son visage. Sa générosité le distingue. Il n'a rien, il donne tout. Il raconte sa vie comme un roman merveilleux. Il ne lui arrive que des aventures extraordinaires. Olga l'écoute, éblouie. Ses amis l'adorent.

Curieux de tout, il ne redoute rien ni ne craint personne. Enfant, il entraînait avec autorité ses sœurs dans des galeries de peinture. À treize ans, il poussait la porte des marchands avec l'aisance d'un collectionneur et se plantait devant les toiles. C'est désormais un rituel. Adolescent, les brocantes et les antiquaires, les musées et les expositions deviennent ses lieux de recueillement et d'apprentissage, ses cabinets de méditation et de rêverie.

Il voit tout, sans exclusive. James Ensor, dont on commence à reconnaître le génie avec ses Christ dépouillés, tordus de douleur, le visage perlé de sang. Magritte et ses grands formats oniriques. Constant Permeke et ses empâtements de couleurs sombres comme le fond d'une ivresse au plat pays. Spilliaert et la folle étrangeté de ses lumières. L'art nègre et ses masques épurés, réduits à l'essentiel, Rembrandt et Vermeer, ses futurs maîtres.

Insensiblement, il largue les amarres. Son milieu d'adoption ne sera pas sa prison dorée. Il n'a que faire des mondanités, même s'il en connaît la gamme et les finesses. Il déteste les bals et les rallyes. Porter un haut-de-forme lui semble le comble du grotesque, et les Fricero peuvent bien donner toutes les réceptions qu'ils veulent, il refuse de se plier au jeu de ces cérémonies. « Je ne danse pas avec les éléphants », dit-il sans ménagement.

Il sera militaire. C'est dit. Cavalier. Un uhlan surgit sur la lande ; antibolchevique, bien sûr.

Il sera poète, naturellement. Maïakovski ou Pouchkine, sinon rien…

Il ne lui faut plus que son certificat pour sanctionner la fin de ses études secondaires – l'équivalent du baccalauréat, remis, en Belgique, par l'établissement scolaire sur la base des résultats de l'année et d'un examen de contrôle. Le certificat, puis la liberté.

L'examen de fin d'année se présente justement comme une simple formalité : un professeur du collège, succombant à sa séduction, lui a fourni les sujets, qu'il a partagés avec son ami Emmanuel d'Hooghvorst. Tout va donc bien, quand le dernier obstacle se transforme soudainement en piège. Une rumeur le dénonce. Il passe en conseil de discipline et le principal lui refuse son certificat. Scandale vite étouffé : « Nicolas a bien travaillé pendant ce second semestre, écrit dans son carnet le père René Verbruggen. Le succès final n'est pas venu, mais l'effort fourni ne sera pas vain. Bon succès dans votre future carrière, Nicolas ! »

Pour l'heure, Nicky de Petrograd est effondré. Seul dans sa chambre, il range ses affaires et prépare sa valise. Emmanuel le rejoint, une bouteille de vodka à la main. « Bois un coup, allez, noie ton chagrin ! » Nicolas avale de longues rasades, remue des papiers et tombe en arrêt sur le portrait d'un *monsignore* qu'il a dessiné au collège. Dans la seconde, son amertume se dissipe. Qui a dit qu'il était perdu ? Son destin lui apparaît soudain net, absolu : « Je serai peintre ! »

Deuxième partie

> « Je sais que ma vie sera un continuel voyage sur une mer incertaine… »
>
> NICOLAS DE STAËL, 1937
> (lettre à Emmanuel Fricero).

Au-delà des étangs de Boisfort, des lambeaux de forêt se mêlent aux coteaux. Sur la ligne d'horizon, quelques toits semblent chapeauter le paysage. Le regard s'éloigne ensuite dans le ciel, hésite avant de replonger dans les eaux dormantes.

« Un peu de silence ! » La voix de Paul Mathieu rompt le léger brouhaha qui gagne sa classe. La séance de peinture à l'huile sur le motif reprend son cours. L'œil vif, Mathieu s'arrête derrière une jeune fille, considère un instant son ébauche. « Bien, mademoiselle Haupert. Mais n'ayez pas peur des couleurs. Tenez… » Presque machinalement, Paul Mathieu s'est saisi du pinceau de son élève et pose quelques touches de vermillon sur les coteaux. « Voilà ! Continuez. – Merci, professeur. »

À quelques pas, Nicolas de Staël sourit à sa camarade et hausse les épaules. À peine Paul Mathieu s'est-il éloigné vers un autre élève qu'il se rapproche d'elle, prend son couteau à peindre et écrase généreusement les couleurs. D'un coup, la toile vibre et les coteaux font oublier les eaux mortes des étangs de Boisfort.

Étrange, ce garçon qui peint si peu lui-même et manifeste si violemment ses goûts ! « Il était tellement sûr d'être peintre avant d'avoir peint, se souvient Madeleine Haupert. Il a grandi peintre, il n'était que cela, avec une telle conviction ! »

Les deux jeunes gens se sont rencontrés dans la classe-atelier de dessin de Henri Van Haelen. Elle, assidue, écoutant les cours de ce maître célèbre, intransigeant, cruel même. Lui, distant et nonchalant, expert en apparitions brèves, semblant errer parmi ses compagnons, mélancolique et supérieur.

Entre eux, ses condisciples le surnomment « le Prince ». La légende d'un aristocrate russe orphelin, abandonné, tombé du ciel telle une météorite, est née.

Un jour, à la rentrée d'octobre 1933, il s'est planté devant Madeleine Haupert et lui a demandé avec brusquerie : « Il paraît que tu reviens de Paris ? » Leur amitié a commencé ainsi, à l'ombre de l'Académie royale des beaux-arts de Bruxelles, Staël cachant ses interrogations sous des affirmations.

À peine s'est-il inscrit qu'il s'emploie à contester l'enseignement de ses professeurs auprès de sa camarade :

« Van Haelen ne sert à rien ! Crois-moi, on peint avec sa tête et son ventre, pas avec ses connaissances.

— Cela complète ce que j'ai appris à Paris, réplique Madeleine Haupert. Ne t'imagine pas qu'on apprend autre chose à l'académie Julian ou chez André Lhote !

— Foutaises ! Tu ferais mieux de peindre ! Tu perds ton temps. C'est ridicule. Comprends une chose : tu es *déjà* peintre. »

Ce qui lui plaît chez Staël, c'est sa démesure : « Il était possédé de peinture. » Elle l'entraîne au café

« La Feuille en papier doré », refuge des étudiants des Beaux-Arts et des carabins. Au cours d'une discussion, il apprend avec surprise qu'elle suit aussi des cours de géométrie, aimant à dessiner des figures au tire-ligne. Il exige de les voir le jour même, lui fixe rendez-vous chez elle à vingt et une heures trente, et file. Le soir, il arrive, ponctuel. Elle lui montre son travail. Et lui, l'œil concentré, assis dans un coin, regarde sans mot dire. Au bout de dix minutes, il se lève et prend congé : « Bon, au revoir ! On en parle demain. »

Madeleine Haupert a vingt-quatre ans. Indépendante, volontaire, elle a loué une chambre rue Josse-Impens, dans la commune de Schaerbeek, le Montparnasse de Bruxelles. Tous les soirs, « le Prince » revient avec l'exactitude d'un professionnel. Ils étalent les dessins par terre, ouvrent un pot d'une peinture fluide. « Toujours d'accord ? » Il applique au pinceau de larges traits sur les figures géométriques. Pendant ce temps, elle peint les contours. Le tout donne des compositions étranges, abstraites.

Intriguée et mécontente de ces visites nocturnes, la propriétaire ouvre une fois brusquement la porte, sûre de découvrir sa locataire et son visiteur « en faute ». Surpris dans leur rêve, ils lèvent leurs pinceaux en laissant couler la peinture. « Mais, les enfants, que faites-vous… Vous devez être affamés ! Je vous remonte du café et des sandwiches. »

Va pour le café et les sandwiches ! Nicolas n'a pas compris le sens de l'irruption de cette propriétaire inquiète. Uniquement préoccupé de peinture, c'est tout juste s'il regarde Madeleine. Il la considère comme un camarade, un être asexué, cependant qu'elle-même se demande parfois s'il ne préfère pas les hommes aux femmes…

Il s'attarde souvent devant la bibliothèque de son amie qui semble avoir tout vu, tout lu, et qui possède la collection des opuscules illustrés du Bauhaus. Il s'arrête sur les reproductions des tableaux de Kandinsky et de Klee. Madeleine lui raconte l'atmosphère parisienne, l'ambiance qui règne à « La Grande Chaumière » et aux Beaux-Arts où elle a été élève libre durant deux ans. « Peut-être faut-il finalement apprendre pour se libérer… », murmure-t-il.

Il a vingt ans. Il ne laisse voir à personne l'inquiétude qui le ronge. Seule Madeleine Haupert discerne alors sa « personnalité étrange et multiple », ce mélange d'angoisse et d'énergie, de paresse et d'ambition. Pour tous les autres, il symbolise la gaieté, la bonne humeur et l'insouciance.

Emmanuel et Charlotte Fricero lui ont accordé sa liberté à contrecœur. Mais le contrat est strict : ils ne lui paieront que la location d'une chambre tant qu'il s'obstinera à suivre des études fantaisistes. Pour Emmanuel Fricero, qui a vécu toute son enfance dans le souvenir de son grand-père, peintre talentueux et ruiné, les beaux-arts sont synonymes de malédiction. Nicolas ne l'a que faiblement rassuré en affirmant qu'il se destinait à l'architecture.

« Le Prince » est un locataire itinérant et famélique. On le piste à Ixelles, au 512, chaussée de Waterloo, on le retrouve durant quelques semaines à Uccle. Un ami, Alain Haustrate, l'héberge chez lui. En mars 1934, il se fixe pour quelques mois au 9, drève des Chasseurs, l'adresse d'une maison d'accueil pour jeunes exilés, le « home russe ». Ses finances sont si maigres qu'il rédige une demande de secours auprès de l'administration communale et obtient une carte d'indigent. Le voilà engagé sur l'étroit sentier de la vie de bohème, confiant en sa bonne étoile, avec pour tout bagage le mépris des règles bourgeoises et l'insouciance financière.

On ne raconte pas une jeunesse. Tout juste peut-on en saisir quelques éclats... Avec son camarade Léon Malinovsky, il accepte le don d'une vieille moto fourbue pour filer vers le littoral de la mer du Nord. Qu'importe s'ils se grillent les mollets sur le moteur suintant l'huile ! Qu'importe s'ils crèvent la faim ! Un jour, ils investissent leurs derniers francs dans l'achat d'une boîte d'aquarelles. Nicolas s'installe sur le quai du canal de Nieuport, devant une flottille de chalutiers, et commence à peindre. Un maigre attroupement se forme, devant lequel Malinowsky joue les amateurs éclairés et s'extasie : un patron-pêcheur achète l'aquarelle encore humide. Première victoire ! Cette rentrée d'argent leur permet de continuer leur voyage et de revenir à Bruxelles.

Le 5 février 1934, il est convoqué à la troisième division de la police communale d'Ixelles. Tapage nocturne ? Défaut de papier d'identité ? On ne sait. Son statut d'apatride n'a pas fini de le poursuivre. Depuis quelques semaines, il a appris à se jouer des contrôles pour passer les frontières vers les Pays-Bas et la France. Ce n'est plus l'angoisse de son adolescence, mais presque une règle du jeu à observer sérieusement : descendre du train avant le poste de douane, marcher dix kilomètres le long d'un bois, couper à travers champs, héler une voiture...

À la fin de l'année universitaire, il remporte le premier prix de l'Académie royale pour une composition intitulée *Un bateau fantôme sur une mer démontée*, dont le dessin a été perdu, tout comme ceux des *Cathédrales englouties* et des *Bergers découvrant l'étoile de*

Bethléem, au format imposant de 2 mètres sur 1, 5. Un professeur note la « noblesse et la grandeur de la forme dans sa mise en page ». « Le Prince » endormi s'est donc réveillé.

Entouré de nouveaux amis d'origine russe, il porte fièrement les traditionnelles chemises boutonnées sur le côté cousues par sa *nia-nia*. Avec eux, il lui arrive de passer le dimanche à la campagne comme les étudiants des nouvelles de Maupassant. On part le matin en direction d'une petite auberge des environs de Bruxelles, on boit des bières et l'on déclame des tirades de *Phèdre* pour impressionner les jeunes filles présentes. L'après-midi, le groupe arpente gravement les sentiers de la forêt de Soignes, chante les refrains de vieilles ballades russes, reprend de grands airs de *Boris Goudonov*. Parfois, une saynète s'improvise : un manteau devient cape ; un parapluie, canne ou épée.

Un vieux cliché en noir et blanc a immortalisé l'un de ces drames pour rire. On y distingue huit jeunes gens en costume affairés autour d'une voie de chemin de fer, non loin de la petite gare de Watermael-Boisfort. Nicolas occupe la place centrale, couché en travers de la voie ferrée, le cou soutenu par un rail couleur argent. À son chevet, quatre personnages agenouillés déplorent la tragédie en perspective. Debout, son ami Jules Lismonde, coiffé d'une toque de juge, pointe le destin du doigt…

L'élève de Geo De Vlamynck

Le destin, dans l'immédiat, s'appelle Geo De Vlamynck. Un professeur de l'académie des Beaux-Arts de Saint-Gilles que l'administration n'aime pas et soupçonne d'agiter les esprits de ses étudiants. Ni son comportement, ni sa tenue vestimentaire (complet anthracite, chapeau mou, gabardine) ne sont en cause mais bien son enseignement anticonformiste, qui déplaît.

Geo De Vlamynck irrite : trop de liberté dans le ton, trop de passion dans ses cours de décoration et de composition monumentale, trop de ruptures avec les poncifs esthétiques des années trente. Le directeur de l'académie, excédé, a réuni en conseil les responsables de l'établissement. Il a emporté la décision : on se passera des services de Vlamynck dès septembre 1935.

« Je ne crois pas nécessaire d'insister sur les reproches adressés par le collège à M. De Vlamynck et qui se sont traduits par la décision de renoncer aux services de ce professeur à partir de la prochaine année scolaire », écrit le directeur dans son rapport annuel à l'échevin. Puis, sans doute saisi d'un remords, il ajoute pour tempérer sa sévérité : « Toutefois, j'ai le devoir de vous signaler que les résultats obtenus dans les classes placées sous sa direction me donnent entièrement satisfaction. Ils ont également été fort appréciés par M. l'Inspecteur du gouvernement. » Comprenne qui pourra !

À trente-six ans, Vlamynck se moque bien des réprimandes. Premier prix de Rome en composition monumentale, ce Flamand de Bruges a déjà un nom et une clientèle de collectionneurs. La décoration intérieure du Schloss Hotel, en Bohême, c'est lui ; les fresques de l'hôtel particulier du baron Empain, à Bruxelles, encore lui. Il ploie sous les commandes et ne s'arrête jamais, passant du dessin à la peinture, du chevalet à la fresque. Il dessine des meubles, crée des robes et des foulards, se mêle de décoration et d'architecture.

Pour lui, les cours du soir à l'académie Saint-Gilles représentent une respiration. Il formule devant ses élèves les impressions de la journée, synthétise ses expériences

dans des préceptes. « La peinture doit rester architectu-
rale, répète-t-il souvent. C'est sa mission. » Tous ses
étudiants connaissent son style, ses personnages longi-
lignes, étirés avec grâce et fermeté – Modigliani revu
et corrigé par Picasso. Tous, dans cet amphithéâtre déjà
cerné par la nuit, suivent ses digressions sur Byzance,
Fra Angelico, Giotto, l'art de la mosaïque à Ravenne,
mais aussi les Nabis, l'art africain.

Les cours de Vlamynck ne sont pas de ceux que l'on
oublie. Ils font partie de ces moments trop rares où l'on
se sent revivre. Sans familiarité, sans démagogie, Vlamynck écoute, reprend, aiguillonne les uns et les autres.
Sa passion pour la peinture suffit à le faire respecter.
Cette passion qui lui vaut la confiance du « Prince », ce
jeune géant fiévreux et assidu.

Devine-t-il son talent précoce ? Dès 1934, il lui ouvre
la porte de son atelier, au 7 de la rue de la Constitution,
à Schaerbeek. Et le chemin de cette maison en briques
patinées où ont vécu le sculpteur Jacques-Philippe de
Haen, les peintres R. Wouters, Jean-François Taelemans
et Eugène Smits, lui devient familier. Il se sent chez lui
dans cette demeure confortable où une reproduction de
La Vierge de Jean Fouquet accueille les visiteurs dans
l'entrée. Le plus souvent, Lucie De Vlamynck l'introduit dans l'atelier du rez-de-chaussée, une vaste pièce-
cathédrale haute de cinq à six mètres, avec un plancher
de gros bois peint en vert.

Au nord, une immense baie vitrée occupe tout un
pan de mur, donnant sur un jardin-forêt vierge. À l'est,
un échafaudage permanent, fixé sur des rails, permet
la réalisation des grands travaux du moment. Au sud,
encastré dans le mur, un four à céramique chauffe doucement. Dans les airs, le tuyau de fer-blanc du poêle dessine une large diagonale. Au centre, derrière une vaste

80

table épaisse, Geo De Vlamynck achève une esquisse à la mine de plomb.

« Tiens ! Bonjour, Staël. Vous me faites plaisir. Entrez, entrez ! Je terminais mon projet de vitrail pour la chapelle Stella Maris.

– Ah ! j'ai lu le grand article du *Soir* qui le mentionne.

– Il y a encore beaucoup de travail en perspective, mais je crois tenir l'idée. Heureusement, d'ailleurs, car je suis débordé. Savez-vous que je me suis engagé à concevoir les décorations et les fresques pour le pavillon de l'Agriculture, le pavillon du Gaz, trois fresques sur l'Industrie du charbon, et le pavillon du Verre de l'Exposition universelle ? Sans compter les vitraux de la chapelle *Stella Maris* ! Une pure folie…

– Il vous reste tout de même quatre mois.

– Autant dire rien ! Tenez, Staël, vous devriez m'aider. Ah ! Ne dites pas non, surtout pas ! Je n'ai pas même commencé les recherches pour le pavillon du Verre d'art. »

Geo De Vlamynck s'empare d'une liasse de plans, les déplie sur sa table de travail.

« Voilà l'ouvrage. Mille mètres carrés au sol, trois salles. C'est l'architecte Raymond Tournai qui a conçu les plans. Je suis chargé de l'aménagement, de la décoration et de l'exposition. Ici, les plans des façades. Tenez. Regardez ce pan de mur : il faut l'habiller entièrement. Tous les visiteurs passeront devant. C'est notre affiche. Là, il faut être fort, sensible. Il nous faut une fresque.

– Une fresque à l'ancienne ?

– Oui, une vraie, avec la bonne vieille recette des anciens : de la couleur simplement délayée dans de l'eau, sans aucun ajout de pigment ou de liant… Ce sera superbe !

– Mais que puis-je faire ? Je ne sais rien !

– Vous m'aiderez, Staël! Vous apprendrez vite. On travaille à même le mur dans une couche de mortier frais à base de chaux et de sable, et les couleurs se superposent simplement, très fluides, sans épaisseur. C'est un grand plaisir. Mais, d'abord, il faut un projet. J'imagine cinq ou six panneaux sur l'artisanat du verre à travers les âges.

– On pourrait commencer par l'Égypte.

– L'Égypte, oui. Il faut aussi penser à la Phénicie. Et on terminerait aujourd'hui, à Bruxelles peut-être. Il faut y réfléchir. Alors, c'est d'accord? En premier lieu, il faut que vous me débroussailliez le terrain. Je pense que vous trouverez ce qu'il faut à la Bibliothèque royale. Renseignez-vous. »

Nicolas quitte l'atelier, conquis. Un professeur veut l'associer à son travail! Un artiste reconnu lui confie des recherches… L'enthousiasme le submerge.

Il va falloir aller vite. L'Exposition ouvre ses portes sur les collines du Heysel en avril 1935. Les organisateurs attendent plus de vingt millions de visiteurs du monde entier. Un pari artistique et politique : le roi, le bourgmestre de Bruxelles, le ministre d'État Adolphe Max et le comte Adrien Van der Burch soutiennent le projet.

Dès le lendemain, Nicolas de Staël s'inscrit à la Bibliothèque royale, consulte les volumes consacrés à l'artisanat du verre, repère l'iconographie. Durant une semaine, il prend des notes et ramène tous les soirs son butin à Geo De Vlamynck. Ainsi prennent forme six panneaux dont chacun illustre l'art du verre dans une région du monde : en Chaldée, en Phénicie, en Égypte, à Venise, à Dunkerque et en Belgique.

Après les premières esquisses sur cahier, Vlamynck et Staël tendent sur le mur de l'atelier d'immenses feuilles de trois mètres de hauteur sur soixante-dix centimètres de large. Perché sur l'échafaudage roulant, Nicolas reporte au fusain, grandeur nature, les personnages de la future fresque. Et les verriers, tels des revenants, surgissent dans la douce lumière du Nord. Les corps, soulignés de noir, se découpent sur de grands aplats bistre.

En mars, l'architecte et les ouvriers du pavillon les attendent. Vêtus de blouses blanches, Vlamynck et Staël passent véritablement à l'action. Dans l'odeur du mortier frais et humide, ils tracent les lignes maîtresses, posent leurs couleurs dans un silence tendu. Pas de droit à l'erreur. Pas de repentir. L'inconnu. « Souvenez-vous, Staël, vos couleurs ne trouveront leur pleine valeur que dans trois semaines. » Staël se souvient. Il travaille sans repères, à l'instinct. Le pan de mur peint la veille est déjà en plein séchage. La magie opère, secrète.

La presse salue la réalisation. L'écrivain Sander Pierron admire ces « franches et sobres silhouettes d'artisans ». « Le Prince » reçoit indirectement ses premiers compliments et son premier salaire, avec lequel il s'offre un complet de serge marron.

Le jour de l'inauguration du pavillon, Vlamynck signe la fresque en bas du panneau de gauche, puis se tourne vers Staël avec un sourire, lui tendant son pinceau : « Allez, il faut bien signer notre travail. » Alors, d'un coup de pinceau léger, l'élève trace son paraphe sous celui de son professeur.

Tout voir, tout sentir

Cela s'appelle le bonheur. Depuis une semaine, Nicolas de Staël parcourt les routes entre Barcelone et

Manresa. Le soir, sa plume court sur le papier à lettres. Ce sont des phrases brèves, parfois de simples mots :

« Cher Monsieur De Vlamynck,

« Divin pays, cette Catalogne. Des fresques du Xe, XIe, XIIe. Un art religieux immense.

« Je donne tout Michel-Ange pour le calvaire du musée de Vich. Dieu que j'ai des choses à vous raconter, mais c'est impossible.

« Je chipe des céramiques dans des petites chapelles du XIIe. Splendeurs des splendeurs. Sérieusement : immenses artistes, ces Catalans. On crie de joie dans leurs musées. Impossible à décrire mon enthousiasme… »

Nous sommes en juin 1935. Le rêve va durer quatre mois. Quatre mois de randonnées à travers la Catalogne, la Navarre, la Vieille Castille, l'Andalousie… Nicolas et Benoît Gibsoul, un camarade de l'Académie royale des beaux-arts, ont séjourné trois semaines aux Baléares. À bicyclette, sac au dos, ils remontent maintenant vers le Pays basque, ivres de soleil, éblouis.

Staël a prévu un régime spartiate : des étapes de cent à cent trente kilomètres, un repos réparateur sous les oliviers à l'abri d'une toile de tente, la toilette à la fontaine du village le plus proche, les repas à la fortune du pot. Pour le reste, dessin et aquarelle à la lumière du jour, tourisme aux heures ombrées. Programme unique : tout voir, tout sentir.

Chaleureusement accueilli à Manresa par des cousins des Fricero, Alix et Alain Goldie, il n'a jamais paru aussi confiant, débordant de gratitude, chaleureux et spontané. De Guadalupe, il les remercie par une lettre enflammée :

« Vous m'avez reçu comme mes propres parents et je devrais vous écrire aussi souvent qu'à eux. Il faut m'excuser, bien que je sois inexcusable. De tout ce que j'ai vu, jusqu'à présent, c'est Tolède qui prend tous les suffrages dans mon cœur. Toute seule, en plein soleil, drapée d'orgueil et de poussière, Tolède est magnifique. Nous campions au bord du Tage et durant plus de huit jours nous nous sommes imprégnés de son atmosphère. On finit par lire l'heure à l'ombre des rues comme de vieux Tolédans, et l'art du Greco n'a plus de secrets pour nous, qui l'avons vu chaque jour. Mais tout est beau, tout. Burgos la nuit, Valladolid, Avila, Segovia, l'Escurial, tout, Madrid, le Prado, splendeur des splendeurs. Et maintenant, ici, ce n'est pas un monastère mais toute une ville. Remparts, tourelles, cours d'armes, églises indescriptibles, cela vous pénètre pour rester dans le plus profond de vous et je ne sais comment dire, mais cela ne ressort pas.

« Je suis toujours dans une sorte de béatitude, surtout quand les chants grégoriens se mêlent aux orgues. Tout cela monte, monte Dieu sait où… »

Voyage d'étude. Staël prend des notes, multiplie les croquis. Il noircit ses carnets de barques de pêcheurs échouées sur le sable, de taureaux frémissants au repos et de danseuses flamencas. « Une nuit, nous dormions avec les gardiens de taureaux à la belle étoile, pour passer toute la nuit suivante à regarder les danses dans une boîte gitane, écrit-il à Geo De Vlamynck. Vous souriez, mais j'ai vécu des journées entières dans ces immenses cathédrales toujours vides et sombres : ils ont un art religieux fantastique. »

Il emmagasine couleurs et espaces. « Je pleure de rage de ne pouvoir travailler plus et mieux », lui confie-t-il. Il écrit aux Fricero : « Je travaille beaucoup et apprends bien des choses à tous les points de vue. Je pense qu'il finira par sortir quelque chose de bon du chenapan que je suis. Papa, je vous aime beaucoup et je vous embrasse bien fort, Maman. »

Voyage entre ciel et terre qui ne devrait jamais finir, mais toujours continuer. « Le Prince » songe à poursuivre vers le Maroc, mais n'obtient pas de visa. Tant pis, il se contente de l'Espagne. Benoît Gibsoul l'a quitté dans les Asturies, fin juillet, pour remonter vers Bruxelles. Comme convenu, il retrouve Emmanuel d'Hooghvorst à Madrid. Tous deux piquent vers Séville, Cadix.

Ils dorment chez l'habitant : Nicolas paie en dessins et Emmanuel en corvées de plonge. Ils grelottent sous une couverture dans les champs d'oliviers et se font insulter par de vieilles villageoises qui les soupçonnent d'amitiés particulières. Ils somnolent sur les plages, bercés par l'odeur des acacias. De touristes, ils deviennent clochards errants, nomades hirsutes, brûlés de soleil et rongés par la *turista*.

En grignotant des dattes, en se gorgeant de grenades, ils s'imaginent banqueter. Ils sirotent du thé d'oranger. « Sans cela, vous n'auriez jamais vu revenir votre élève », écrit Staël à Geo De Vlamynck. Sur la route de Ronda, un poids lourd le frôle de trop près, le renverse et malmène son vélo. Pour se faire pardonner, le camionneur verse généreusement de l'essence sur l'avant-bras gauche de Nicolas pour le désinfecter…

Le vélo réparé, les deux amis font leurs comptes : leur fortune s'élève à cinq pesetas et un kilo de sucre. Qu'à cela ne tienne, un guide se propose de les prendre en charge : « Vous êtes mes invités ! » Ils se régalent d'un plat de riz et d'un verre de malaga, dorment par terre et se réveillent aussi démunis que la veille. Il en faut plus au « Prince » pour s'inquiéter. En arrivant à Grenade, il pénètre avec son ami dans le meilleur hôtel, commande un repas gargantuesque et réserve une chambre. Il est alors temps de téléphoner à Madrid chez un contact de la famille Fricero pour lancer un SOS !

Dans sa correspondance, il gomme ces avanies et soigne son style : « Ma chère Maman, nous avons quitté Cadix, notre Capoue, une après-midi de grande chaleur, pour la partie la plus intéressante de tout ce voyage : les sierras, leurs gouffres, leurs roches, leurs achérons, quels paysages dantesques ! » Ou encore : « Le bateau de Palma est prêt à partir, les pêcheurs, en rentrant, baissent leurs voiles, elles tombent comme de grandes ailes blanches sur les barques noires. »

Voyage politique. Au travers des lettres à Emmanuel Fricero, il exprime ses premières indignations sociales :

« J'aime l'Espagne de plus en plus. J'aime le peuple, l'ouvrier, le mendiant. Quelle misère et quels gens sympathiques ! Ils crèvent de faim mais font des gosses plus nombreux que les étoiles. Gais et fiers, fiers car ils vous méprisent en tendant leur main pour un penny. Combien je les préfère à ces gommeux qui passent leur temps à se faire cirer, raser, coiffer, friser, épiler et Dieu sait quoi encore. Il y a quelque chose de tragique, en Espagne, dans cette misère du peuple et ce luxe à côté. Ces magnifiques cathédrales et personne dedans. Les pauvres rampent autour mais n'y entrent guère. Le christianisme, c'est la religion des riches et, de fait, les églises s'alimentent de monde élégant, de femmes ravissantes. Il n'y a plus de feu. Une armée de curés est au service de ce monde parfumé… »

Ainsi se détache-t-il du conformisme social de son milieu tout en restant antibolcheviste. Il se renseigne sur l'Afrique du Nord :

« Un très grand mouvement nationaliste, dont Hitler est le prophète, prend vraiment de l'envergure là-bas et dans toute l'Afrique, je pense. Mouvement raciste, avec cette haine des Juifs qu'ils ont eue de tout temps. Cela s'amplifie encore par le renouveau de toute la religion de l'islam – Ibn Séoud. Dans quelques années, nous assisterons à une véritable croisade contre les Blancs. Je crois que nous vivons des temps passionnants. »

Septembre a passé. Nicolas et Emmanuel d'Hooghvorst remontent la côte à vélo. Alicante, Valence, Tarragone, Barcelone. À nouveau ils n'ont plus d'argent et Staël vend quelques aquarelles. En octobre, ils franchissent les Pyrénées, bousculés par la pluie et les vents, et gagnent Toulouse. À la poussière et aux éclats de l'Espagne adorée succèdent les premières bourrasques de neige de l'année. Transis, ils coupent par le Massif central, montent à Villefranche-de-Rouergue. Là, « le Prince », blanc de givre, heurte la porte du couvent où sa sœur cadette étudie pour entrer dans les ordres. Retrouvailles, joie. « Olga aura une vie magnifique, je crois », écrit-il à ses parents d'adoption.

Ils foncent sur Tulle, puis Clermont-Ferrand, et s'arrêtent à Saint-Honoré-les-Bains, chez la marquise d'Espeuilles, une parente d'Emmanuel. L'aristocrate a quatre-vingt-huit ans. « Le Prince » en a vingt et un. Qu'importe ! Il se laisse séduire par cette vieille dame dont le mari a guerroyé en Turquie, fréquenté la noblesse russe, enrichi sa bibliothèque d'in-folio sur la Cour du tsar Alexandre II. Le soir, il décrit dans une lettre à Charlotte et Emmanuel Fricero cette famille recluse en son château : « Elle vit dans un monde de souvenirs, de rêves futurs, elle vit. Intensément. Chacun se demande dans le coin : "Vous ne la trouvez pas baissée ?" Sa belle-fille n'espère qu'une chose, c'est qu'elle meure. Son propre fils semble hanté par une rentrée d'argent. "Ne la trouvez-vous pas baissée ?" Mais elle, elle comprend que la vie est immense, que la vie, c'est si beau que c'est à se mettre à genoux devant. »

Précisément, Staël et Emmanuel se retrouvent à Paris, un genou à terre devant les tableaux de Chardin et de Delacroix au Louvre. Leurs dévotions faites, ils filent sur Bruxelles en train. À la dernière gare avant la frontière franco-belge, Nicolas demande à son ami de descendre avec lui. Voilà bien un mois que son visa a expiré et il préfère ne pas se frotter aux douaniers. Ils roulent alors à bicyclette sur de petites routes de campagne et franchissent la frontière, ligne abstraite coupant les champs, sans même s'en rendre compte.

Le tour est joué. Ils s'arrêtent dans le premier bourg traversé par la ligne de chemin de fer pour attendre le prochain convoi. Aventure terminée. Les grandes vacances sont finies.

Cinq icônes

As-tu vu Rostislas ? Va-t-il venir ? Durant cet automne 1935, Nicolas et ses amis ne parlent plus que de lui. Tout le monde s'est entiché de Rostislas Loukine.

« Le Prince » et lui se sont rencontrés à Paris alors que tous deux hantaient les galeries du Louvre avec cet air de vouloir tout aspirer : cimaises, peintures, pigments. Rostislas ne pouvait manquer Staël, ce sémaphore de 196 centimètres de haut, doté d'un regard d'oiseau de proie émerveillé. Staël a été aimanté par ce Russe de dix ans son aîné, à l'air ironique et moqueur, au nez grec et au front haut. Le peintre et l'étudiant ont échangé leurs adresses.

Et puis, Rostislas est venu passer quelques jours à Bruxelles. Ils courent les musées ensemble, évoquent les traditions picturales russes et l'art de l'icône, incroyablement méconnu en Occident. Rostislas tient sa technique de Vladimir Pavlovitch Riabouchinsky qui enseigne à Paris. Staël écoute. C'est la première fois qu'on lui parle aussi concrètement de la manière de peindre : préparation du support, des couleurs, ébauche sur la toile…

Rostislas peint des icônes par nationalisme, non par dévotion :

« Kolia, ces icônes sont nécessaires pour conserver l'unité nationale de notre diaspora.

— C'est un travail indispensable.

— Il n'y a pas un gramme de métaphysique là-dedans. Non, je t'assure. Ce que nous devons réunir, ce sont les couleurs de la Russie et tout l'espace russe dans quelques morceaux de bois.

— Rostislas, ne te trompe pas : je veux peindre pour le paysan russe », rétorque Staël.

Dans la seconde, il désire réaliser des icônes avec son ami…

« Hé ! minute, attends, répond celui-ci. Nous avons tout notre temps ! »

Ils passent leurs soirées avec Alex Gourine, Benoît Gibsoul, Alain Haustrate, Jan ten Kate et Joseph de Renesse, tous étudiants de l'Académie royale des beaux-arts. Au cours d'une folle discussion surgit l'idée de monter une exposition d'icônes. « Pourquoi pas ? » Rostislas Loukine possède déjà à Paris quelques panneaux aboutis. Il en faudrait d'autres. « Dans ce cas, il faut organiser une expo collective », avance Alain Haustrate. « Je suis pour », lance Staël.

Mais Rostislas repart et Staël désespère. Il lui envoie un mot : « Rejoins-nous, Rostislas, tu ne le regretteras pas. Pour te convaincre, sache que tu disposeras d'un logement gratuit et de la présence réconfortante de tes amis. Accepte donc ! Je t'accueillerai à ton arrivée. »

Rostislas revient. Entre-temps, Nicolas et Alain Haustrate se sont démenés. M. Dietrich, le propriétaire d'une petite galerie bruxelloise au 37 de la rue Montagne-de-la-Cour, veut bien les exposer fin janvier durant une semaine. Il faut faire vite. Loukine et Staël se procurent de fines planchettes de bois qu'ils scient au format désiré, encollent et enduisent soigneusement pour obtenir une bonne épaisseur. Rostislas montre comment on crée un encadrement en relief traditionnel avec d'étroites bandes de toile.

« Le Prince » apprivoise la peinture à la détrempe, seulement rehaussée de quelques touches d'huile. En quelques semaines, sous la conduite de Loukine, il réalise cinq icônes, dont un saint Jean à la tignasse rousse qui se détache sur un fond pâle, un ange effilé qui tient du Greco et de Roublev, et un Jean le Précurseur qui porte sa tête tranchée dans une coupe.

À la mi-janvier 1936, les cartons d'invitation sont prêts. Il est temps d'accrocher. Alain Haustrate, qui ne peut plus se dédire, peint en catastrophe une nature morte (une dépouille de canard sauvage) pour sauver l'honneur. Loukine expose une dizaine de toiles et Staël ses cinq icônes avec plusieurs de ses aquarelles espagnoles pour étoffer sa contribution.

Un seul critique d'art se fend d'un entrefilet pour signaler l'exposition du « baron de Staël, jeune peintre de talent ». Deux phrases, et tout est dit : « Nicolas de Staël essaye de perpétuer l'esprit des premiers peintres russes religieux. Ses couleurs sont très claires et brillantes, sa composition constamment harmonieuse. » L'une des filles d'un homme d'affaires belge, le baron Jean de Brouwer, se rend à la galerie, achète deux icônes et sympathise avec Staël.

À présent, les cours de l'Académie royale lui semblent d'une tristesse infinie. Il les déserte et vit au jour le jour. Exalté et mystique, il attend des alcools forts, un parfum d'aventure, une révélation.

Rassasié d'icônes, il s'inspire un moment du thème classique des Pénitents.

Les ciels de la Campine, au nord de Bruxelles, le transportent. Il réalise une série d'aquarelles et en offre une à Marguerite d'Hooghvorst qui se moque gentiment de lui : « Merci, Kolia, je la garde précieusement pour quand vous serez célèbre. »

Il multiplie les incursions aux Pays-Bas pour étudier Rembrandt et Vermeer.

Le baron de Brouwer, qui a aimé ses icônes, lui commande la décoration d'un boudoir dans son relais de chasse. Staël s'installe quelques semaines dans cette demeure, non loin de Mons, pour y peindre des biches et des cerfs aux abois sur des toiles de Jouy tendues.

Sans le sou, il apprend l'art d'emprunter à tous. Endetté chronique, il rend au centuple, ou jamais. À Loukine il fait la surprise d'un homard soigneusement empaqueté avec ce simple mot : « Bon appétit, Nicolas. »

Il emménage dans des chambres exiguës, les quitte pour des ateliers de fortune, se fixe rue du Nord puis, finalement, dans une pièce que lui offre la mère de son ami Jan ten Kate.

Bruxelles est déjà trop étroit, l'Europe aussi. Son projet de l'été 1935 renaît : vivre au Maroc. Voyager et apprendre.

En avril 1936, il se rend au consulat de France et sollicite l'autorisation de séjourner dans le protectorat français. Il ne reste plus qu'à financer une expédition que réprouvent Charlotte et Emmanuel Fricero. En désespoir de cause, il se tourne vers son oncle, cet oncle si distant, « Son Excellence le baron de Staël von Holstein », comme il aime à le moquer. Une lettre fera l'affaire. En vain ; comme si toujours, de ce côté, les réponses devaient être négatives. « Un Staël ne gagne pas sa vie en peignant », lui retourne ce docte parent.

Le voyage se prépare quand même. Alain Haustrate et Jan ten Kate seront de l'expédition. Au dernier moment, Jean de Brouwer, qui possède de multiples intérêts immobiliers, forestiers et agricoles au Maroc, accepte de commanditer l'aventure. Ce chevalier d'industrie enthousiaste et collectionneur avance une partie des frais de l'expédition, contre la promesse de recevoir rapidement les plus belles toiles. Devant le baron et Emmanuel Fricero réunis pour la circonstance, « le Prince » donne sa parole.

Les gueux de l'Atlas

En juillet 1936, ce sont trois routards qui quittent Bruxelles. Ils ont vingt-deux ans et des tailles de géants. Étrange équipe : ils portent sur leurs épaules de maigres baluchons où se cognent des boîtes d'aquarelles et de vieux livres, des pinceaux et des brosses, et se laissent descendre vers le sud.

En août, la petite troupe longe le golfe du Lion, à son rythme. Elle se sépare et se ressoude selon les moments. À Montpellier, Nicolas croise un colosse de son âge qui joue du violon dans la rue. « Une pièce, mon prince ! » lance le colosse, le menton collé à son instrument. « Un billet, *maestro* ! » réplique Staël, les poches déjà à moitié vides. Tous deux éclatent de rire. Le colosse se présente avec un fort accent alémanique : « Wilfrid Moser. – Nicolas de Staël… » Ironiques et bourrus, ils sympathisent.

L'un et l'autre peuvent-ils se douter qu'ils marqueront avec éclat, deux décennies plus tard, la peinture contemporaine ? Pour l'instant, Moser écoute « cette grande gueule » de Staël qui le convainc de tout plaquer pour se joindre à son groupe : « Il n'y a rien à faire ici, il faut aller au Maroc ! »

Pourquoi pas ? Wilfrid Moser y a déjà songé. Delacroix, Klee, Matisse et tant d'autres sont partis vers le Maghreb, sa lumière et ses ombres. Le Maroc attire naturellement, comme une flamme, une promesse de bonheur. Tous les soirs, Staël lit à haute voix de longs passages du récit de voyage de Pierre Loti en 1889.

Intuitivement, il devine qu'il débarquera bientôt dans un pays de forteresses aux remparts fissurés, un empire craquelé où souffle l'esprit des siècles, comme un lointain écho d'une Russie défaite et prostrée.

Pour lui, pour ses amis, pas de paquebot confortable : fin août, ils avisent à Sète un gros chalutier rouillé, négocient la traversée pour 12 francs chacun. Le vent de la mer, déjà, les enveloppe. Appuyé au bastingage, « le Prince » fixe le spectacle des poissons volants et des dauphins.

Tanger. La ville en amphithéâtre le cueille à l'estomac. Cela tient de la communion et du mystère. Les charmes de l'Orient, sur cette terre du bout de l'Arabie, opèrent. Il hume avec délices le temps arrêté et les sombres prestiges de la monarchie chérifienne. Pour un peu, il se sentirait arabe, sorte de pur-sang piaffant, raclant du sabot la poussière d'or des palmeraies.

Il écoute. Il regarde. Il dévore les écrivains qui se sont frottés au Maroc : Gide, Montherlant, les frères Tharaud. Aucun ouvrage ne le rebute. Il lit tout : sur l'islam, la géologie, l'art. Le voilà bientôt prêt à donner des cours d'histoire, expert en tapis oudaïas, spécialiste en céramiques.

Il se drape dans de longs voiles, marche nu-pieds comme dans sa petite enfance, s'assoit en tailleur avec naturel. À ses côtés, Alain Haustrate joue les boute-en-train, Jan ten Kate les organisateurs. Leur caravane transhume bientôt par Rabat, Fès, Azrou, Kénifra.

Nicolas de Staël pose ses pinceaux. Trop à voir. Trop à saisir. Au fusain, il croque des silhouettes de gamins, des mules accablées par la charge, toute la vie qui se télescope devant lui. Il écrit comme on télégraphie, dans l'affolement des images, le choc des lumières : « Hier, au souk, des bêtes. Ai travaillé huit heures sans arrêt, en avais la tête qui tourne de fatigue. Splendides chevaux. Les cavaliers les essayaient devant les amateurs, ombres des étriers et des pieds, ombre dessinant la jambe, harnais travaillé d'argent, burnous d'amarante, galop sec rapide. Ils crient au grand galop, les mains parfois derrière le dos et parfois présentent leur baguette en port d'armes comme pour indiquer que le cheval va comme une flèche. Soleil, soleil radieux, éclatant… »

Se prendrait-il pour Delacroix ?

Durant quelques mois, il devient historien et poète. Ensorcelé par les mots. Un seul de ses cahiers est parvenu jusqu'à nous. Éclats consignés au crayon noir :

« Le feu vert de l'herbe consume sa propre lumière, allume un tronc, une silhouette de paysan, donne une expression magique au visage des arbres. Les feuilles des oliviers scintillent légèrement.

« Ce n'est pas la lumière du jour, ce n'est pas la lumière de la nuit.

« Dans l'ombre, un homme s'est arrêté. Il regarde des olives, petits points noirs dans le ciel vraiment foncé, le nimbe d'argent qui brille autour de l'arbre, le ciel profond, bleu. »

Ses notes doivent servir à son premier reportage. Avant son départ, Emmanuel d'Hooghvorst lui a montré un exemplaire de la revue *Bloc* pour laquelle il travaille : une revue catholique de bonne qualité, ouverte et même progressiste, dont Charles du Bus De Warnaffe assure la direction. Staël s'est engagé à lui envoyer un grand récit pédagogique et littéraire sur la situation au Maroc.

Son enquête confirme ses premières impressions sur la médiocrité du colonialisme et l'acculturation des Berbères, peuple brisé, privé de son histoire. Il écrit comme il dessine, avec cette sobriété d'expression qui dit tout. Le voici au palais, dans l'entourage du baron local, et il raconte :

« Dans la cour du palais, les chaouches fouettent un jeune garçon d'une grande beauté. On chuchote à ce propos de sombres histoires : de grands personnages seraient en cause, mais c'est bien difficile de leur administrer aussi une correction. »

Tous les jours, il écrit deux ou trois heures. Par besoin, par discipline. Arrivé à Marrakech, il a rencontré un professeur de français, Charles Sallefranque, ami et hôte de Montherlant et de Louis Massignon. Dilettante, passionné de littérature, Sallefranque est intrigué par ce jeune nomade enthousiaste :

« Mais que faites-vous donc ici, dans ce pays fruste et barbare ?

– J'observe et je dessine.

– Je vous envie… Le temps me file entre les doigts. J'ai parcouru cet été l'Atlas et je n'ai pas encore eu l'occasion de mettre en ordre mes notes. Des deuils et des maladies m'ont empêché de travailler…

– Vous écrivez ?

– Je suis professeur au collège musulman de la ville, mais j'écris aussi. Connaissez-vous *Les Cahiers du Sud*, la revue de Jean Ballard ? Je leur envoie des études, pas assez au goût de Ballard qui me reproche gentiment de me laisser happer par la *dolce vita* et les amours tarifées de l'agréable Marrakech… »

Au cours de la conversation, il est bientôt question de Novalis et de Hölderlin. Le professeur quadragénaire et « le Prince » sympathisent :

« Tenez, je vous offre l'hospitalité : ne refusez pas. Vous pourrez rester jusqu'à la fin décembre. Vous aurez une chambre, une "cellule" pour vous seul. Vous serez servi et vous pourrez travailler calmement. Je n'y suis jamais. »

Staël pose son baluchon chez Charles Sallefranque. Sa chambre ouvre sur un patio agrémenté de quelques arbres. Il court la ville et les environs. Le soir, il s'arrête au Café de France, sur la place Jemaa-el-Fna, l'un des rares endroits où il retrouve Wilfrid Moser qui a lui aussi rejoint Marrakech. Là, ils dissertent ensemble sur la peinture, les volumes, l'espace, la couleur. Parfois, un peintre anglais, Mervin, se joint à eux, ou encore Jacques Majorelle, leur aîné, qui connaît tout du Maroc.

Le décor l'amuse et l'irrite. Des serveurs coiffés d'un tarbouche servent des porto-flip aux notables de la colonie française, commerçants enrichis et officiers des affaires indigènes mêlés. Sur l'air de *Tout va très bien, madame la marquise*, un orchestre fait danser « des femmes roses comme du massepain devant un poêle noir ». Staël n'oubliera pas ce tableau décadent. « Peu d'indigènes ont le privilège de goûter ce spectacle », écrit-il dans son reportage.

Dans une lettre à ses parents, il peint cruellement cette micro-société de Fès et de Marrakech :

« Manque total de sensibilité de la part des maîtres du pays au point de vue général (…). Les pauvres savent que les riches payent les officiers français quand ils veulent une faveur, ils savent combien leur a demandé l'avocat pour des affaires qui n'ont jamais abouti. Le pacha de Fès est très gras, tête désagréablement cupide. Maman, s'il y avait quelques Françaises pour installer des assiettes de soupe ici, vous verriez ces têtes traquées sourire aimablement. Non, snobisme vainqueur, argent vainqueur, sorte d'empire de l'imbécillité avide et inassouvie. »

Comme le maréchal Lyautey qui tenta de marquer ce royaume de son empreinte, il s'indigne de « l'odieux muflisme du colon français ».

C'est la même révolte que traduit son reportage, seulement rehaussée de notations, de choses vues. Jemaa-el-Fna devient la « Grand'Place » :

« Quelques hideuses boutiques rappellent les halles du vieux Bruxelles dans un style plutôt moderne. Voilà le fond. À l'avant-scène, des paillasses rondes protègent les barbiers, marchands de safran, de légumes, de vieilles loques, de lotions *Princesse*, et Dieu sait quoi encore… Tout cela est dans la saleté, dans la poussière – la poussière blanche de Marrakech. Un public disparate et barbare de Français, d'Anglais, d'Américains, échappés du scénario de *La Ruée vers l'or*, de militaires gras, de milords, offense le soleil, chôme et regarde. »

Son Maroc ne sera pas celui-là. Ce sera celui des gens simples, des paysages découpés en aplats d'ombre et de lumière, des sentiers sauvages et de la pouillerie grandiose des villes :

« Du haut de la colline, à la porte du Khruis, on peut voir le matin la ville entière. Le soleil pardonne tout. Candide, pâle dans la lumière, la Sodome chleue offre les monuments les plus expressifs du temps des Almohades. Les mosquées, les palais, les ruines débordent de richesses. Sur le flanc des coteaux, les peaux de chèvres sèchent. Elles semblent autant de bêtes écartelées qui fuient vers l'ombre. »

Derrière ce tableau, Staël discerne nettement la veulerie des puissants et l'escroquerie des sultans, davantage enclins à la corruption qu'à l'exercice d'un pouvoir équilibré. Sa pensée d'alors tient en une phrase :

« Toute la richesse reste et restera dans les qualités du peuple, du grand peuple berbère, et toute la misère dans la gueuserie de ses princes. »

Fin 1936, il termine son long reportage : plus de quarante feuillets, qu'il titre *Les Gueux de l'Atlas*. Mais, au dernier moment, il refuse curieusement de le signer de son nom en l'envoyant à Bruxelles. Comme s'il voulait réserver son patronyme pour la peinture, il demande à Emmanuel d'Hooghvorst de le signer « Michel Servet ». Servet, brûlé comme hérétique près de Genève par les amis de Calvin. Servet, jugé trop protestant par les protestants. Servet le protestataire…

La loi des couleurs

Comment charme-t-on les jeunes enfants ? Sa voix grave cherche des inflexions douces : « Ne bouge plus… Voilà, laisse reposer tes mains. » Un instant, il a cru calmer son modèle, mais le voilà qui s'agite, qui rit sous cape et s'entortille dans sa djellabah. Sacré gamin !

« Dieu, ce que c'est beau les gosses à quatre ans. » « Le Prince » s'extasie sur ce diablotin « gai, brun, orangé, clair, avec sa mèche comme les Papous ». Son crayon griffe les feuilles de son carnet, zèbre à grands traits le grain du papier… Rien à faire. Il n'y est pas, le combat singulier continue…

« Le gosse est encore venu ce matin, j'ai pris partie par partie chaque morceau du premier dessin pour étudier pieds, mains, doigts, les petites poches de graisse qui se marquent au genou quand l'os central appuie sur la rotule, etc. etc. » Mais comment s'emparer de la douceur de ces menottes, fixer l'indécision des chairs et leurs dorures, capter la fragilité des expressions et des mouvements ? Parfois, Staël saisit une main, la serre comme un sauvage, le gosse tire dessus et se libère. « J'ignore si je pourrai donner cette impression de corps frêle dans son ample djellabah aux larges manches », écrit-il à Charlotte Fricero.

La lutte est totale, l'obsession majeure. La nonchalance qui le caractérisait s'est progressivement dissipée : la passion l'envahit jusqu'à la souffrance. « Toute l'après-midi, j'ai effacé des dessins (…). Parfois, la distance de mon travail à mes rêves me fait rire, Maman, rire de moi avec tristesse. » En écho lui revient cette lettre du Maroc où Delacroix se tourmente : « Il faudrait avoir vingt bras et quarante-huit heures par journée pour faire passablement et donner une idée de tout cela. »

Seul, Staël se plonge dans l'étude. Il multiplie les esquisses, les croquis, les dessins. Il monte un atelier de sculpture de fortune dans le patio de Sallefranque. Les doigts dans la glaise, il pétrit. Il s'entoure de livres et se répète à l'infini ces quelques lignes du *Journal* de Delacroix – encore lui – datées du 15 décembre 1847 : « Tous les grands problèmes d'art ont été résolus dans le seizième siècle. La perfection du dessin, de la grâce, de la composition dans Raphaël. De la couleur, du clair-obscur dans Corrège, Titien, Paul Véronèse. »

Que lui reste-t-il ? À se forger une morale, à s'y tenir. Il veut s'aventurer loin, très loin de la « dictature du confort », à l'opposé d'un conformisme qu'il méprise. Dans son carnet de route, il définit sa conduite dans la ligne de celle de Van Gogh : « On peut penser ou ne pas penser, se tranquilliser sur les images habituelles de la pensée ou bien au contraire clairement mettre devant notre conscience la question du sens de la vie de l'homme sur Terre. » Il choisit l'honneur, et l'incompréhension. Le défi. Pour lui-même et les autres.

D'où son jugement abrupt, souvent sans appel sur ses tableaux et ceux de ses amis. À l'occasion d'une exposition qui présente dans une galerie de Fès des toiles de camarades, il s'exclame : « C'est de la merde ! »

Wilfrid Moser lui donne une bourrade :

« C'est vrai ! Mais tu n'es pas obligé de le crier sur les toits !

« — Hé! pas d'hypocrisie. Je dis ce que je pense, ce que je ressens. Nous sommes des apprentis!

— Des emmurés, oui! On n'arrête pas de se cogner à des murs. Devant nous, il y a le mur Kandinsky, le mur Klee, le mur Picasso, le mur Matisse. Cela fait beaucoup!

— Beaucoup à apprendre, beaucoup à dépasser. Nous avons tout notre temps, mais, de grâce, ne barbouillons pas des toiles pour le plaisir, respectons notre métier, nos couleurs, nos pinceaux. Viens, partons, ne salissons pas nos yeux! »

Staël est obsédé de peinture. Il est tout entier absorbé, pénétré par la couleur et l'espace. En parcourant l'Atlas, il s'imprègne des jeux de lumière, découvre les vertus du noir, la splendeur du blanc. Comme Henri Michaux, il relève que ce sont les ombres qui, dans les pays arabes, recèlent la plus forte part d'émotion, tout à la fois menacées et protégées par la lumière, étranglées et serties par le soleil.

En quelques mois, il accomplit sa métamorphose. Il se situe, se juge, se confronte aux « grands peintres ». D'où sa rumination des lettres adressées par Van Gogh à son frère Théo, dont il recopie quelques passages dans son carnet : « Le blanc : la plus haute combinaison du rouge, bleu et jaune à l'état le plus clair, et le noir : la plus haute combinaison du rouge, bleu et jaune le plus concentré. »

D'où, aussi, la longue lettre intense à Charlotte Fricero, le 30 novembre 1936. Une lettre heurtée, éclaboussée de passion et d'interrogations :

« Qu'ont-ils fait, comment, pourquoi, quel était leur résultat après trois ans de contact non constant, comme moi ? Il faut savoir se donner une explication pourquoi on trouve beau ce qui est beau. Une explication technique. C'est indispensable. Savoir les lois des couleurs, savoir à fond pourquoi les pommes de Van Gogh à La Haye, de couleur nettement crapuleuse, semblent splendides, pourquoi Delacroix sabrait de raies vertes ses nus décoratifs aux plafonds et que ces nus semblaient sans taches et d'une couleur de chair éclatante, pourquoi Véronèse, Vélasquez, Frans Hals possédaient plus de vingt-sept noirs et autant de blancs, que Van Gogh s'est suicidé, Delacroix est mort furieux contre lui-même et Hals se saoulait de désespoir. Pourquoi, où en étaient-ils ? Leurs dessins ? Pour une petite toile que Van Gogh a au musée de La Haye, on a des notes d'orchestration de lui pendant deux pages. Chaque couleur a sa raison d'être et moi, de par les dieux, j'irais balafrer des toiles sans avoir étudié, et cela, parce que tout le monde accélère, Dieu sait pourquoi ? »

C'est dit, il ira à son rythme. Jusqu'en mars 1937, il campe à Marrakech et dessine. Il ne peint pas, ou si peu ! Il pense à la peinture, il la mâche, la rumine. Il s'imprègne de l'atmosphère des souks, hume les odeurs, discerne les transparences, les superpositions. Ce n'est pas de l'indécision, mais du courage, une incubation savante. Il avance en tâtonnant et cherche à faire comprendre à Emmanuel et Charlotte Fricero le feu qui l'anime :

« Je travaille mieux, avec moins d'inquiétude, moins de désespoir. Maman, hier j'ai fait un dessin d'une gamine berbère qui est le meilleur jusqu'à présent et qui est meilleur que moi-même. Dieu, si je pouvais changer, devenir plus simple, plus simple ! »

Mais les Fricero peuvent-ils comprendre ? Le voilà parti depuis huit mois. Leurs doutes grandissent. Les quelques dessins qu'ils ont reçus les laissent perplexes, persuadés que leur fils s'égare. Surtout, Kolia n'a toujours pas commencé à honorer la dette contractée auprès du baron Jean de Brouwer, lequel s'impatiente de ne rien recevoir. Où sont les dessins promis, que sont devenus les engagements d'expédier régulièrement des tableaux ?

Précisément, « le Prince » s'impatiente de cette impatience. Il a mieux, plus urgent à faire. Avec Jan ten Kate et Alain Haustrate qu'il a retrouvés, il découvre la rigueur et la perfection des estampes japonaises d'Hokusai. Une gravure, offerte par une amie de sa famille et accrochée dans sa chambre, lui sert de repère. Pas question de se disperser dans l'accessoire ou de peindre comme une machine. Le baron attendra :

« Avec un peu de patience, il finira bien par les recevoir, mais dès que je pense lui en envoyer une, celle qui la suit est meilleure ; mais tout cela évolue encore dans le médiocre, ce qui explique mon peu d'empressement à les lui faire parvenir. »

Cette pétition de principe souffre bientôt certains accrocs. Complètement désargentés, Staël et ten Kate tentent de réunir des fonds pour continuer leur voyage vers Mogador. L'un et l'autre interrompent alors leurs gammes pour donner satisfaction à un commerçant de la communauté juive qui trouve du talent à Nicolas et lui a passé une commande. En quelques semaines, Jan ten Kate exécute trois tableaux dans le style de Staël, que Nicolas signe. À ce premier lot vient s'en greffer un second, de Staël lui-même : la cour d'une demeure de Marrakech et le portrait d'un jeune Arabe coiffé d'un turban. Deux toiles émouvantes, d'une facture dépouillée, où les ombres ont disparu pour laisser la toile capter toute la lumière du jour.

En route vers Mogador. En route pour Taroudant. En route pour l'avenir…

Staël sait-il déjà qu'il ne reviendra jamais à Bruxelles?

Il s'imagine au Maroc pour encore deux ou trois ans. Puis il envisage de préparer au Portugal l'examen d'entrée à la villa Médicis, à Rome.

Les nomades

Le soir, ils fument du kif. Ou dessinent aux dernières lueurs du jour. Quand ils sont tenaillés par la faim, ils se rappellent leur gueuleton chez le chérif Rogragi, à Marrakech :

« Tu te souviens de cette magnifique négresse qui apportait les plats?

– Je ne veux me souvenir que de ce jeune mouton très gras, doux comme du beurre, qui nous fondait dans la bouche. »

En bordure de l'ancienne Mogador, Essaouira, l'océan les apaise; le climat tempéré les revigore. Ils travaillent comme des brutes, dix-sept à dix-huit heures par jour. Jan ten Kate puise des forces dans Rembrandt, Staël copie des Monet. Le soir, encore fous de lumière, ils titubent, s'affalent. Mais Staël implore ten Kate de lui faire la lecture. Alors, après s'être fait un peu prier, Jan sort à nouveau son édition hollandaise des lettres de Van Gogh et lui traduit lentement la correspondance à Théo, le frère sauveur.

Avec ce style syncopé qui est sa marque, Staël écrit à Emmanuel Fricero :

« Je dois dessiner, dessiner, lire. J'ai besoin. Pour vous parler de dessin, plus on avance, plus on trouve qu'on a tout juste le droit de se taire, et chaque jugement pour ses propres dessins ou ceux des autres ne sera jamais assez pesé. »

Il tient tout entier dans cette apparente contradiction : il travaille dans la fièvre, mais à son rythme. Il tente vainement de le faire comprendre à son père adoptif :

« Être artiste, ce n'est pas compter, mais vivre comme l'arbre sans presser sa sève, attendre l'été, l'été vient mais il faut avoir de la patience, de la patience (…). Personne ne doit m'apporter aide, conseil, stimulant. Tout doit se passer en moi. C'est avec le besoin intérieur, intime qu'il faut dessiner et ce n'est que comme cela que je ferai, si je puis, du bon dessin, de la bonne peinture. »

Alain Haustrate remonte seul vers Rabat. Ten Kate et Staël projettent d'exposer quelques tableaux et leurs aquarelles en juillet 1937.

Leur étrange caravane suit son cours sans fin. Il tente encore et encore de s'en expliquer dans ses lettres à Bruxelles :

« Je sais que ma vie sera un continuel voyage sur une mer incertaine, c'est une raison pour que je construise mon bateau solidement et ce bateau n'est pas construit, Papa. Je ne suis pas encore parti pour ce voyage ; lentement, pièce par pièce, je construis. Il m'a fallu six mois d'Afrique pour savoir de quoi il s'agit en peinture exactement. Nous verrons ce que les six mois qui suivent apporteront, et j'ai confiance, c'est tout ce que je puis vous dire. »

Il songe à remonter sur Alger, longer le golfe des Syrtes, gagner l'Égypte, piquer vers la Perse. La route des Indes ne s'ouvre-t-elle pas devant lui, incandescente ?

Emmanuel Fricero se braque. À ses yeux, Nicolas se méprend sur ses possibilités et son avenir. Il se trompe et cherche à se tromper. Ses lettres et son goût des mots l'entraînent malgré lui à rêver sa vie. Est-il seulement sincère ? Ne crée-t-il pas du mensonge à son corps défendant ?

Staël s'analyse dans cet exercice d'introspection unique :

« Vous avez bien raison de penser que je ne suis jamais absolument sincère. Rien n'existe chez moi d'une façon positive, à part mes rêves et tendances. Dieu sait si ces rêves peuvent devenir réalité. Mes lettres, j'y trouve un encouragement dont j'ai besoin. Tout ce que j'y mets, je le crois sincère, les personnages qu'il y a en moi y sont d'accord, et je suis bien content souvent de vous écrire, d'écrire à Maman. Je ne suis pas fait d'une pièce et ce n'est pas facile d'y remédier (…). Ne jugez pas trop sévèrement mes lettres, je me demande parfois si elles ne tiennent pas, comme de rares dessins, le meilleur de moi-même. »

En quelques traits sur une feuille Canson, ten Kate le représente alors, impétueux et songeur. Ils campent tous deux à Si-Addallah-Riat où Nicolas s'impose un rythme soutenu :

« Je travaille sans cesse et je crois plutôt que la flamme augmente chaque jour, et j'espère bien mourir avant qu'elle ne baisse. »

Bientôt de retour à Marrakech, dans la chaleur d'août, ils retrouvent le calme de la maison de Charles Sallefranque. En parcourant un jour, tout seul, la campagne environnante à la recherche d'une ancienne casbah recouverte de peintures murales, Staël chancelle, ivre de fatigue, tombe sur une pierre et s'entaille profondément la cuisse. À demi inconscient, il est découvert par des villageois sur la caillasse, murmurant dans une plainte primitive : « Maman, Maman… » Dans cet appel à sa mère nourricière, Charlotte Fricero, cette mère de substitution qui a su lui donner confiance en lui, il y a comme un adieu à son adolescence.

Quelques semaines plus tard, à peine remis, il croise une jeune femme, grande et longiligne : Jeannine Teslar. Avec son mari Olek et leur fils Antek, elle surgit du Sud marocain interdit aux étrangers, ce désert où règne la loi des tribus insoumises. Voilà un an, les autorités leur ont fait signer des papiers déchargeant la France de toute responsabilité en cas de malheur. Ils ont vécu avec, pour seule fortune, un stock de médicaments offerts aux indigènes en échange de leur hospitalité. Ils campent à présent en lisière de la ville, sous une toile de tente. Tous sont peintres dans ce phalanstère itinérant. Il y a là Olek Teslar et l'un de ses frères, deux Polonais fantasques et généreux, Jeannine Teslar et Jean Deyrolle, cousins bretons en recherche d'absolu ; Antek, âgé de cinq ans, deux domestiques, quelques mules et un âne forment le reste de la troupe. Étrange caravansérail ! La bonhomie préside à tout. Olek Teslar, hippie avant la lettre, court l'aventure et distribue des fruits aux enfants qui passent. Son fils, Antek, court la campagne à demi nu.

Du Maroc ils connaissent le moindre recoin. Cela fait des années qu'ils sillonnent ses pistes. La tribu finit par louer un palais abandonné dont la terrasse surplombe la ville. Sur cette troupe de nomades règne Jeannine Teslar, brûlée de soleil, l'ovale du visage long comme un Greco, le cheveu brun torsadé en chignon. Une liane au regard de fièvre. « Le Prince » s'incline sur son passage.

Plus âgée que lui de cinq ans, elle semble receler les mystères d'un monde inconnu. « Je cherche de la terre pour faire de la sculpture », dit-il un jour devant elle. – « Venez, j'en ai chez moi. » Doux mensonge : de la terre pour sculpter, elle n'en possède pas, mais elle lui montre ses tableaux. Quelques jours plus tard, il se déclare, exige de vivre avec elle. Elle accepte.

Une semaine passe. Olek Teslar réunit ses amis dans un café, sa femme et Staël assis à son côté. Courageux et déchiré, il se lève pour rompre lui-même un mariage scellé six ans auparavant : « Mes amis, j'ai une chose importante à vous dire. Nous nous voyons pour la dernière fois. Jeannine, ma merveille, ma douce et lumineuse Jeannine part avec Nicolas… »

Cette victoire prend cependant des couleurs de retraite précipitée. Le visa de Staël expire le 20 novembre 1937 et, en dépit d'une multitude de démarches, il ne parvient pas à obtenir de prolongation. Dans la précipitation, le petit Antek est alors placé dans un pensionnat où Simone Robin, cousine et amie de Jeannine, viendra le chercher pour le ramener en France chez ses grands-parents.

Nicolas empaquette dans une caisse les toiles qu'il destine au baron de Brouwer. Jeannine entrepose ses aquarelles et ses tableaux dans une malle. Jean Deyrolle se prépare à les accompagner dans leur retraite.

La boussole s'affole. Ils remontent vers le nord : Casablanca, Fès. Ils obliquent vers l'est – Taza, Guercif, Taourirt, Oujda – et franchissent la frontière algérienne.

La parenthèse marocaine aura duré quinze mois.

Ils font route vers Alger. Après ? C'est l'inconnu. Nicolas espère encore emprunter, « très calmement, par petites étapes », la route des Indes.

L'air est poisseux, lentement brassé par les pales d'un énorme ventilateur. Le fonctionnaire prend une pose excédée. D'une voix fatiguée, il répète : « Non, c'est impossible, impossible. » La séduction et la colère du « Prince », rien n'y fait. Le préposé repousse vers lui son visa périmé, mince bout de papier chiffonné, et restitue à Jeannine Teslar son passeport polonais.

D'un coup, des herses s'abattent et le rêve d'Orient s'estompe. Partout les réponses sont identiques. L'énergie du consul de Belgique, leur nouvel ami, s'est également brisée sur le dossier administratif de Nicolas. « Rien à faire. J'ai tout essayé. Bruxelles ne veut rien entendre. Le rapport de la maréchaussée vous est défavorable… Il vous reproche de n'avoir pas donné signe de vie, d'avoir multiplié les négligences administratives… »

Il leur faut remonter sur-le-champ vers le nord. Un bateau appareille le lendemain, qui les laissera sur la côte italienne. Ils gagnent Naples. Dans cette errance se renforce leur union. Lui, mains de lutteur maladroit, vibrant d'énergie, assailli par le doute et gonflé d'espérance ; elle, brune au visage aigu, fragile et fière comme un roc.

Derrière la jeune femme polonaise se cache une fille de la bourgeoisie française. Jeannine, née Guillou, a vécu son enfance entre sa Bretagne natale et le Vieux-Nice. Son grand-père maternel, le savant Joly, est le découvreur de plusieurs acides phosphoriques. Sa famille paternelle, installée à Concarneau, s'est illustrée au cours des siècles dans la marine. Son arrière-grand-père, Étienne Guillou, a imprimé sa marque sur cette ville dont il fut le maire en présidant à la rénovation du port et en créant un vivier. Son père, le contre-amiral Alphonse Guillou, mort en 1934, a bourlingué avant de prendre sa retraite et de se retirer avec sa famille à Nice. La mer en héritage, donc, mais aussi la peinture : l'un de ses oncles, Alfred Guillou, fut l'élève de Cabanel et de Bouguereau ; un autre, plus connu, Théophile Deyrolle, débuta au Salon de 1876.

La peinture l'a emporté. Elle s'est inscrite à l'école des Arts décoratifs de Nice. À dix-neuf ans, amoureuse d'un jeune professeur de dessin polonais, Olek Teslar, elle s'est laissé guider par son goût de l'aventure. Ils se sont mariés à Varsovie et convertis au protestantisme. Ils ont entrepris le tour des Carpates à pied. Ils ont franchi la Méditerranée et organisé une caravane dans le Grand Sud marocain…

Ce voyage conduisait à Staël. À cette union fraternelle entre deux artistes.

Ils vont former l'un de ces couples de peintres dont le XXe siècle aura eu le secret : entre Sonia et Robert Delaunay, Maria Helena Vieira da Silva et Arpad Szenes, Lee Krasner et Jackson Pollock… Un couple passionné, violent et tendre, sur lequel règne d'abord Jeannine, plus mûre, déjà peintre dans un style classique, empruntant discrètement au cubisme son goût pour les paysages fortement structurés. À Fès, en 1935, un critique l'a couverte d'éloges, saluant son « talent viril et nerveux ». En regard, Nicolas de Staël cherche encore son style et sa voie. Quand elle exécute sans trembler une série d'aquarelles, « le Prince » réfléchit patiemment à la meilleure manière de capter la lumière. Quand elle pose la dernière touche sur une toile, lui applique ses premières couleurs. « Il était long à accoucher d'une toile », se rappelle Simone Robin, cousine de Jeannine. Il était long de n'être pas pressé, convaincu qu'il avait tout à apprendre et qu'il lui fallait absorber le monde par infusion. Long parce qu'il savait, sentait que cette incubation nécessaire n'aurait qu'un temps, mais qu'elle lui permettait d'engranger des forces considérables. À son rythme, il se chargeait d'énergie.

Arrivés à Naples début janvier 1938, Jeannine et lui s'organisent spontanément. Pour elle, les pinceaux, les toiles et quelques ventes. Pour lui, l'étude, la méditation. Tous les matins, le voilà dans les musées et les églises, son grand carnet en main. Il scrute, compare, copie le Titien, le Greco, Mantegna, Antonello de Messine, le dernier des Bellini. Et, instinctivement, il regrette les primitifs flamands, la peinture des maîtres hollandais qui a ouvert son œil sur le monde. Toutes les après-midi, il peint aux côtés de Jeannine dans une mansarde.

Il leur arrive de s'échapper vers Paestum ou Pompéi. Mais ils en reviennent déçus par des formes qu'ils jugent figées. Dans une lettre à Emmanuel Fricero, Staël confie :

« Ma première impression étant restée désagréable, j'y reviens parfois à ces fresques, après avoir dessiné d'après ces primitifs flamands dont le moindre trait est une émotion qui touche au sublime. Le cœur ouvert, j'y reviens et, mon Dieu, vraiment, ce qu'il y a de meilleur chez eux n'approche pas des mauvais morceaux de Virgile. »

Son œil se trompe ? Il ne veut pas le faire mentir, l'accorder au discours commun, encenser ce qu'il ne perçoit pas. Alors même qu'il sera confondu, bien plus tard, par la force de ces fresques, aujourd'hui il les trouve froides, dénuées de cette vibration qui lie l'œuvre à son auteur :

« À Paestum, écrit-il, on a trouvé des peintures intéressantes, mais dire que l'artiste était autre chose qu'un dilettante très adroit ne serait pas juste. La vie de ses choses n'est pas sa vie à lui. »

Le choc de Pompéi est encore plus négatif :

« Les fresques de Pompéi, avec leurs guerriers qui ne se battent pas, leurs chasseurs qui ne chassent pas, leurs femmes pâmées et leurs héros aux pieds croisés, malgré toutes les qualités de couleurs que l'âge leur a données, il est bien difficile de les apprécier. Le côté guignol du théâtre italien se retrouve partout... »

Il fait froid, ils ont faim, mais ils sont heureux. Ce que Staël traduit ironiquement ainsi : « Je n'ai pas eu faim plus de quatre jours et je me sens chaque jour un peu plus riche. » L'Italie, pour eux, se résume à cette terre jonchée de chefs-d'œuvre, à ces trésors du Quattrocento, à ces paysages coupés par des cyprès et des campaniles ocre.

C'est à peine s'ils discernent, en surimpression, l'Italie fasciste des années trente, et le régime, pour sa part, se fiche bien de ce jeune apatride au nom prestigieux et de cette Polonaise de rencontre. Les Italiens les prennent pour des Allemands bohèmes, entichés de leur pays. Leur allure altière, leur taille impressionnante (Jeannine mesure pour sa part 1,76 mètre) leur ouvrent quelques portes.

Dans une lettre à Simone Robin, Jeannine dépeint ainsi ses impressions : « En Italie, le saucisson est une chose merveilleuse. Le vin rouge aussi. Le blanc est exécrable... Grâce à nos grands formats et au nom de Nicolas qui se termine par von Holstein, on nous prend pour des "Tudesques" et l'on est, ma foi, fort aimable. »

Le manque d'argent les pousse cependant à remonter insensiblement vers le nord. En avril, ils s'arrêtent à Frascati, exténués, affamés, se nourrissant exclusivement de pain et de fromage. Ils gagnent péniblement Rome où ils font la connaissance de Lucien Fontanarosa, grand prix de Rome, du marquis de Nobili et de sa fille peintre, Lila. Nicolas rend aussi visite à son oncle, retiré à Rome depuis le mariage de sa fille.

L'aide financière circonstancielle des uns et des autres ne peut les sortir du gouffre. Leurs tableaux, trop vite peints, se vendent mal, toujours trop tard. Jeannine ne veut pas demander de l'aide à sa mère qui lui reproche l'abandon de son mari et celui, provisoire, de son petit garçon, recueilli à Concarneau. Nicolas, lui, ne peut se retourner vers ses sœurs. Les liens se sont sérieusement distendus avec Marina, qui s'est exilée sans retour aux États-Unis, et Olga, la cadette adorée, a rejoint les ordres. Autre exil… Il adresse alors un nouveau sauve-qui-peut à Charlotte et Emmanuel Fricero. Correspondance pénible, tendue, dans laquelle transparaît nettement l'incompréhension de ce dernier devant les choix de Nicolas.

Trop fier pour implorer, Nicolas entrelarde habituellement ses demandes d'argent de considérations générales, tout en minimisant sa misère. Mais, à Rome, cette fois, le temps presse. Le ton change :

« Je comprends depuis longtemps que je dois gagner au moins le pain et l'eau et qu'il ne me sera jamais permis de finir vraiment une toile, devant la vendre ou la mettre en vente pour manger. Ne me le rappelez plus. C'est assez triste pour qu'on ne mette plus cela en question (…). Mercredi, ma chambre finit. Si je n'ai reçu aucun argent, Dieu sait ce que je ferai. Je crois que c'est la dernière fois que je vous demanderai de m'aider, mais si vous pouvez, au reçu de cette lettre, m'envoyer un peu d'argent par avion ou un chèque sur une banque italienne, en lires, je vous serais bien reconnaissant. Si cela vous gêne, ne le faites pas. J'en ai tellement besoin qu'il ne serait pas inutile d'envoyer même télégraphiquement, au cas où vous pouvez. Adieu, mon cher Papa, je vous embrasse bien affectueusement. »

« Dieu sait ce que je ferai… » Le désespoir les guette. Ils sont cernés. Jeannine elle-même est prise de doute dans une lettre à sa cousine :

« Je suis malgré tout décidée à ne me jeter par la fenêtre que le plus tard possible. »

Quand l'argent attendu arrive, ils fuient l'Italie comme des enfants blessés.

Le matricule 7310

En chemise blanche et cravate, il apparaît comme le seul homme parmi un essaim de jeunes femmes. Légèrement isolé, présent-absent mais appliqué, soucieux de bien faire. Son regard passe du modèle, une jeune femme nue accoudée à un fauteuil, à la grande feuille piquée sur son chevalet. Sur sa feuille, le torse, les seins, la tête et les bras du modèle ont envahi l'espace. Mais, curieusement, ce corps souple et plein semble flotter.

À peine arrivé à Paris à la fin de l'hiver 1938, Staël s'est inscrit à l'Académie d'art contemporain fondée et dirigée par Fernand Léger. À cinquante-sept ans, le peintre de *La Ville* s'est définitivement imposé avec ses couleurs crues, ses constructions savantes et son refus des tendances réalistes-socialistes. Les jeunes artistes évoquent avec des mines de conspirateurs ses longs voyages aux États-Unis, et comme un trait de génie ses décors pour le dernier ballet de Serge Lifar donné à l'Opéra de Paris, *David triomphant*.

Une fois par semaine, le vendredi matin, il passe à l'Académie pour la « correction générale », suivi par Nadia Khodasiévitch, sa compagne, avec laquelle Staël sympathise. Devant un chevalet dressé sur l'estrade, il s'installe, tous les élèves groupés derrière lui. Chacun, à tour de rôle, pose son travail devant Léger qui réfléchit, monologue : « Ne vous écartez pas de la nature, jamais ! Puisez, extirpez d'elle tout ce que vous pouvez ! » À une étudiante : « Mademoiselle, je ne peux pas rester devant un tableau aussi déséquilibré. Comment pouvez-vous laisser ce vide qui n'est pas le vide ? »

Staël écoute. Staël regarde. Il a vingt-quatre ans. Que pense-t-il de ce patron ? Que retient-il de ses mises en garde contre la peinture abstraite, jamais nommée mais désignée comme l'agent destructeur de la peinture, son démon mortifère pouvant conduire au suicide ? Rien dans les archives ni dans les témoignages ne permet de le discerner. Mais, tous les jours, il se rend à l'atelier du 23, rue du Moulin-Vert. Pour apprendre. Pour profiter des modèles. Pour décrocher, aussi, par son assiduité, une attestation en bonne et due forme lui permettant d'obtenir un permis de séjour.

Dans ce Paris printanier où Jeannine et lui se posent vraiment pour la première fois, ils campent. Encore. Toujours. Nomades amoureux, romantiques et démunis. Un paquet de petits-beurre LU offert par Simone Robin leur semble alors un festin. On les retrouve rue de

Verneuil, dans un galetas, ou encore dans la mezzanine d'un atelier prêté par un ami, puis à l'hôtel Primavera, 147 *ter*, rue d'Alésia, l'une des adresses du jeune sculpteur Alberto Giacometti.

Ils naviguent entre leur lit défait, tel un esquif endommagé par une longue et tumultueuse traversée, et leur chevalet. Leurs doigts pressent les mêmes tubes de couleur, s'emparent des mêmes pinceaux. Souvent, Jeannine s'allonge avec un livre et laisse la place à Nicolas qui commence une série de paysages, soleils couchants et vues de Paris.

Durant des années, elle sera son vrai maître. Ou plutôt, cet œil accepté, ce regard demandé sur une peinture en train de naître, inquiète, exigeante. « Staël lui doit tout, sauf son talent, assure le conservateur Bernard Dorival. Elle l'a cultivé. » D'elle il accepte les conseils, les corrections. Un mot, un geste parfois lui suffisent pour reprendre, raturer, effacer. Et il efface beaucoup.

En mai, il part pour Liège assister Fontanarosa qui exécute une fresque pour le pavillon de l'Eau de l'Exposition internationale. Excursion sans lendemain. Fidèle au Louvre, il s'installe fréquemment devant les Delacroix. C'est là qu'il rencontre Hector Sgarbi, jeune peintre uruguayen qui devient son ami. Il copie *La Prise de Constantinople* et *Le Jeune Tigre jouant avec sa mère*. Il étudie Chardin, le Chardin des natures mortes, le Chardin du *Bocal d'olives* célébré par Diderot : « Si je destinais mon enfant à la peinture, voilà le tableau que j'achèterais : "Copie-moi cela, lui dirais-je, copie-moi cela encore." »

Durant l'été écrasant, Nicolas et Jeannine restent à Paris. Leur lit prend les allures d'une tente : un drap fait office de moustiquaire pour les protéger de mouches teigneuses. C'est au tour de Nicolas d'abandonner le chevalet pour étudier les *Éléments de la construction picturale*, de J.W. Power, que Hector Sgarbi lui a prêté et dont il recopie de nombreux passages. Jeannine en profite pour brosser deux grandes toiles. Elle peint dans la joie, en chantonnant. En coulisses, leur amie Simone Robin, jeune avocate, intrigue pour que les tableaux soient reçus au Salon d'automne.

Jeannine pose aussi pour son cousin Jean Deyrolle. Sous son pinceau surgit une toile expressionniste où elle se détache, longue et solitaire, sur une piste de cirque, revêtue d'un déshabillé chatoyant. Est-ce vraiment elle, cette jeune écuyère à la beauté singulière, surprise dans le rai d'un projecteur, à demi nue ? On la devine tout à la fois songeuse et provocante.

Autour d'elle se constitue un cercle d'amis, peintres, poètes, comédiens aimantés par sa force de caractère, son indépendance d'esprit et sa gaieté. Elle capte l'attention par ses remarques, son rire et ses calembours. Elle irradie et attire, quand Nicolas intrigue et intimide par sa taille et sa voix de basse enveloppante et chaude, son élocution lente et aristocratique.

Au cours d'une soirée, ils rencontrent Jeanne Bucher, gérante d'une austère galerie d'art, boulevard du Montparnasse, où l'on peut découvrir Picasso et Miró, Kandinsky et Braque. Protestante alsacienne, c'est la grande prêtresse de l'avant-garde, une découvreuse de talents. Son regard intense frappe tous ceux qui la croisent. La soixantaine passée, aussi têtue et intransigeante qu'un Kahnweiler, elle incarne chez les marchands de tableaux la rigueur. Son front tout en hauteur et ses cheveux blancs ramassés en chignon expriment la détermination. Spontanément, elle retient Staël auprès d'elle, le fait parler, l'invite à venir la voir. Le fait est assez singulier dans une période où la peinture de Jeannine est reconnue comme mieux maîtrisée que la sienne.

Sans doute le magnétisme de ce géant faussement nonchalant retient-il davantage son attention que sa peinture. Mais, très vite, elle l'encourage. En 1939, alors qu'elle expose Willi Baumeister, peintre allemand exilé à Paris, et que Hans Bellmer, Friedländer, Le Corbusier se déplacent pour saluer son travail, Jeanne Bucher note dans ses carnets le nom de Nicolas de Staël en le marquant d'une croix rouge. Signe d'avenir…

Par son intermédiaire, il rencontre Vieira da Silva et Arpad Szenes, l'architecte-décorateur Pierre Chareau et sa femme Dollie, les De Heering qui l'accueillent avec sympathie. Mais Staël n'est pas mûr. Staël n'est pas encore Staël. Pour l'heure, il peint encore le pont de Bercy sous un ciel tourmenté à la manière de Marquet et brosse des silhouettes de danseurs inspirés par la période bleue de Picasso. Jeanne Bucher l'invite à la patience : « La peinture vit de sa propre vie, et non d'un souffle du temps. »

« Le Prince » accepte la leçon.

Complètement absorbé par la peinture, ses recherches et ses tâtonnements, il pressent néanmoins la guerre. Un sixième sens l'alerte, comme si le pire était toujours écrit, les catastrophes toujours imminentes. La très ancienne flaque écarlate restée au fond de sa mémoire depuis la révolution d'octobre 1917 se recompose, alphabet politique embryonnaire. L'Apocalypse arrive, inéluctable. Hitler a déjà annexé l'Autriche en mars 1938. Un an plus tard, le voilà en conquérant à Prague. Les chancelleries occidentales semblent tétanisées. Elles notent gravement que le chancelier Hitler mène le jeu en ne respectant aucune de ses règles.

Durant le printemps, les jours s'étirent, irréels. En juillet et août 1939, Paris se vide. Chacun veut goûter au soleil. Staël déambule alors dans ce Montparnasse « désert et abstrait » décrit par Jean-Paul Sartre. À la terrasse du Dôme, il attend le nouveau coup du sort.

Hitler osera-t-il forcer le destin ? Autour de lui, personne ne veut y croire. Il écoute en silence les discussions :

« Enfin, Hitler n'est pas idiot !

– Je suis assez d'accord, je ne crois pas vraiment à la guerre. »

Fin août, au Café de Flore, un type parle haut et fort, et résume le sentiment général : « Je suis très optimiste, mais attention, avec la connerie, tout peut toujours arriver. »

La « connerie » arrive.

Le 1er septembre, les troupes nazies déferlent sur la Pologne. Le petit monde des jeunes artistes se disperse le long de la ligne Maginot : les surréalistes endossent les premiers l'uniforme. La « drôle de guerre » s'installe. Est-ce un mauvais rêve ? Staël revit en somnambule les sourdes inquiétudes et les reflux de populations dont il connaît la géométrie profonde. À la mi-septembre, il se replie avec Jeannine en Bretagne. Dans le train qui les conduit vers Concarneau, il observe en spectateur les femmes en pleurs, les enfants effarés, tout un peuple partagé entre désarroi et lassitude.

Sur le quai de la gare, Jean Deyrolle les attend. On s'embrasse. « Salut aux cons-narquois ! » lance à voix haute Jeannine en verve. Sa bonne humeur est cependant de courte durée. Sa famille accueille froidement Nicolas, considéré comme un fauteur de troubles. Il ne restera pas longtemps. Juste le temps de faire connaissance avec Antek, huit ans, le fils de Jeannine, tout juste entr'aperçu au Maroc. « Il était dans un trench-coat à la Bogart, se rappelle Antek. Il m'a donné un petit coup dans le ventre et m'a lancé : "Salut, citoyen !" en m'offrant une paire de gants de boxe jaune. »

Dans la grande et haute demeure familiale, une fière bâtisse à colombages dressée sur le quai Penneroff, il découvre des pièces chargées de souvenirs exotiques – une tête d'hippopotame empaillée, des yatagans aux lames luisantes et mortes, des sabres belliqueux – et percées d'une lumière douce. Avec Jeannine, il parcourt à bicyclette la campagne « pour voir tout le pays que Gauguin aimait ». Il découvre cette lande où se mêlent le ciel et la mer, les champs de trèfles coupés, les toits de chaume.

Étrange séjour balnéaire. La guerre s'est glissée entre eux alors que tout semble calme. Avant de se séparer – pour combien de temps ? – Nicolas peint Jeannine. Pour la première fois, il choisit une grande toile où son modèle apparaît en noir, assis dans un fauteuil sur un fond rouge violent. C'est son adieu. La réserve de l'accueil familial et son sens de l'honneur l'invitent à partir. Il regagne Paris.

Durant trois mois, il campe dans divers ateliers désertés par les peintres de la galerie Jeanne Bucher. Il partage avec Hector Sgarbi l'atelier du sculpteur Pompon et, finalement, échoue dans une chambre du luxueux hôtel particulier de Dollie et Pierre Chareau, l'architecte-décorateur, rue Nollet. C'est là, en leur compagnie et celle d'exilés allemands, qu'il passe les soirées des réveillons de Noël et du Jour de l'An.

Il marche dans Paris, dessine et peint.

Il s'est enrôlé dans les rangs de la Légion étrangère et attend sa convocation.

Le 19 janvier 1940, il est intégré au Dépôt commun des régiments étrangers (DCRE), matricule 7310. À nouveau il traverse la Méditerranée, mais pour gagner le centre opérationnel de la Légion, à Sidi-Bel-Abbès, en Algérie. Il est affecté au premier régiment de cavalerie, fin février. Ses talents seront bientôt utilisés en Tunisie, à Sousse.

Chef de famille

« Respirez profondément ! » Le médecin de famille a pris son air concentré. Dans la chambre, la consultation s'éternise. Deux jours auparavant, Jeannine avait simplement dit : « Il faut que je m'allonge… » Personne n'avait prêté attention. Depuis toujours, elle est diaphane. Alors qu'elle n'était qu'une enfant, les médecins ont diagnostiqué un souffle au cœur. Mais, cette fois, frappée de langueur, elle ne va plus se relever avant longtemps. Vidée.

Le brave docteur est reparti, soucieux. Dans le grand hall, il s'approche de Mme Guillou : « Double congestion pulmonaire ; il faut bien veiller sur elle. Je repasserai ce soir. » Le bruit d'une discussion monte du salon vers la chambre de Jeannine. La malade distingue la voix de son cousin, appuyée par une autre : « Cela dure depuis trop longtemps. Jeannine ne peut pas continuer à ne rien avaler et à lire Nietzsche ! Nicolas lui a fait mener une existence impossible. – C'est un inconscient ! »

Durant six mois, sa famille se relaie à son chevet. Son pouls est si faible que la vie semble la fuir. On la nourrit de bouillon tandis que la maison s'installe dans le silence. En mai, les difficultés respiratoires s'accentuent, le rythme cardiaque devient erratique. Tout semble dit. Alertée par un télégramme, sa sœur Suzette quitte Nice pour venir l'assister. Mais, livide, exsangue, Jeannine lutte, indomptable. « Elle passait de vie à trépas, et inversement », se rappelle Simone Robin.

La vie l'emporte. En août, alors que Suzette s'apprête à repartir pour Nice, Jeannine la supplie : « Ne me laisse pas crever toute seule ici. Emmène-moi. » Suzette la regarde et ne trouve pas la force de refuser. En un cortège pitoyable, les deux sœurs et Antek quittent Concarneau pour la Côte d'Azur. Le voyage lui aurait-il rendu des forces ? Elle revit avec l'espérance du soleil.

La France relève tout juste du traumatisme de la défaite. L'armistice signé, la population se réveille dans un pays découpé en zones, amputé de l'Alsace-Lorraine. « La France a des réactions d'épave dérangée dans sa sieste », note René Char dans ses carnets. Mais c'est tout juste si Jeannine a perçu la panique des mois de mai et juin 1940. Elle découvre stupéfaite la bannière nazie sur la gare Montparnasse, et les multiples contrôles pour passer en zone dite libre.

Sitôt arrivée à Nice et installée dans l'appartement familial, rue de Russie, ses amis se concertent pour la protéger. Les discours officiels contre les métèques et les étrangers ne vont-ils pas finir par la toucher ? Simone Robin la convainc de demander sa réinscription dans les registres de l'état civil français, en renonçant à la citoyenneté polonaise. En bonne juriste, elle rédige une requête que Jeanne de Cardaillac, une amie de Jeannine, se charge de porter à Vichy. Grâce à ses relations – sa tante, Jeanne Claussat, a épousé Pierre Laval, chef du gouvernement –, le dossier est vite réglé.

Au même moment, Staël annonce son retour après un an d'absence. De la « drôle de guerre » il a vécu l'attente, les raids à cheval dans le désert, le service de cartographie de l'état-major, la camaraderie, les parties de poker sans fin. De la défaite il n'a connu directement ni l'humiliation ni l'exode sans gloire. Le 20 septembre, il rend à l'économe de son régiment son uniforme et ses hautes bottes de cuir. La veille, le lieutenant Masse lui a délivré son certificat de démobilisation. Le matricule 7310, fraîchement décoré de la médaille des engagés volontaires, franchit le portail du premier régiment de cavalerie et fait ses adieux à Sousse.

Nice l'attend, comme un troublant décor de famille. N'était-il pas venu visiter la ville lors de son premier voyage en France ? Joseph Fricero, le grand-père d'Emmanuel Fricero, n'a-t-il pas peint ici les paysages qui ont éduqué son œil et peut-être orienté son destin ?

Mais, avec ses façades fardées, Nice est surtout devenue une ville-refuge gonflée de milliers d'habitants nouveaux, un caravansérail de familles démunies qui côtoient de grandes fortunes, d'artistes qui croisent de nombreux Juifs des pays de l'Est. À toute heure du jour, une foule parcourt la promenade des Anglais. Les calèches et les vélos-taxis ont remplacé les voitures.

Durant plusieurs mois, Staël soigne Jeannine dont l'état de faiblesse inquiète tous ses amis. Il porte sa compagne dans les escaliers et se démène pour trouver du travail. Tour à tour peintre en bâtiment, préposé à vernir au tampon des meubles chez l'antiquaire Drey, rue Pastorelli, il tarde à reprendre la peinture. Quand il étouffe, il descend vers la Méditerranée, plonge résolument et nage vers le large pour expulser sa colère, venger le temps perdu.

Pour la première fois de sa vie, il est chef de famille. Il loue un minuscule trois-pièces le long de la voie ferrée, près de la gare, rue Boissy-d'Anglas. L'immeuble est sinistre, mais ils sont chez eux. Antek, neuf ans, occupe la petite chambre du fond, Jeannine et Nicolas se réservent la chambre voisine. De l'autre côté du couloir d'entrée, le salon qui donne sur la rue devient atelier.

Progressivement, Jeannine se remet à peindre. Mockers, un marchand de tableaux de la rue Masséna, s'intéresse à sa production et lui fait signer un contrat d'exclusivité. Cela leur permet de vivre alors que les restrictions alimentaires commencent à peser terriblement. L'arrière-pays niçois, assez peu agricole, a le plus grand mal à nourrir une population démultipliée. Régulièrement, Antek est envoyé en mission dans les restaurants pour essayer de monnayer du pain au marché noir. Staël commence à troquer des bibelots contre des laitages ou de la viande. Sait-il qu'au même moment Pierre Bonnard, réfugié au Cannet, cède volontiers une grande toile contre une caisse de boîtes de lait concentré?

Ni l'obsession de la nourriture, commune à l'époque, ni la mauvaise santé de Jeannine n'ont pourtant raison de l'énergie de Staël. Sa force et sa bonne humeur, son rire en cascade semblent inaltérables. Jeannine, elle, prend tout avec distance et humour. Leurs veillées compensent la tristesse des jours. Quand Jeannine s'est épuisée à peindre à la chaîne des paysages à palmiers, quand Nicolas a usé sa patience à couvrir des murs de plâtre, ils s'embarquent à la nuit tombée pour une soirée amicale.

Que chante la musique! Henri Krebs, un Suisse protestant converti au catholicisme et devenu abbé, immense gaillard, les rejoint avec sa guitare. On écoute, on communie. Les heures filent sans prévenir. Assis par terre sur des coussins, ils parlent peinture avec leurs amis peintres Marie Raymond et Fred Klein, avec François Fourcade, sinologue et historien, et sa femme Anne (plus tard Anne Philipe). Dans la chambre du fond, un futur poète et un futur peintre, Antek et Yves Klein, chahutent. Nuits magnifiques.

Au petit jour, lorsqu'il n'a pas de chantier, Staël part en chasse dans la ville. Il chine, retourne des cadres, soupèse des châssis : il lui faut ramener de vieilles toiles sur lesquelles Jeannine repeindra, trouver du pain et des légumes, flâner, méditer.

À la mi-journée, il s'arrête au « Cintra », retrouve Boris Wulfert, exilé russe comme lui, marchand de tableaux sans galerie qui se promène le plus simplement du monde avec des Cézanne ou des Renoir, Jann Heyligers, futur conservateur du musée Boymans à Rotterdam, ou encore Paul Kurze. Il est alors temps de rendre visite à Jacques Matarasso, jeune libraire, ami des surréalistes, qui a fui Paris et vient d'ouvrir boutique rue Alberti. Sa librairie, baptisée « Vers et prose », fait très honorablement fonction de club. On peut s'y arrêter une heure pour le plaisir. Matarasso accueille chacun, le regard amusé et curieux. Son talent est certain, son originalité incontestable, son magasin presque vide : vingt volumes sur les rayonnages et cinq en vitrine – le *Théâtre* de Regnard – composent alors tout son stock ! Ni plus ni moins. Le jeune Gérard Philipe, encore inconnu, s'adjuge le théâtre avec Regnard ; Jacques Prévert, Francis Carco et les rescapés du surréalisme se partagent le reste. Bientôt, les affaires reprendront leur cours. Staël, non-client assidu, y retrouvera régulièrement ses amis peintres.

Les géants s'attirent. Début 1941, Staël butte contre Félix Aublet, même taille, même gabarit. Aublet pourrait être le frère jumeau de Geo De Vlamynck : peintre touche-à-tout, architecte talentueux, décorateur et designer, publicitaire-né.

« Monsieur de Staël ?

– Que voulez-vous ?

– Drey, l'antiquaire, me dit que vous avez de la toile à peindre et j'en cherche désespérément…

– Entrez. »

Leur amitié commence par un marchandage. « Le Prince » lui cède à bon prix un lot déniché deux semaines plus tôt aux Puces. Mais, sur-le-champ, la sympathie l'emporte. De dix ans son aîné, Aublet rayonne. Il porte en lui la lumière de la Tunisie où il a vécu une grande partie de son adolescence aux côtés de son père, le peintre orientaliste Albert Aublet. Depuis, grand seigneur roulant carrosse, il dispense son talent en s'amusant. Voilà dix ans, il a dessiné la maison de Raymond Rouleau. Depuis, il multiplie les coups d'éclat. La première chaise pour dactylo en tubes métalliques laqués, c'est lui ; la salle des fêtes d'Issy-les-Moulineaux, dotée de mille huit cents fauteuils de série escamotables et empilables, encore lui ; les lampes miniatures qui éclairent le paquebot *Normandie*, toujours lui.

Virtuose inventif, intrépide meneur d'équipe, Aublet virevolte. En 1937, il a assuré la réalisation du palais de l'Air et du palais des Chemins de fer pour l'Exposition internationale de Paris. La production du béton, l'esquisse des plans, le choix des artistes, il a veillé sur tout. En créant avec Robert Delaunay, maître incontesté de l'abstraction orphique, l'association Art et Lumière, il a réussi à faire travailler côte à côte une cinquantaine de peintres dont Manessier, Bissière, Herbin, Villon, Estève, Le Moal, Gleizes, Survage…

À travers lui, Staël se rapproche de la peinture avant-gardiste. Aublet lui raconte ses visites à Mougins auprès de Delaunay. Quoique fatigué, le peintre reçoit encore volontiers ses amis dans l'appartement où il a entre-posé tous ses tableaux. Il y a là un véritable musée Delaunay, une rétrospective intime avec ses tours Eiffel déhanchées, d'un rouge sublime, des amas de toiles en rouleaux, à demi défaites sur le sol. En son royaume, Delaunay s'amuse, marche sur ses tableaux à terre comme s'ils étaient des tapis, bouscule ses invités stu-péfaits : « Mais si, cher ami, allez-y, faites comme moi, cela n'a aucune importance… »

Oui, dans ce nouvel univers, Aublet sera l'un de ses intercesseurs. Parce qu'il insiste, Staël lui montre quel-ques dessins, une toile ou deux. À contrecœur. Ce ne sont que des études. D'un coup d'œil, Aublet catalogue son nouvel ami : « Jeune peintre figuratif encore écar-telé par des influences contradictoires. » Mais il dis-cerne une force, une volonté, et promet de penser à lui.

Promis, juré : il ne laissera pas tomber Staël. Ce n'est pas le travail qui lui manque. La rénovation de l'hôtel Pierre-de-Galles, à Monaco, l'attend, et il s'est engagé à donner un coup de main à Marcel Carné pour la réali-sation des décors du film *Les Visiteurs du soir*. En atten-dant mieux, il confie à Staël la réfection de plusieurs appartements sur la Côte. Quelques mois plus tard, il le contacte pour participer à la décoration d'un cabaret niçois, « L'Aigle d'or ». Cette fois, durant plusieurs semaines, Staël exécute dans la grande salle voûtée les cartons dessinés par Aublet, de très larges aplats aux couleurs vives. La technique acquise à Bruxelles auprès de Geo De Vlamynck, et à Liège avec Fontanarosa, lui permet de se tirer honorablement de ce chantier peu exaltant, même si la légende, tenace, rapporte que sa peinture, mal préparée, ne tient pas le coup…

Alors qu'une poignée de peintres, de sculpteurs et d'écrivains acceptaient à la même époque de se rendre en Allemagne dans l'espoir illusoire de faire libérer des artistes emprisonnés, et plus souvent encore par simple vanité, Staël noue des amitiés fortes avec des réfugiés, une galaxie de peintres fauchés, marginaux, illégaux. Ainsi Henri Goetz et sa femme Christine Boumeester, respectivement de nationalités américaine et néerlandaise, qui ont fui Paris et la Gestapo, informée de leur activité résistante.

Un soir, triomphant et essoufflé, prenant à peine le temps de dire bonjour à tout le monde, Henri Goetz débarque chez Nicolas : « Eurêka ! En passant cet après-midi devant la vitrine d'un grainetier, je crois que j'ai trouvé la solution à notre problème. Écoutez, non, je suis sérieux : si les graines sont bonnes pour les poules, pourquoi ne seraient-elles pas bonnes pour nous ? »

Éclats de rire, tohu-bohu. Aussitôt, chacun intervient dans le salon de la rue Boissy-d'Anglas. Il y a là Christine Boumeester, Fred Klein, Marie Raymond et d'autres amis.

« Il faut essayer !

— Il faut un cobaye !

— Qui veut tenter sa chance ?

— Je me dévoue ! » clame Goetz en sortant de sa poche un cornet rempli de graines.

En pouffant, Jeannine et Christine s'emparent du cornet et filent à la cuisine préparer la bouillie royale. Des boulettes à l'eau sont passées à la poêle, sans matière grasse. La mixture frissonne doucement sous l'effet de la chaleur. Quinze minutes plus tard, le goûter remplit son office dans une ambiance surexcitée. Patience… Quelques heures plus tard, pâle mais stoïque, Goetz savoure sa demi-victoire. Christine essaie et se couvre de boutons. Staël goûte et survit. Seul Goetz continuera son régime.

Il faut bien vivre. Staël aussi recourt à tous les expédients possibles. Il doit penser aux mois à venir. Jeannine ne prend-elle pas les traits d'une madone? Les meilleurs médecins-accoucheurs de Nice l'ont pourtant solennellement mise en garde : « Il est absolument impossible que vous ayez un enfant. Il faut renoncer. » Le diagnostic est superbement ignoré. Face à ses meilleures amies, Jeannine balaie tous les arguments : « Je refuse cet oukase. Nicolas et moi, nous aurons un enfant. » Pour elle-même, elle écrit : « J'ai l'âge de l'âme libre / Entre le souvenir et le pressentiment. »

Le 24 février 1942, elle donne naissance à Anne. « Elle est une révélation pour son père, qui ne la regarde pas sans rougir d'émotion et s'occupe d'elle autant que moi », écrit-elle. Staël la décrit comme un « petit colosse aux yeux clairs ». Seul le noyau des amis d'enfance assiste au baptême, célébré par l'abbé Krebs. Il y a là Jeanne de Cardaillac, la marraine, et son fils Simon, ami d'Antek, Anne Philipe et le sinologue François Fourcade, le parrain, Suzette Guillou, et bien sûr Simone Robin.

Jeune père de famille, Staël voudrait épouser sa compagne, mais se heurte à un mur d'obstacles matériels et juridiques tel qu'il doit renoncer. Simone Robin (« Sim »), jeune avocate, tente de dénouer l'écheveau mais ne parvient pas à joindre Olek Teslar, replié à Londres, pour lui demander d'accepter le divorce désiré par Jeannine.

La naissance de sa fille précipite aussi Nicolas de Staël dans une nouvelle réflexion picturale. Durant les mois précédant son arrivée, il s'est cherché, affrontant les échecs avec espoir, parfaitement conscient de ne pas arriver à exprimer ce qu'il voit et ressent. Ses paysages de l'arrière-pays niçois le laissent insatisfait. Inlassablement il a recouvert ses toiles, recommencé. Souvent, Jeannine lui a pris le pinceau des mains pour le sortir d'une ornière.

Combien de temps lui faudra-t-il pour devenir Staël ? Combien de fois son sujet s'est-il dérobé, s'évanouissant sans retour ? Ce sont des moments terribles. Sous son regard, les formes s'épurent, disparaissent pour laisser place aux couleurs qui, à leur tour, se diluent avec malice. La nature, si intensément regardée, analysée, fixée, se dissout au bout de quelques heures. Tout se délite.

Seule Jeannine parvient à le rassurer, mais au prix de tensions terribles. Il lui arrive d'exploser, de jeter à terre le travail d'une semaine. Toujours ses réalisations lui paraissent infiniment faibles au regard de la vision qui l'envahit. Parmi les très rares tableaux sauvés de la destruction et parvenus jusqu'à nous s'impose un hommage peut-être inconscient à Paul Cézanne : *Nature morte à la pipe.* Sur un torchon violet se détachent un paquet de tabac, une pipe, un verre, deux poires et une pomme. Staël ne le signe pas, mais le confie à son ami Boris Wulfert pour trouver un acheteur.

L'irruption d'Anne dans le cercle de famille lui impose d'autres sujets : le portrait du nouveau-né adoré. Durant des mois, il dessine les traits mouvants de son enfant et son atelier revit, brusquement réveillé par ses fusains étalés à terre, qui envahissent peu à peu l'appartement.

Pour lui, cette naissance équivaut à une renaissance. Bientôt, la nécessité de refaire un portrait devient irrésistible. Un vrai portrait. Un corps à corps incertain avec le sujet. Il choisit à nouveau Jeannine. Derrière ce visage disponible et mystérieux, il traque le secret de la forme, irrité de la résistance que le modèle lui oppose, toujours présent, toujours prêt à s'effacer, tel un mirage.

En 1939, le rouge le plus fauve lui semblait indispensable pour faire jaillir la vérité. Il avait choisi un cadre large : Jeannine assise dans un fauteuil. À présent, il resserre son champ de vision, focalise sur le visage, le nez, les pommettes, à l'affût d'une structure cachée.

On ignore le nombre de dessins qui lui furent nécessaires. Peu importe. Staël n'attache pas d'importance excessive aux esquisses et aux brouillons : il n'éprouve aucun fétichisme à l'égard de sa production. Seuls l'intéressent la séance en cours et le progrès du jour. Dans le travail qu'il exécute, Jeannine fixe le sol. Staël ne guette pas son regard ; il cherche la ligne pure, le trait qui résumera au plus près son modèle. En définitive, semblant peu à peu renoncer à son enveloppe charnelle, Jeannine subit une intense métamorphose. Elle n'est plus que l'expression d'une profonde gravité, d'un mystère que rien ne peut abolir.

Madone, elle devient Pietà. De trois quarts, elle apparaît plongée dans une méditation douloureuse sur son existence. Même le fichu jaune qui encadre ses cheveux noirs et recouvre sa gorge semble vaciller comme une flamme mourante.

Deux toiles ont été sauvegardées, qui ponctuent cette recherche désespérée et grandiose. Deux bornes qui marquent le partage entre deux mondes, entre un avant et un après. Dans cette expérience, Staël semble presque avoir épuisé l'ivresse d'un sommet entrevu au-delà d'un miroir.

Le premier tableau vise juste en peu de traits. Une touche de noir, une touche de bistre. Le visage est simplement esquissé.

« Ne touchez plus à ce tableau, Nicolas ! Par pitié, il est parfait. Tout Jeannine est là, s'exclame Jeanne de Cardaillac lors d'une visite impromptue.

– Jeanne ! je commence tout juste…

– Si vous donnez un autre coup, vous démolissez tout ! »

Staël rit. Voilà que le destin s'interpose avant même qu'il aille au bout de ses forces.

« Jeanne, je vous l'offre. Il est pour vous… »

Le second a été conduit à son terme. Peu importe que ce grand portrait, si souvent reproduit, rende clairement hommage au Greco et au Picasso de la période bleue : pour lui, il est annonciateur d'une rupture prochaine, d'un engagement nouveau.

Plus tard, il racontera son étonnement à l'issue de cette expérience picturale qui le laissa incrédule devant ses deux tableaux : « Les regardant, je m'interrogeais : qu'ai-je peint là ? Un mort vivant, un vivant mort ? »

Il avait peint l'avenir. Son adieu à une stricte figuration.

Le réconfort d'Alberto Magnelli

Staël éprouve la sensation du vide. Il arrête de peindre. Se contente de dessiner. Regarde avec étonnement les dernières toiles dans son atelier – des citrons – comme si elles n'étaient pas de sa main.

Est-ce cela la peinture ? Il ne le croit plus. Ce ne sont que des tableaux propres à distraire l'œil fatigué des bourgeois. Ah, si vous pouviez me peindre un beau bouquet de fleurs ! un coucher de soleil ! Obscurément, il pressent qu'il lui faut abandonner tout son alphabet pictural acquis depuis les cours de l'Académie royale des beaux-arts de Bruxelles. Mourir pour renaître. Inventer.

Un après-midi, ses amis Marie Raymond et Fred Klein, installés à Cagnes-sur-Mer, lui parlent d'Alberto Magnelli, l'un des pionniers de l'abstraction réfugié près de Grasse, dans sa propriété simple et magnifique de La Ferrage. « Présentez-moi ! » leur demande Staël. La rencontre, au printemps 1942, sera décisive. De ce maître florentin, il tire sur-le-champ la certitude – déjà si puissamment inscrite en lui – que la vie d'un peintre s'écrit à coups de sabre, en cultivant l'art de rompre sans cesse avec son propre style.

Pour la première fois, « le Prince » approche un « grand ». De vingt-cinq ans son aîné, Alberto Magnelli a puisé sa force dans l'étude de Giotto et de Piero della Francesca. Se jouant des fausses frontières, sa liberté est souveraine : de la figuration, il a plongé dès 1915 dans l'abstraction pour revenir à la figuration puis à nouveau choisir la fuite de l'objet. En entrant dans son atelier, Staël découvre la série des grands formats des années vingt, compositions figuratives envoûtantes que l'on peut situer entre Chirico et la période rose de Picasso, la série des pierres des années trente, issue du choc d'une visite dans les carrières de Carrare. « Mes tableaux doivent toujours tendre vers l'architectural », confie Magnelli. Staël s'imprègne de cette peinture solide et insolente. Seul le chant des cigales cerne l'atelier, entouré d'arbres et de collines douces. Ensemble ils évoquent avec passion la Renaissance italienne, « tutoient » Uccello et Masaccio. Et, dans ce tutoiement, l'aîné oublie momentanément les difficultés de l'Occupation et la fragilité du statut de son épouse juive, tandis que le cadet y puise une nouvelle vigueur.

Dès le début, l'abstraction constitue aussi le centre de leurs discussions. En octobre 1942, Staël lui rend visite avec Jann Heyligers pour lui parler d'un projet d'exposition de peintres abstraits à Nice. À cette occasion, Magnelli montre ses dernières gouaches dans lesquelles dominent une double géométrie – l'une secrète et invisible, l'autre affirmée, appuyée – et des couleurs primaires. Il sort de son carton des collages somptueux et ironiques, génialement bricolés avec des bouts de papier-émeri, des morceaux de cartons d'emballage, des chutes de gros buvards et de la toile de jute, le tout couronné de quelques traits de fusain, d'un fil de fer ou d'un bout de ficelle.

« Je ne peux plus peindre ! Pas de toile, pas de tableaux…, murmure le peintre.

– Je vous en trouverai à Nice, lui promet Staël.

– Vous savez, en ce moment, mes amis peintres à Paris n'arrivent pas même à se procurer du papier pour tirer des lithographies, et j'ai appris que Soutine manquait de couleurs… »

Ils se revoient régulièrement. Une relation respectueuse s'instaure entre le jeune peintre et le maître, sans que jamais Staël adopte la posture d'un disciple ou d'un élève. Il capte simplement ce qui lui est nécessaire dans ce moment si particulier où il s'apprête à sauter dans l'inconnu. Car, d'un coup, sans transition, il procède à une gigantesque lessive, largue ses anciens réflexes picturaux, cesse de copier Chardin et Delacroix, arrête de pasticher Cézanne. Sans rien oublier, il claque la porte sur le passé. Sous la double influence de Magnelli et de son ami Henri Goetz, il fait disparaître le sujet sous l'impact de la forme. Au cours de cette mue, sa fougue et son autorité naturelles lui confèrent l'élan indispensable. De Magnelli, il reçoit un réconfort; l'invention d'une grammaire lui revient en propre.

Dès l'année 1942, il a commencé dans la fièvre une série de pastels « abstraits » où s'alignent et se chevauchent des triangles modulés et des demi-lunes rêveuses. Le premier de ces pastels qu'il montre à Jacques Matarasso séduit le libraire, qui l'achète aussitôt. Cette vente auprès d'un jeune collectionneur cultivé l'encourage, de même que Jeannine qui l'incite à continuer. À son amie Suzanne Bistesi, elle confie : « Tu sais, Nicolas a choisi l'abstraction. Je crois qu'il a trouvé sa voie. »

Un soir, Goetz, Christine Boumeester, Jeannine et lui commencent à exécuter un dessin collectif. Abstrait, bien sûr. Goetz insiste pour que leur groupe conçoive une toile sur le même thème. Ils commencent, amusés, s'étonnant eux-mêmes, se retrouvant avec excitation dans l'atelier de Nicolas. « Nous l'avons laissé terminer, confie Goetz. Nous le trouvions très doué. Procédant à grands coups de couteau à palette, il détruisait continuellement ce qu'il avait fait et que je trouvais déjà très beau. » Sa première toile abstraite est née, aujourd'hui disparue.

Une voie bien plus insolite qu'il apparaît aujourd'hui. Beaucoup de jeunes peintres ignorent alors ce que représente l'abstraction. Il faudra que Pierre Soulages tombe par hasard sur un exemplaire de la revue de propagande nazie *Signal* pour découvrir Mondrian, cité comme « artiste dégénéré ». À Paris, César Domela et Vassili Kandinsky, qui ont fui l'Allemagne au début des années trente, représentent l'abstraction dans une indifférence quasi générale. Kandinsky n'hésite pas à brosser dans une lettre à Magnelli un sombre constat : « Je regrette de devoir vous désillusionner à propos des ventes de l'art "abstrait", mais la situation est déplorable. »

À aucun moment Staël ne joue les théoriciens. Son forfait devant le figuratif n'est en rien un reniement ou un rejet. Cet abandon tient seulement à son impossibilité de continuer plus avant dans l'exploration du modèle. « Troublé par l'infinité des objets », selon sa formule, il opte pour le domaine en friche de la libre expression.

C'est affaire de tripes, d'instinct, de loyauté à l'égard de ses sensations. C'est ainsi que sa compagne, encouragée par lui, continue à peindre des paysages de l'arrière-pays niçois. Dans ce couple, Jeannine reste encore *le* peintre. C'est elle qui produit le plus, elle dont la peinture se vend, elle qui expose. Si surprenant que cela puisse paraître, Magnelli apprécie alors davantage son style que celui de Staël.

Un jour, ses tableaux attirent le regard de Maurice Genevoix qui se promène dans Nice, avenue Victor-Hugo. L'écrivain et sa femme entrent dans la galerie et font connaissance avec Jeannine Guillou qui tient Anne dans ses bras. « Suzanne et moi, racontera bien plus tard Genevoix, échangeâmes un regard. Il était évident que cette maman et sa petite fille souffraient toutes deux de dures privations. La petite fille, surtout, émouvait. »

Au moment où le couple s'apprête à quitter la galerie, une toile sous le bras, Jeannine les retient une seconde : « Voulez-vous me faire plaisir, un autre plaisir ? Si, par chance, vous aviez un moment, j'aimerais vous voir chez moi, chez nous… Mon mari aussi sera content de vous connaître. Il est peintre. Auprès de lui, qu'est-ce que je suis ? » Jeannine leur donne son adresse. Rendez-vous est pris.

Mais, devant des inconnus, Staël se rétracte. « L'homme qui nous accueillit, en dépit d'une courtoisie et d'une affabilité parfaites, ne cessa, tout le temps que dura notre visite, de me paraître lointain, distant. D'assez haute taille, le visage allongé, strictement glabre, le regard aigu et direct, attentif à ses devoirs d'hôte, spontané et même confiant, il me semblait pourtant et tandis même qu'il nous parlait se retirer dans un monde intérieur, une obsession plus forte que son extrême bonne volonté : attiré, tiré ailleurs, vivant au-delà de la vie temporelle alors même qu'il la vivait. »

Montrer ses derniers tableaux ? Il s'y refuse spontanément : « Ne me demandez pas à voir quelques-unes de mes toiles. Pas même une. J'ai tout brûlé. » Pieux mensonge. L'autodafé est en partie symbolique. De cette manière, Staël s'incline tout à la fois devant le présent de Jeannine et s'autoproclame débutant, ou plus exactement à la veille d'une re-naissance.

« Un peintre inobjectif de Nice »

Sa prudence s'estompe toutefois devant ses amis. Il offre trois de ses dessins à Magnelli. L'antiquaire Drey, chez lequel il travaille, lui achète l'une de ses premières toiles abstraites, un petit format 37 × 45 cm, et il donne à Jann Heyligers un superbe tableau tout en hauteur (130 × 71 cm).

Parfaitement conscient de s'engager dans une voie étroite, il entend mépriser haut et fort tous les conformismes. L'argent, cet argent dont il a tant besoin, lui paraît dérisoire, indigne de lui. Un jour d'exaltation, il s'empare devant Jeannine d'une liasse de billets, ouvre la fenêtre de leur atelier et disperse au vent ces coupures qui leur font tellement défaut. Trop beau ? Non. La pureté du geste, et plus encore sa profonde signification lui conviennent à la perfection. Seules lui importent la peinture, ses combinaisons secrètes, sa vérité.

En novembre 1942, Magnelli l'entraîne chez Sonia Delaunay. À vingt-huit ans, parfaitement inconnu, le voilà au contact de quelques peintres qui ont bousculé le regard de leurs contemporains. Mort depuis un an, Robert Delaunay, l'ami du Douanier Rousseau, de Tristan Tzara et d'Apollinaire, est encore présent dans l'atelier de Grasse. Staël découvre sa recherche de la « peinture pure » et, plus encore, son goût de la couleur.

Il se rappellera toujours ces mots du maître : « La couleur est fonction d'elle-même, toute son action est présente à chaque moment comme dans la composition musicale de l'époque de Bach et, de notre temps, du bon jazz. » Cette attirance pour le ton juste, la brûlure d'un carmin, le choc d'un bleu de céruléum, il la retrouve chez Sonia, née comme lui sur les terres russes et dont Robert Delaunay assurait : « Elle a le sens atavique de la couleur. »

Au soir de leur première rencontre, elle note dans son journal : « Magnelli est venu tard mais accompagné de Stahl *(sic)*, un peintre inobjectif de Nice. » Chez elle, il a observé longuement les études préparatoires à *L'Équipe de Cardiff*, cette toile majeure dans laquelle des rugbymen se dressent, immenses, pour atteindre le ballon ovale. Il rencontre aussi Le Corbusier, le sculpteur Jean Arp et sa femme Sophie Taeuber.

Tous travaillent à la réalisation d'un album rare de lithographies et de bois gravés, *10 Origin*. Magnelli, Sonia Delaunay, Arp ont monté ce projet pour sortir de la stupeur dans laquelle la guerre et l'Occupation les ont plongés. Ils ont contacté Kandinsky et Domela, à Paris, pour les faire participer à cette œuvre collective. « Le Prince » n'est pas associé, mais invité à regarder.

De ce groupe, Staël détache Magnelli dont les préoccupations lui semblent plus riches et dont la disponibilité est plus grande. « Il se fait que non seulement j'aime vraiment ce que vous faites indépendamment de vous, (mais) encore il est né en moi une réelle amitié pour vous ; tout cela je ne sais pas très bien l'écrire… », lui confiera-t-il plus tard. Peut-on mieux dire ? « Magnelli, pour avoir une gouache de vous, je suis capable de vous envoyer une caisse spéciale ou de charger quelqu'un de me la faire parvenir. »

Ce maître lui tend la main. Le présage le rassure. Entre eux s'attise une fièvre de discussions théoriques et de débats techniques. « Vous devriez broyer vos couleurs, lui répète le peintre florentin qui porte une particulière attention aux pigments utilisés. – Je n'ai pas le temps, élude Staël. – Vous devriez le prendre ! » Staël essaie, renonce.

« Je n'ai pas le temps. » Plus le temps ? Les conditions matérielles à Nice ne font qu'empirer et l'air y devient étouffant. Après le débarquement des Alliés en Afrique du Nord, les Allemands envahissent en novembre 1942 la zone libre, abandonnant la région niçoise aux Italiens. Ce répit sera de courte durée. Depuis quelques mois, « le Prince » songe au départ. Pourquoi rester alors que la zone libre n'est plus qu'un souvenir ? Pourquoi persister quand les lettres d'amis demeurés à Paris indiquent que l'on peut y survivre mieux qu'ailleurs ?

Insensiblement, il prépare son départ. Comme il lui faut une tenue correcte, il passe un marché avec un tailleur de son quartier : un complet sur mesure contre un tableau exotique. En hommage à Delacroix, il peint un tigre soyeux qui écarte d'un coup de patte des lianes. Il commence aussi à pratiquer la politique de la terre brûlée : un à un, il cède les meubles de son appartement aux plus offrants. Les fauteuils disparaissent en premier, puis le buffet, les chaises... Ses amis s'en amusent. « Quand tu en seras à la bibliothèque, préviens-moi ! » lui dit Charles Bistesi, un camarade d'enfance de Jeannine, devenu violoniste. Un mois plus tard, Nicolas fait signe au musicien : « C'est le tour de la bibliothèque. »

Rue Boissy-d'Anglas, on improvise un souper. Charles et Suzanne Bistesi arrivent, lestés d'une enveloppe contenant mille francs. On soupèse la bibliothèque, on la jauge et, finalement, Charles se retourne vers sa femme : « Je ne sais pas ce que tu en penses, mais je préférerais un tableau ! » Staël retourne une toile à peine sèche. Un format vertical, abstrait en diable, strié de barres souples. « Celui-là est pour vous, si vous l'aimez. On l'appellera *Symphonie de Beethoven*... Cela s'impose ! » Adjugé !

Dans la même veine, il s'est attelé à une plus vaste *Composition*. Près de 1 mètre de long et 73 centimètres de haut. Un format qui lui convient et sur lequel semblent s'ébrouer des oiseaux stylisés. Mais ce ne sont que des triangles effilés posés sur des masses arrondies, des courbes rompues, des ombres denses qui se détachent en noir et blanc dans un tourbillon de lumière tamisée. Dans ce tableau en forme de manifeste, Staël convoque ses maîtres avec cette distance qui est sa marque. Un libre clin d'œil à Goetz. Un signe amical à Magnelli dont il reprend la manière de découper fortement les formes. Un salut à Kandinsky pour l'art de la composition froide et frémissante. Un hommage vibrant à Klee dont il reprend la technique des superpositions pour constituer un fond de toile intense où les couleurs étouffées les unes sous les autres chantent encore, luttent pour resurgir et éclater en minces fragments.

Plus tard, Staël superposera les couches de couleur, à la recherche permanente du ton juste. Mais, ici, après avoir plusieurs fois recouvert la toile, il semble se repentir. D'un coup, il a repris son travail, raclant la couleur pour retrouver les dessous jaunes et violets comme ceux de Klee dans son *Ange de la mort* de 1940. Ses grattages énergiques – s'est-il emparé d'une feuille de papier de verre ou d'un couteau à palette ? – donnent au tableau sa lumière. Les formes noires et blanches se détachent sur un fond fragile, une atmosphère tremblée.

Une toile de 1943 prolonge cette recherche. Sur un fond très lumineux et comme irréel se détache un rébus de courbes et de traits. On songe à un nageur en apnée découvrant à quelques mètres au-dessus de lui, gêné par de fines algues, la surface de la mer. Six mois plus tôt, Staël avait vendu à Jacques Matarasso un pastel sur le même thème. Cette fois, il pose ses couleurs sur une grande toile. La lumière, concentrée dans le centre supérieur du tableau, irrigue largement l'ensemble.

Tel Delacroix ou Hartung, il sabre ce fond de barres sombres… Une étrange vigueur s'en dégage.

Qui est-il, ce jeune peintre ? Un mystique ? Un forcené ? Tout simplement un artiste qui se répète à lui-même : « Ma seule préoccupation fut et sera toujours de peindre, quel que soit mon état moral et matériel. »

Au printemps 1943, sa décision est prise. Cela fait dix ans qu'il apprend à dessiner et à peindre. C'est assez. Il se rappelle le vieux mot des peintres entre eux, souvent repris par Van Gogh : « Il faut étudier une dizaine d'années et alors produire quelques figures. » Paris lui devient nécessaire pour peindre. Jeannine et lui se préparent à quitter Nice avec Antek et Anne.

Un soir d'août, vers vingt-trois heures, Staël cogne à la porte de Jacques Matarasso, avenue Borriglione. Inquiet, le libraire tarde à ouvrir. Inconscient, Staël redouble ses coups contre la porte. Enfin, Matarasso se décide à ouvrir, craignant le pire par ces temps troublés. Il découvre devant lui Staël, souriant, brandissant un immense tableau :

« Matarasso, je pars. Je quitte Nice pour aller à Paris. Je voulais vous dire au revoir. Ce tableau, c'est pour vous, un cadeau.

— Staël, je ne peux pas !

— Vous m'avez réconforté, Matarasso, prenez-le ! Nous nous reverrons quand je serai célèbre ! »

Troisième partie

> « Il faut travailler beaucoup, une tonne de
> passion et cent grammes de patience. »
>
> NICOLAS DE STAËL, 1945
> (lettre à Jean Adrian).

« Papiers. Contrôle ! »

La porte vitrée s'ouvre brusquement sur le compartiment. L'officier de la Wehrmacht avance d'un pas. « Papiers ! »

Alors que le train Nice-Paris s'engage dans une longue courbe, Staël se revoit une seconde sur le quai de la gare, hésitant encore à rejoindre Jeannine, la petite Anne et Antek. La sagesse lui commandait de gagner Paris à petite vitesse, par des routes à l'abri des barrages systématiques, mais au dernier moment, il a bondi dans le train et s'est installé avec sa famille.

« Contrôle ! »

Son regard ne cille pas. Il tend nonchalamment le bras, attrape sa veste, en extrait son attestation militaire. Faussement désinvoltes, Jeannine et Nicolas observent l'officier se saisir de la feuille. Au milieu, soigneusement calligraphié à la plume, se détache un nom : « Staël von Holstein ». À sa lecture, l'officier se raidit, porte la main à la visière de sa casquette pour saluer et claque des talons. Le contrôle est terminé.

Ainsi Staël traverse-t-il sans encombre la France occupée, défiant avec un mépris aristocratique les contingences matérielles. À vingt-neuf ans, il assume sereinement d'être catalogué de nulle part, adepte d'une peinture dite « dégénérée » par les nazis.

« Une fièvre de travail »

Une énergie sans limites le pousse en avant. Sa compagne le dépeint avec ses ombres et ses lumières dans une lettre adressée à Olga de Staël :

« Puisque vous désirez que je vous écrive, je vais le faire et en toute liberté vous parler de Kolia. Il est plus grand, plus fort, plus beau… que tous les autres, et la puissance spirituelle en lui dépasse de beaucoup tout cela. Mais, pour l'instant, ce continuel événement a lieu malgré lui. À part de rares moments de grâce, il fait tout pour le détruire. J'ai heureusement plus confiance en cette lumière sourde et authentique qui souvent l'incendie qu'en sa ténébreuse expression extérieure. Manque de patience, désir d'épater les autres avec des mensonges cent fois inférieurs à sa réalité, etc., etc. Il est vrai qu'au cours de ses conversations mensongères, il s'emballe et finit généralement par trouver des idées créatives plus vraies que les faits… Ne craignez pas à son sujet, Olga, il est très grand ! ! ! – et je suis quelqu'un de plutôt sobre. Si je vous parle ainsi – ce que je fais pour la première fois de ma vie – c'est parce que je pense que, comme moi, vous l'aimeriez s'il était bon à rien. »

Tel est le peintre qui arrive à Paris, plein d'ardeur. On songe, en le voyant, à ce portrait de Géricault par

Michelet : « Il était fougueux et doux (…). Grand, sévère, avec des yeux d'une beauté singulière, rêveurs, doux et profonds à l'orientale. » L'une de ses premières visites le conduit chez la marchande de tableaux Jeanne Bucher, rencontrée en 1938 lors de son premier séjour parisien. En quelques jours, elle lui trouve un logement : Staël s'installe provisoirement dans l'atelier de Maria Helena Vieira da Silva, à l'ombre des hautes toiles zébrées de lumière du peintre réfugié au Brésil.

Paradoxe : dans ce Paris occupé d'août 1943, tout lui semble facile. On y crève de faim, le Louvre est fermé, mais il y a, tapie dans l'ombre, une fureur de création qui lui convient. La galerie de France et la galerie de Friedland, celles de Jeanne Bucher, de Louis Carré, de René Drouin exposent discrètement des chefs-d'œuvre. Vassili Kandinsky, César Domela, les grands de l'abstraction sont là, à deux pas.

« Paris a une allure de dignité peu commune, je ne l'ai jamais vu aussi beau, écrit-il le 20 septembre à Magnelli. J'ai vu Kandinsky très peu de temps, il partait en vacances, et Domela n'en est pas encore revenu. Je suis ivre de joie à me promener et, malgré toutes sortes de difficultés pour m'installer jusqu'à la fin de la guerre, je suis bien heureux d'y être (…). Et il y a cette fièvre de travail qui vous saisit véritablement, alors qu'elle est si difficile à Nice. »

Une fièvre qui ne le quittera plus. Quelques semaines après son arrivée, Jeanne Bucher lui confie les clés d'un hôtel particulier, au 54, rue Nollet, dans le quartier des Batignolles. Libre à lui de s'y installer. Staël mesure sa chance : il connaît la maison pour y avoir déjà habité, fin 1939, avant son départ pour la Légion. Avec Jeannine, il file vers le 17e arrondissement, redécouvrir cette demeure élégante et abandonnée.

Des grilles protègent un assez grand jardin où poussent des marronniers et des frênes. La maison se dresse en retrait, avec ses deux étages. On y accède par une volée de marches et un perron surplombé par une marquise. Abandonné aux mauvaises herbes depuis deux ans, l'hôtel particulier semble pourtant encore habité.

L'architecte Pierre Chareau et sa femme Dollie ont vécu dans ce quartier tranquille une dizaine d'années, jusqu'à l'armistice et leur exil vers les États-Unis. « C'était meublé, se rappelle Antek. Chareau était visiblement parti avec une valise. Il y avait des trésors, des meubles expérimentaux, toutes les esquisses de Le Corbusier… » L'architecte travaillait et recevait là ses amis – Jeanne Bucher et Max Ernst, Braque et Picasso, Juan Gris et Max Jacob, leur voisin – autour d'un piano à queue, devant une grande bibliothèque en palétuvier et en sycomore. Le rez-de-chaussée était dévolu aux pièces de réception. En montant au premier étage, on découvrait les chambres, des cabinets de toilette modernes et ingénieux, et, plus haut, d'autres pièces mansardées.

Partout le goût du parfait – et un tapis de poussière. Partout des meubles confortables en bois précieux travaillés par les meilleurs ébénistes. Dans la cuisine et à l'office, les buffets et les tiroirs recèlent encore des services de table et des couverts.

Jeanne Bucher s'est occupée de tout. Par ses relations dans l'administration, elle a obtenu le rétablissement du gaz et de l'électricité, ainsi que de l'eau courante. L'emménagement est l'affaire de quelques secondes. Staël, au rez-de-chaussée, se réserve un grand salon, éclairé par quatre fenêtres, pour le convertir en atelier.

Jeannine et les enfants se répartissent les chambres du premier ; il se trouve encore une pièce pour servir de petit atelier de dépannage, et bien d'autres qui resteront vides.

Cette maison sera vouée à la peinture. Jeannine prend soin de libérer Staël de l'intendance. Elle s'occupe d'Anne qui passe une grande partie de ses journées au jardin ou dans une cave, irrésistiblement attirée par un gros tas de charbon. Antek, tel l'enfant d'un conte, s'occupe du ravitaillement et s'improvise chef cuisinier. Il n'a pas fini de surprendre, ce gamin, du haut de ses douze ans : en perpétuelle école buissonnière, môme et soutien de famille…

Staël s'enferme et travaille. Très vite, Jeanne Bucher passe rue Nollet. En 1939, elle avait été séduite par le personnage, son allure de pur-sang entravé. Cette fois, son intuition lui indique que le jeune peintre est bien près de trouver son style. Elle lui achète quelques dessins, regarde attentivement ses tableaux et envisage même une exposition. Avec une générosité naturelle, elle l'intègre au large cercle des artistes de sa galerie.

Durant l'automne 1943, une vie précaire s'organise. Infatigable, Staël dessine et peint de jour comme de nuit, tel un funambule. Jamais la peinture ne lui a semblé un art plus exigeant et trompeur. À la fièvre succèdent des périodes de torpeur, puis de frénésie. À deux pas de lui, Jeannine l'apaise, le réconforte, assise devant son chevalet ou calée dans un canapé, peignant en fredonnant la perspective de la rue Nollet.

Mais, affaiblie, elle délaisse progressivement ses pinceaux. Elle se contente désormais de petits formats et invente une technique dont elle s'amuse : des aiguilles à cheveux ou de grosses épingles lui servent de couteaux à peindre. Le poids plume de ces objets lui convient. Avec eux, elle prélève de minces couches de couleur sur sa palette, qu'elle dépose doucement sur la toile.

Son énergie demeure pourtant intacte pour conseiller Staël lorsqu'il jette ses études dans des moments de dépit ou d'accablement. En ces instants, il voudrait disparaître. Le doute le brûle. Allongée, filiforme comme un Pierrot exsangue de Picasso, Jeannine le rassure et le guide. « C'était un passage magique de savoirs, d'hypothèses, se souvient Antek. Jeannine n'avait plus l'énergie d'entreprendre mais conservait des lucidités étonnantes. » Ensemble ils reprennent l'éternelle conversation sur les formes, l'espace, les couleurs, et Staël, sous la protection de cet œil vigilant, retrouve partiellement confiance.

Quand leurs amis veulent lui acheter une toile, il sourit et se dérobe. Un jour, le jeune metteur en scène Jean Mercure et sa femme, la comédienne Jandeline, insistent : « Nicolas, on aime beaucoup ce que vous faites. On veut vraiment vous acheter un petit tableau. » Staël les regarde et secoue la tête : « Vous savez, en ce moment, il vaut mieux acheter une toile de Jeannine. Sa peinture est plus aboutie. » Comme si Staël avait intégré la préférence de Magnelli pour le style de sa compagne, voilà un an maintenant.

Pourtant, depuis l'automne 1942, l'étrange alchimie observée entre Jeannine et Nicolas, cette lente combustion des âmes et des talents a progressé. La flamme a changé de cœur, le feu changé de main. Au point que Jeannine se demande souvent : « Pourquoi continuer à peindre, puisque Nicolas peint ? » Fin 1943, il lui semble que la réponse s'impose. « Ce n'est plus la peine », écrit-elle à Jeanne de Cardaillac. Ainsi s'efface-t-elle doucement devant son compagnon en faisant le sacrifice de sa peinture.

Les exilés

On la reconnaît de loin à ses larges robes rouges et à sa natte brune. Et à son rire entraînant, à sa gaieté. Sur son passage, chacun l'appelle : « Dina ! Dina ! Viens ici, viens que je te dise bonjour ! » Dina Vierny passe, virevolte et s'en va. Elle adore faire la fête, raffole de la vie et mène en ces temps-là une drôle de vie. Mais qui le sait ?

Chez Louis Carré, le marchand de Maillol qui reçoit le Tout-Paris comme un roi, elle est chez elle. C'est là qu'elle croise pour la première fois Nicolas, entraîné par un ami, et sympathise avec lui. Vierny a immédiatement reconnu en Staël un fils de l'aristocratie de Saint-Pétersbourg, et Staël, en Vierny, une Russe méridionale des bords de la mer Noire. Les exilés se flairent entre eux. Ensemble ils trinquent, boivent, parlent russe, ce russe Ancien Régime, si agréable et contourné.

La conversation attire André Lanskoy, peintre de son état, grand exilé devant l'Éternel, qui se joint à eux, verre de vodka à la main. Lanskoy et Vierny se liguent alors gentiment contre Staël pour lui faire admettre qu'il n'est pas russe : « Mais non, Kolia, pas toi ! Toi, tu es balte, un baron balte. Balte, ce n'est pas russe ! » Et Staël de rire.

L'Occupation sait ainsi faire surgir des solidarités, le temps d'une fête, autour d'une bonne bouteille ou d'un misérable plat de rutabagas. Staël, si réservé, évoque sa vie et son passé. « Quand il avait bu, il était charmant,

153

profond, ténébreux, raconte Vierny. Il cherchait manifestement quelque chose. Il était absolument mécontent, insatisfait de lui-même. »

Non loin, Louis Carré préside les agapes en seigneur. Plus rien ne s'oppose à sa réussite, alors que le marché de l'art flambe dans cette France occupée. 1942 avait été une année faste. 1943 se révèle « magnifique ». Quand un doute l'effleure, il se rassure en se disant qu'il est utile à bien des artistes qu'il aide sur le plan financier, à commencer par Soutine dont la santé décline dangereusement.

En ces temps de privations, ses réceptions et ses dîners sont bien les rares endroits où l'on peut boire les meilleurs bordeaux et les alcools les plus fins, tout en se régalant des plus belles viandes. Louis Carré, cinquantenaire, a délaissé sa robe d'avocat pour le commerce de l'art dès 1923. Il s'est forgé une réputation par sa connaissance des poinçons d'orfèvrerie ancienne et de l'art nègre du Bénin. En 1937, son exposition Georges de La Tour et Le Nain a tout simplement subjugué la critique. Simple marchand, il était parvenu à réunir les plus belles toiles en provenance de grands musées et de collections particulières. Une année plus tard, il avait récidivé avec une exposition Toulouse-Lautrec.

À peine ouverte, sa galerie du 10, avenue de Messine, est lancée. « Il avait Fernand Léger, Raoul Dufy, Maillol, Matisse, Rouault…, se rappelle Dina Vierny. Il avait une connaissance, une cadence ! Ses dîners étaient très courus. C'était chic et luxueux. » Des peintres, qui ont parfois perdu une matinée à faire la queue rue Berryer, devant les bureaux de l'Entraide des artistes, pour obtenir du charbon et des couleurs, se retrouvent comme par enchantement assis sur des chaises Louis XV, un valet derrière eux. « C'était le seul endroit où le vin coulait généreusement. »

Dans ce petit monde, Dina Vierny fait figure d'égérie et de bonne camarade. Depuis une dizaine d'années, elle fréquente les surréalistes. Elle a activement participé au Groupe Octobre des frères Prévert, cette bande qui allait imposer le réalisme poétique au théâtre et au cinéma. Elle tutoie tout le monde. Surtout, surtout, elle possède une grâce et, déjà, une légende qui remonte à son adolescence…

Elle avait quinze ans, des cheveux comme une cascade, une tendre frimousse. Elle riait aux éclats. Un jour, un ami de ses parents, l'architecte Dondelle, avait parlé à Maillol :

« Je vous assure… C'est le modèle qu'il vous faut. C'est saisissant ! C'est un pur Maillol ou un Renoir.

– Je me contenterai d'un Renoir », avait répliqué le maître qui avait sur-le-champ invité Dina Vierny à lui rendre visite, un dimanche, dans sa maison de Marly-le-Roi. L'adolescente s'était fait un peu prier :

« Comment ferai-je pour le reconnaître ? demanda-t-elle.

– C'est le plus vieux et il a une barbe blanche ! »

Un jour, elle avait poussé la porte de la propriété de Marly, cherchant une barbe blanche. La première lui sembla la bonne. Erreur : c'était Van Dongen. Elle erra sans le savoir entre André Gide, entouré d'une cour d'admirateurs, et Le Corbusier, appliqué à dessiner le jardin. Enfin, elle trouva les Maillol qui lui sourirent, faisant tout pour la mettre à l'aise.

C'était au début des années trente. Dina était revenue. Maillol l'avait fait poser habillée pour des dessins, puis pour des fresques. En quelques mois, elle était devenue la jeune fille de la maison et *le* modèle du sculpteur. Elle posa nue. Elle était *La Grâce*. Elle serait *La Rivière*. Elle était devenue l'icône de Maillol.

Elle entreprit des études de physique et de chimie. Elle se lia d'amitié avec André Breton, Victor Serge, Brauner et tant d'autres. Les années passèrent. La guerre éclata, les Allemands occupèrent la France. Son mari fait prisonnier, elle se réfugia chez les Maillol, à Banyuls, au creux des Pyrénées-Orientales.

Mais Dina a choisi son camp. Dès août 1940, elle commence à repérer une voie pour faire passer en Espagne des antifascistes allemands. Bientôt Varian Fry, fondateur du Comité américain de secours, en poste à Marseille, lui envoie des réfugiés par groupes de douze ou quinze. Elle les réceptionne à la gare et les conduit, la nuit tombée, de l'autre côté de la frontière, sans excessive précaution.

« Mais que vous arrive-t-il, Dina ? Vous dormez littéralement debout ! » s'exclame un jour Maillol, inquiet.

Dina ne veut pas lui mentir :

« Cette nuit, j'ai passé des réfugiés antifascistes allemands en Espagne. Je sais que j'aurais dû vous en parler : je vous ai placé dans une situation dangereuse. Excusez-moi.

– Ah bon… »

Maillol laisse passer un silence :

« Et où donc les logez-vous en attendant la nuit ?

– …

– Vous êtes vraiment déraisonnable ! C'est ridicule et dangereux. Vous ne connaissez même pas cette montagne… Allons, je vais vous apprendre les passages. »

Et le vieux maître de lui montrer les mille détours de ses chers rochers et de lui donner les clés de son atelier du Pug del Mas.

Mais pouvait-elle passer longtemps inaperçue, avec ses larges robes rouges? Fin 1940, la voici dénoncée. La police de Vichy se présente à Banyuls, au domicile des Maillol. Les enquêteurs interrogent Dina, saisissent ses livres et sa correspondance. Alors le vieux Maillol s'interpose :

« Messieurs, je vous demande instamment de laisser tranquille mon modèle. Je sais parfaitement qu'elle se rend régulièrement en Espagne. C'est à ma demande : je m'en porte garant. »

Aristide Maillol n'a pas la réputation d'être un révolutionnaire. Le régime de Vichy apprécie son œuvre, exalte ses vertus françaises. Les policiers rebroussent chemin en bon ordre, laissant Dina libre. Elle s'en tire, pour cette fois, avec un procès au tribunal de Céret et un non-lieu. Effrayé, Maillol l'expédie néanmoins au Cannet, sur la Côte d'Azur, pour éviter à sa protégée de nouveaux ennuis. Il la recommande à son ami Pierre Bonnard, puis à Matisse, avec ce mot : « Je vous livre la vision de mon travail, vous la réduirez à un trait. » Mais, bien vite, il lui demande de revenir en apprenant que Matisse veut composer une *Olympia* en se servant de Dina comme modèle. N'en aurait-il pas au minimum pour deux ans?

Elle revient. Intrépide, continuant à mener une drôle de vie, allant et venant entre Banyuls et la capitale. En 1943, la Gestapo l'arrête alors qu'elle se trouve à Paris dans un appartement avec des réfugiés de la guerre d'Espagne. Cette fois, ni Maillol, ni Carré ne peuvent grand-chose. Elle croupit dans une geôle, tente de convaincre les Allemands qu'elle se trouvait là par hasard. Les services nazis sont dubitatifs. Son dossier l'a suivie jusqu'à Paris. « Juive. Communiste oppositionnelle. » Cela fait beaucoup. Quand elle parvient à convaincre la Gestapo, les services secrets allemands exigent de poursuivre l'enquête. Le pire l'attend. On l'emprisonne dans une cellule à Fresnes. Ce n'est plus qu'une question de jours. Elle fait partie du lot des détenus bons à être fusillés au prochain attentat.

Revenu à Paris, le vieux Maillol reste prostré jusqu'au jour où son ami d'avant-guerre, le sculpteur allemand Arno Breker, devenu l'artiste officiel de Hitler, lui rend visite.

« Pourquoi ne travaillez-vous plus ?

– Je ne peux pas travailler sans Dina. »

Breker lui promet de faire l'impossible pour obtenir sa libération. Il rentre au Ritz pour prendre des renseignements et, une heure après, sonne chez le sculpteur Paul Belmondo :

« Tu connais Dina Vierny ?

– Oui, bien sûr. Elle a posé pour moi !

– Elle est juive.

– Je ne sais pas. Pourquoi ? Qu'a-t-elle fait ?

– Trafic d'or, de tableaux ; elle faisait aussi passer la frontière.

– Ce n'est pas terrible…

– Pas terrible… La Gestapo et l'Abwehr ont mis la main dessus ! Tu prendrais sous ta responsabilité qu'elle n'a rien fait ?

– D'accord, je le prends sous ma responsabilité. »

Breker file aussitôt chez le chef de la Gestapo, le général Müller. Quelques jours plus tard, un officier allemand assiste à la levée d'écrous de Dina Vierny et la conduit en voiture jusqu'à un restaurant de Montparnasse où l'attendent les Maillol et Breker…

La nuit enveloppe la rue Nollet. Au fond du jardin, dans l'épais silence du quartier des Batignolles, on distingue le va-et-vient grinçant d'une lame qui mord le bois. Dépourvu de tout moyen de chauffage, sinon un maigre tas de charbon inutilisable, Staël débite des rondins. Le fût du premier marronnier se couche dans un grand froissement de branchages. Qu'importent les arbres pourvu qu'il fasse bon ! Qu'importent les arbres, puisque Nicolas les a dessinés. Ils sont dans ses carnets, ils seront bientôt sur ses toiles, transfigurés, fantômes noirs ébranchés. Il veut peindre, seulement peindre, ne plus perdre de temps. Il lui faut « accumuler » des tableaux, un lot de toiles significatif, et des dessins.

« De la peinture abstraite, on n'en voit pas », écrit-il à Magnelli. Et pour cause : Berlin, on l'a vu, a décrété une fois pour toutes que la peinture abstraite devait être considérée comme un art « dégénéré ». Kandinsky, Klee, Domela sont désignés comme les tenants d'un art judéo-marxiste. Implicitement, le public parisien semble approuver ces oukases et se montre particulièrement réfractaire. Une simple nature morte de Pignon exposée dans la vitrine de la galerie Friedland provoque en 1943 un attroupement et un scandale ! Dans l'hebdomadaire collaborationniste *Je suis partout*, Lucien Rebatet dénonce : « Du trognon avorté, de la contorsion mentale, de l'arbitraire et de l'impuissance... »

Même les « grands » reconnus, célébrés avant-guerre, disposent d'un espace circonscrit. Picasso, dont le domicile de la rue des Grands-Augustins est placé sous discrète surveillance policière, doit sa liberté à sa citoyenneté espagnole. Avec insolence, il reçoit aussi bien des résistants que des Allemands, des communistes que des nazis, mais il n'a pas le droit d'exposer... Il se console mal de n'avoir pu, comme Georges Braque, bénéficier d'une grande rétrospective au Salon d'automne de 1943 : l'un des rares événements marquants de l'Occupation dans le domaine de la peinture.

Le cubisme et l'art abstrait sont honnis.

Précisément, le défi n'effraie pas Staël. L'art défendu lui convient. Depuis quelques semaines, il se relève souvent au milieu de la nuit, descend au rez-de-chaussée et reprend sa toile. Quelques bûches dans la cheminée réchauffent l'atelier tandis qu'il s'emploie à retrouver la vigueur, le souffle dégagés la veille.

C'est une nouvelle période qui commence. Staël travaille lentement, dans une tension à peine dominée, tel un marcheur devant frayer à coups de machette son chemin dans la jungle. Pas d'improvisation. Pas de fulgurance. Il cherche, volets fermés, sous la lumière crue d'un gros réflecteur. Il gratte, superpose, revient, recouvre de blanc, repart, éteint un incendie à droite, l'active à gauche. Les autres travaillent une pâte monocolore, homogène. Lui frappe plusieurs couleurs, passe d'une toile à l'autre, s'arrête, s'épouvante, efface encore.

Dans ces heures vides volées au creux de la nuit, combien d'angoisses ? Combien de vertiges ? Et quel retour de liberté aussi, quel sortilège, quel éblouissement parfois, à l'aube, quand l'impossible aboutissement se laisse entrevoir... La voix caverneuse, les yeux injectés de sang, Staël remonte alors au premier étage, allume le gaz sous le réchaud de la cuisine et prépare deux bols de thé fumant.

Sortira-t-il vainqueur de cet étrange combat ? Personne n'en doute, sauf lui. « Il menait sa vie à la cadence d'un furieux galop », dit son ami Jean Grenier. Peintre la nuit, peintre le jour, avec des échappées régulières. Presque tous les jours, il traverse Paris à bicyclette pour retrouver César Domela à la cité des Artistes, boulevard Arago. La recommandation de Magnelli vaut bénédiction. Il est accueilli comme un enfant de la maison, un fils prodigue, par cet aîné taillé dans le roc.

Leurs exils se rejoignent. Hollandais, fils d'un pasteur luthérien fondateur du mouvement socialiste aux Pays-Bas, Domela s'est d'abord installé en Suisse, puis à Berlin. Du mouvement dadaïste, il a sauté dans l'abstraction pure. Il a fréquenté Henri Laurens, Georges Braque, Fernand Léger, Piet Mondrian, Naum Gabo, le cinéticien. À partir de 1928, il crée des tableaux-objets où se mêlent peinture et baguettes de bois, laiton et plexiglas, cuivre et morceaux de bois découpés et ajustés à la main. Son style.

En 1933, il n'est que temps, pour lui, de quitter l'Allemagne. Avec sa femme Ruth, juive, il fuit les imprécations de Hitler, les premiers pogroms des sections d'assaut nazies, et s'installe à Paris. La guerre le rattrape. Il se laisse cerner, parie sur une sorte d'immunité parisienne et française. La France, patrie des Droits de l'homme… Il survit médiocrement en sertissant des motifs en argent et du cuivre rouge dans de minuscules socles en ébène. Il crée au compte-gouttes quelques œuvres avec des matériaux de récupération sur des supports en peaux de requin et de baleine glanés dans le Marais. Il attend, démuni, incertain, dans son atelier exigu.

Staël et ses rires d'adolescent le séduisent sur-le-champ. Ce « Prince », avec sa générosité et son goût de l'excès, envahit Domela de son amitié, exige la réciproque. Il lui offre un dessin au fusain avec une dédicace à la hauteur de l'exclusive : « Tout ce que je ferai t'appartient. » Il scie dans l'une des bibliothèques de l'hôtel particulier de la rue Nollet un beau morceau de palétuvier sur lequel Domela peindra *La Ligne rouge*.

À la vie, à la mort.

« Il était très russe », se souvient Ruth Domela. Sa voix de basse, qui fait trembler l'atelier, épouvante ses deux jeunes enfants. Quel est donc ce géant qui veut les prendre dans ses bras immenses ? Que cachent son visage éclaboussé de peinture et son étrange pantalon de laine coupé dans une couverture fatiguée ?

Chacun, enfant ou adulte, pressent un mystère. Durant ces semaines décisives, Staël fonde les rudiments de son style, commence à jouer avec une somptueuse gamme de gris. Dans le secret de son atelier, jamais il n'oublie les grands maîtres, même s'il s'appuie dans l'immédiat sur le sens de la rigueur d'Alberto Magnelli, l'audace de Henri Goetz.

À Paris, c'est Domela qui lui est nécessaire, le corrige, tempère ses emportements. Staël lui apporte ses esquisses, traverse la ville ses toiles sous le bras, s'installe, écoute, repart, revient. Toujours il aura de ces amitiés-passions, usantes et bouleversantes.

Enfin, Domela le rassure. La peinture abstraite n'a pas droit de cité ? Tant pis. Les marchands se gardent d'exposer les tenants de l'expression libre ? On verra bien ! Les nazis interdisent les artistes « dégénérés » ? Il est interdit d'interdire !

Comme Staël, Domela est en contact avec Jeanne Bucher. Depuis plusieurs mois, il envisage d'exposer chez elle avec Kandinsky. Manière de ne pas s'avouer vaincu face à l'occupant, d'effacer l'échec de la dernière exposition de Kandinsky, suspendue en juillet 1942 sur ordre de la censure allemande. Kandinsky garde un mauvais souvenir de ce diktat tombé alors que les toiles et les gouaches venaient à peine d'être accrochées. Jeanne Bucher ressent encore comme une gifle cette mesure destinée à l'intimider.

Les services allemands ont voulu lui faire payer son autonomie. Passe encore qu'elle montre discrètement dans sa remise des Max Ernst, des Picasso et des Miró à des clients et à des amateurs, y compris allemands comme les docteurs Herbert Hermann ou Rash. Mais pas question d'exposer au grand jour Kandinsky, ce Slave qui a enseigné au Bauhaus et dont la présence est tout juste tolérée en France.

Jeanne Bucher a dû provisoirement s'incliner, tel un animal blessé. « Moi retirée dans mon coin, tapie comme un chien fidèle mais hargneux… », écrit-elle à sa fille. Pourtant, elle projette déjà de recommencer à montrer les toiles de Kandinsky. Les dernières œuvres de Domela compléteraient l'exposition. Comme souvent, elle songe aussi à glisser entre ces deux noms célèbres celui d'un jeune artiste. N'a-t-elle pas déjà exposé avec succès Alberto Giacometti, encore inconnu, avec le peintre Massimo Campigli en 1929, et le sculpteur Étienne Hajdu avec Kandinsky en 1939 ?

« Prenez Staël », lui conseille Domela. « Prends Staël », lui souffle son instinct.

Deux expositions d'art « dégénéré »

Sous son strict chignon blanc, Jeanne Bucher s'amuse. Staël ? Bien sûr ! Tant pis si Kandinsky fait la moue et

163

lance quelques piques ! Du reste, Domela le convainc assez vite du talent de ce jeune confrère. Une apparition de Staël, quelques phrases échangées en russe lèvent les dernières réticences. Kandinsky, le maître Kandinsky, replié à soixante-dix-huit ans dans son appartement-atelier de Neuilly, adoube Staël, tout juste trente ans.

« Comment faites-vous pour avoir toujours raison, chère Jeanne Bucher ? lance Kandinsky à son amie. Vous êtes bien dans cette profession le corbeau blanc au milieu des corbeaux noirs !

– Pas toujours, pas toujours, Kandinsky. Au fait, nous allons jouer la discrétion. Cette fois, nous nous abstiendrons d'envoyer des cartons d'invitation. Pas de publicité ! Je crois que nous n'en avons pas besoin… »

L'exposition sera confidentielle, et même clandestine. En évitant toute forme de lancement par affiches ou voie de presse, Jeanne Bucher coupe à la visite obligatoire dans les bureaux de la Propaganda Staffel, au 52 de l'avenue des Champs-Élysées, et au rendez-vous avec le censeur allemand, le capitaine Lange, pour l'examen consciencieux de l'origine ethnique des peintres exposés et celui de leurs toiles.

L'exposition est fixée au 6 janvier 1944. Comme toujours, elle se distinguera par un nombre de toiles limité, autant par rigueur et par goût de l'excellence qu'en raison d'un espace strictement compté. Exposer chez Jeanne Bucher, même en catimini, équivaut à une véritable reconnaissance. Une attestation d'avenir. L'autorité de cette protestante alsacienne est incontestée, son « œil » reconnu. Les plus grands collectionneurs français et étrangers ont depuis longtemps compris la confiance qu'ils pouvaient faire à cette experte.

Une grande galerie se dissimule derrière les murs étroits et modestes du 9 *ter*, boulevard du Montparnasse.

Le local se cache dans une maison basse, en retrait du boulevard, et n'occupe qu'une partie de la surface habitable. Le poète et éditeur surréaliste Georges Hugnet, ami de Marcel Duchamp et de Paul Eluard, travaille au rez-de-chaussée. Au premier étage, seules deux pièces servent de salles d'exposition, séparées par un petit bureau dont les portes vitrées ont été recouvertes de monotypes réalisés sur du papier huilé par Staël à la demande de Jeanne Bucher. Au second, sous les combles, vit la photographe Rogi André dont le studio voisine avec les réserves de la galerie où sont stockés les meilleurs Braque, les papiers collés du début du siècle rescapés de la collection Kahnweiller, des Picasso, des Miró, des Lurçat.

La plupart des œuvres de Kandinsky sont déjà à la galerie. Non pas celles magistrales d'avant-guerre où la couleur frappait puissamment la toile, mais des gouaches qui font apparaître des transparences inédites sur des petits formats en bois ou en carton. Depuis peu, privé de la possibilité de se procurer autant de couleurs qu'il le voudrait, Kandinsky utilise du sable pour donner du fond à sa peinture, un léger granulé.

Domela, qui pour les mêmes raisons a réalisé très peu d'œuvres durant les deux dernières années, se contente d'exposer trois tableaux-objets. Staël donne pour sa part deux ou trois petits formats très purs et maîtrisés : quelques aplats, des cernes massifs autour de formes géométriques. Jusqu'au dernier moment, il peint avec une palette d'ocres, une base de terre naturelle, une matière riche, grasse et lourde. Il finit aussi par brosser une composition complexe sur un grand format (113 × 78 cm), laquelle apparaît rétrospectivement comme un hommage à Kandinsky.

« Pas de cartons d'invitation… » Jeanne Bucher avait raison. Le 6 janvier, les plus grands sont là : Georges Braque, Dora Maar, André Lanskoy et Édouard Pignon, et aussi Jean Bazaine et Picasso. Devant la haute stature de Staël, qu'il voit pour la première fois, ce dernier sourit, lève la tête et dit lentement en insistant sur chaque syllabe : « Prenez-moi dans vos bras ! » Le mot, dès le lendemain, fait le tour de Paris.

L'exposition reçoit un accueil chaleureux. Il y en a si peu, une quinzaine par an, et, parmi elles, si peu à être dignes de ce nom. Tous les amateurs viennent se recueillir à la galerie. Bernard Dorival, un jeune conservateur, s'enthousiasme pour Staël. « Vos toiles sont d'une puissance sans réplique, lui assure-t-il. L'autorité de l'exécution fait penser irrésistiblement à Courbet. »

L'écho rencontré par l'exposition chez les peintres et les rares connaisseurs est une chose ; celui de la presse, une autre. Les journaux de la Collaboration se gardent de toute critique. Le silence semble s'imposer naturellement : pas une ligne sur ces productions « dégénérées ». La presse spécialisée se contente pour sa part d'un service minimum. En quelques lignes méprisantes, avec une désinvolture ahurissante pour l'orthographe des noms des peintres, G.-J. Gros assure dans le bimensuel *Beaux-Arts* : « Les artistes réunis chez Mme Jeanne Bucher cherchent, qui par des combinaisons géométriques, qui par des zébrures, qui par des harmonies décoratives, pour le moins confuses, à éviter le concret. MM. Kanadusky *(sic)*, Staël, Donele *(sic)* ne nous apparaissent pas comme voulant faire – selon le mot de Degas – quelque chose de beaucoup plus fort que la peinture. »

L'exposition marque cependant les esprits. Kandinsky parle d'un « succès moral ». Dès le lendemain, il écrit à Magnelli : « Que faites-vous à Grasse ? Pourquoi ne voulez-vous pas revenir à Paris ? (…) Hier, nous étions au vernissage chez Mme Bucher : une exposition de Domela, de De Staël et de moi. Plusieurs amis rencontrés là-bas se demandent aussi pourquoi vous n'êtes pas à Paris. Sans aucun doute nous vivons un temps plein d'énigmes, et ce n'est pas facile de prendre des décisions, mais, de mon point de vue, il y a plus de "pour" que de "contre" votre retour. »

Alberto et Susi Magnelli s'y préparent. Mais Susi, d'origine juive, doit se cacher, voyager avec de faux papiers. En mars, ils arrivent clandestinement à Paris. Puisque l'exposition est terminée depuis le 15 février, pourquoi ne pas en organiser immédiatement une nouvelle ? Jeanne Bucher persuade sans peine deux jeunes confrères, Noëlle Lecoutour et Maurice Panier, qu'elle a aidés à s'installer dans un local au 66, quai des Orfèvres, à deux pas du siège de la police judiciaire et du Palais de Justice, d'accueillir une version modifiée de la première exposition et d'y adjoindre Magnelli. Elle leur prêtera des toiles. Elle les assure que Domela, Kandinsky, Magnelli et Staël sont d'accord.

Cette fois, la peinture « dégénérée » va être exposée publiquement. Les cartons d'invitation précisent fièrement, en lettres majuscules : « PEINTURES ABSTRAITES, COMPOSITIONS DE MATIÈRES ». Le vernissage est fixé au vendredi 7 avril. Mais, au-delà de ce défi, Jeanne Bucher sait-elle que la galerie « L'Esquisse » sert de couverture à un membre du Parti communiste clandestin, l'un des plus importants agents de liaison des services soviétiques en France, son ami Panier ? A-t-elle eu recours au service des faux papiers du réseau Robinson pour en fournir à tel ou tel artiste réfugié en difficulté ?

Au 66, quai des Orfèvres, rien ne transparaît de cette activité. Les gérants prennent bien soin de maintenir leur « couverture » à l'écart de leur activité résistante. La galerie vit au rythme de ses expositions, alors que les fourgons de la police passent et repassent devant la vitrine. Chaque soir, à l'heure de la fermeture, Maurice Panier et Noëlle Lecoutour commencent leur vraie journée de travail.

Sans doute prennent-ils, le 7 avril, un risque inconsidéré. L'exposition sonne comme un manifeste et rencontre un succès inespéré auprès des jeunes artistes qui découvrent la peinture abstraite. Kandinsky a fait accrocher ses dernières huiles sur carton. Magnelli, qui a laissé la plupart de ses tableaux à Grasse, expose symboliquement une toile de la série des *Pierres*. Staël ajoute aux toiles déjà exposées deux compositions géométriques de grand format. « C'était une révélation, raconte Jean Dewasne, à l'époque secrétaire à la galerie. L'École de Paris, avec Picasso, Braque, Dufy, avait occulté l'art abstrait. Dans les histoires de l'art, il n'y avait rien sur l'abstraction. Kandinsky, Mondrian étaient confidentiels. Nous avions trente ans de décalage et de retard ! »

Heureux de retrouver Magnelli, Staël l'entraîne chez lui, au soir du vernissage, avec César et Ruth Domela, Jeanne Bucher, Simone Robin et Jean Deyrolle. On improvise un dîner. Rutabagas pour tout le monde ! Nicolas arrache quelques lattes de parquet dans une pièce abandonnée du rez-de-chaussée pour alimenter un maigre feu dans la cheminée. Antek s'active aux fourneaux et le repas de misère semble somptueux. On parle de tout et de rien, de peinture et des derniers potins : un journal de la Collaboration vient de publier une reproduction d'un beau Braque avec pour légende « Une nature bien morte de Picasso ». La confusion réjouit Picasso qui conserve jalousement un exemplaire du journal et le montre à tous ses amis. « Vous savez, leur dit-il, avec cette jalousie qui le brûle, Braque n'est que Mme Picasso ! »

Dès les premiers jours de l'exposition, Staël vend deux dessins. C'est un début. Mais une semaine s'est à peine écoulée que des agents de la Gestapo font irruption à la galerie. Ce n'est pas un déploiement de forces, une simple reconnaissance de terrain. Maurice Panier dissimule son inquiétude derrière ses épaisses lunettes. Chaque toile est examinée avec méfiance et les tableaux de Kandinsky sont particulièrement observés. Entre eux, les Allemands émettent quelques brefs commentaires. Un officier fait finalement signe à Maurice Panier : « Nous reviendrons ! »

De cette visite le marchand ne peut rien conclure, sinon qu'il y a danger. Au pire, une perquisition en règle pourrait conduire à des arrestations en série, au mieux à la fermeture de ce qui constitue pour lui une couverture indispensable. Il téléphone aussitôt à Domela. Une demi-heure plus tard, celui-ci surgit à bicyclette. « Domela, je suis désolé, mais la Gestapo était ici il y a à peine une heure. Ils vont revenir. Il faut impérativement suspendre l'exposition. Vous devez prendre les Kandinsky avec vous, vos tableaux et celui de Magnelli. Staël prendra les siens quand il passera. »

Obligé de faire autant de voyages qu'il y a de tableaux, Domela commence un déménagement insolite à travers Paris. Un à un, il ramène les Kandinsky à Neuilly. Il est bientôt rejoint par Staël et tous deux continuent le décrochage éclair des toiles, organisant tant bien que mal leur retraite surprise.

La punition d'Antek

Curieux gamin ! Quand les deux policiers ont poussé la grille du 54, rue Nollet après avoir sonné, ils ont aperçu son visage dans l'embrasure de l'une des fenêtres du premier étage. Un étrange dialogue a suivi :

« Bonjour, petit ! Nous venons voir tes parents. Peux-tu les prévenir ?

– En principe.

– Peux-tu leur dire que nous devons leur parler ?

– En principe.

– Va leur dire que nous les attendons…

– En principe. »

Du haut de ses douze ans, Antek ne bouge pas de son poste d'observation. Pour une raison qui lui échappe, mais à laquelle il se tient sans faiblesse, il a décidé de s'en tenir à ces simples mots qui lui semblent convenir à merveille à un dialogue avec la maréchaussée : « En principe. » Il n'en démordra pas.

En bas, tels de gros insectes avec leurs pèlerines et leurs képis, les deux gardiens de la paix font du sur-place dans le jardin. L'un d'eux se décide enfin à gravir le perron et à tenter de pousser la porte d'entrée. Peine perdue : Antek l'a soigneusement fermée à clé dès qu'il a vu les silhouettes des pandores derrière la grille. Il entend rester le maître de maison incontesté.

Le policier redescend, prend du recul :

« Alors, petit, pourquoi tu ne nous as pas dit que tes parents sont sortis ? C'est pas grave, ne t'inquiète pas. »

Antek, qui entend bien conclure l'échange, répond du même air réfléchi que depuis le début :

« En principe ! »

Quand on a fait le tour des Carpates à quatre ans et qu'on a vécu dans le Grand Sud marocain à dos d'âne entre cinq et huit ans, on ne peut tout à fait ressembler à un garçon de son âge. Antek ne ressemble à personne. Depuis son arrivée à Paris et l'installation rue Nollet, il ne fréquente plus l'école ; il s'instruit tout seul, Jeannine le guidant dans ses lectures. Comme à Nice, il a repéré les restaurants et les bistrots où il peut acheter au marché noir du pain et du vin. Il ravitaille la maison, part en équipée pour vendre au meilleur prix des bibelots trouvés dans l'hôtel particulier.

Jeannine, le cœur fatigué, se repose de plus en plus sur lui pour surveiller Anne ou vaquer à l'indispensable. Nicolas lui fait confiance, comme à un adulte. Leurs rapports sont tout à la fois tendres et rudes. L'éducation s'articule autour des notions de culture, d'honneur et de courage : un petit d'homme doit se dominer. À Nice, Staël avait conduit Antek et son ami Simon de Cardaillac au rocher de Rauba Capeú qui surplombe la mer. Il s'était déshabillé, avait demandé aux gamins d'en faire autant, et avait projeté Antek dans les flots. Simon, qui s'était refusé à se dévêtir, reculait quand Staël l'avait saisi et jeté à son tour à la mer. Minuscule bouchon, Antek avait nagé à la façon des chiots ; Simon, lui, commençait à boire la tasse et à couler. Staël avait alors plongé au secours des deux marmots, les poussant vers le rivage et concluant : « Vous voyez, vous savez nager maintenant ! »

De plus en plus autonome, Antek s'était endurci. À Paris, les garnements des Batignolles s'étaient ralliés à son panache. La morale traditionnelle le trouvait de moins en moins réceptif. Un jour, alors qu'un camarade l'introduit chez lui – un immense appartement en cours de déménagement –, il succombe, vole un porte-monnaie en cuir, un sous-main et une babiole. Un vol d'enfant. À peine rentré, Antek enveloppe soigneusement le porte-monnaie dans du papier kraft en y glissant un mot : « À ma maman chérie. » Le lendemain, la mère du camarade d'Antek, une jeune veuve en noir, se présente rue Nollet et demande M. et Mme de Staël. L'affaire est vite instruite. Jeannine et Nicolas interrogent Antek, ouvrent et inspectent les placards de sa chambre, tombent sur son butin, se confondent en excuses devant la veuve et lui garantissent que le forfait sera puni. Le soir, Staël prend Antek à part : « Puisque tu n'as pas l'intelligence de comprendre que je suis en situation irrégulière et qu'il ne faut pas attirer l'attention sur nous, je suis obligé de te punir. On va te mettre dans la soupente. Tu resteras là-haut aussi longtemps qu'il le faudra et tu ne verras personne, ni ta mère, ni ta sœur. Je te monterai tous les jours une soupe et du pain. »

Antek avait vécu dans la rue. Il vit désormais dans une pièce mansardée poussiéreuse, un débarras sous les combles qu'il explore et qui se révèle une caverne d'Ali Baba. Les premiers jours, il s'occupe à composer des maquettes d'avions avec des bouts de carton et une bobine de fil de cuivre découverte dans un coin. Staël le surprend et le vexe : « Celles des Galeries Lafayette sont beaucoup plus belles. » Alors Antek explore de plus belle sa soupente et découvre des esquisses originales de Le Corbusier, des dessins, des plans – un trésor. En montant sur une chaise, il tombe sur les œuvres de Pierre-Albert Biro et, plus haut encore, sur toute une collection de la *NRF*.

Antek lit, dévore. Les journées sont si longues ! Il lui vient des idées qui ne sont pas de son âge. Il se surprend à écrire comme sa mère des vers sur un cahier : « *Entre l'homme et l'amour/Il y a la femme. /Entre l'homme et la femme/ Il y a un monde...* »

L'exercice lui plaît. Il continue, s'applique. Des poèmes poussent entre ses doigts, tel cet autoportrait :

Je suis un enfant du monde
Qui fait son tour de Paris.
Paris me prend
Je l'absorbe
C'est mon Paris mutuel.
Je lis Paris,
Je vis Paris
Je vais au Châtelet
Pièces à grand spectacle
J'y cherche le cul-de-basse-fosse
Où l'on jeta François Villon.
Je marche au-delà des siècles
Cherchant mon devenir
Dans le passé des autres
À travers Paris où je suis présent.

Les jours passent, les pages du cahier se remplissent. Antek prouve en silence qu'il n'est pas seulement devenu un petit « voyou ». Il est ce jeune poète méconnu de tous, de lui-même et de ces artistes qui entourent sa mère et son beau-père...

Je marche sur ma peine
Avec ma faim.
Je marche sur la terre
Qui tourne
Parce qu'elle est ronde.

Mon ventre ne tourne pas rond.
Je marche sur ma faim
Avec ma peine et mon pain.
Je marche sur le chemin
Qui est long.
Longue est ma peine
Longue est ma faim
Au-delà de mon pain.

En deux ou trois semaines, il a presque rédigé un recueil. *« Eh oui, j'écris sans pied ni rime/ J'écris sans rime ni raison/ Je suis de mauvaise maison/Et m'en vais en toute saison/ Cherchant l'antre où mon cœur s'abîme... »*

Un cousin va venir le délivrer. De passage à Paris, Alain Deyrolle, son aîné, s'étonne de ne pas voir Antek. Pour lui, Jeannine fait exception et l'autorise à monter rendre visite au prisonnier. Alain et Antek parlent, s'amusent. En discutant, Alain ouvre le cahier et commence à lire les poèmes. « Pas mal, dis donc. Pas mal du tout ! » Il redescend avec le cahier et le montre à Jeannine qui le montre à Simone Robin qui le montre à X…, qui le montre à Pierre Reverdy qui crie au prodige.

Une semaine plus tard, le grand poète s'invite à déjeuner avec deux amies rue Nollet. Ils arrivent les bras chargés de victuailles. Reverdy traîne avec lui une lourde valise contenant une dizaine de bouteilles de rosé. Tandis que Staël débite en vitesse du petit bois et quelques morceaux de porte pour alimenter le feu, tout le monde s'installe. On lit des poèmes d'Antek, on s'exalte. Les agapes s'éternisent jusqu'à l'aube.

Bientôt, un carré d'artistes s'enflamme pour cet enfant : un « génie » est né. Reverdy le traite comme un égal, le pousse à publier ses poèmes, lui promet une préface et assure à tous ses amis que ce troubadour est un « vieillard de treize ans qui s'éveille ».

Georges Braque le réclame? Qu'à cela ne tienne! Ce môme en culottes courtes, une grande cape de louveteau jetée sur les épaules, ses poèmes sous le bras, sonne chez le maître. On le fait entrer, on le débarrasse de sa houppelande, on le pousse dans le salon devant Marcelle et Georges Braque. Le coup de foudre se confirme : Antek est adopté. Il viendra tous les mardis rendre visite au peintre et faire ses gammes sur le piano de Satie.

Les milieux littéraires s'emparent du « phénomène ». Lors d'une soirée, on s'invective à son propos. Eluard prend sa défense et Picasso surenchérit. D'ailleurs, Picasso n'entend pas laisser à Braque le monopole de la protection d'Antek. Il l'invite à son tour à venir le voir rue des Grands-Augustins, dans ce vieil hôtel particulier du XVIIe tout à la fois magnifique et décrépi, qui lui sert d'atelier et de domicile. Lorsque Antek apparaît dans cette suite étrange d'appartements et de remises où règnent autant d'exilés espagnols en faction, Picasso lui réserve l'accueil le plus favorable. Dans l'antichambre où se bousculent les quémandeurs et les courtisans, il écarte les importuns, le couve du regard. Pour lui, il tire des Modigliani, des Matisse et des Douanier Rousseau rangés sous un sommier, pour les lui faire admirer. Il lui parle comme à un homme, à un camarade, lui montre ses derniers tableaux, guette ses réactions et l'entraîne déjeuner au « Catalan » où les attend Dora Maar. Avant de se séparer, il lui fait promettre de revenir tous les jeudis. Le jeune poète reviendra régulièrement, accompagné deux ou trois fois de Jeannine et Nicolas.

Antek traverse ce rêve, toujours rimant, accordant à Braque quelques hémistiches, un sonnet à Picasso, une ode à Max Jacob. Nicolas le pousse. Jeannine cherche un titre et une signature pour le volume de poésie. Antek ne peut signer de son vrai nom, pour la bonne raison qu'il existe déjà à Paris un poète qui signe Teslar. En mai 1944, Jeannine écrit son bonheur à sa sœur : « Le livre de poèmes d'Antek s'appelle *Souspente* et sera signé du pseudonyme Antoine Tudal. L'édition de luxe avec une litho en couleur de Braque sortira (en touchant du bois) avant qu'un mois ne soit écoulé. »

Antek fête tout juste ses treize ans…

Les chaînes et la liberté

Au même moment, Staël invente Staël. À feu lent. Plus tard, la légende le décrira au cœur de l'hiver tel un démiurge peignant de grandes toiles magistrales en quelques coups de pinceau, à la chaîne. La légende galège. Staël peint très peu en 1944.

Tel un somnambule, cet homme de trente ans s'agite dans la nuit à la lueur de quelques flammes. Chaque tableau est un jeu de patience et sort de l'atelier comme après une longue cuisson. À peine une quinzaine en un an. Disons un par mois, pour simplifier. Essentiellement des petits formats. À chaque fois, il fait chauffer au bain-marie une plaque de colle de peau, veille à obtenir une glu lisse qu'il applique au pinceau. Vieille recette destinée à éviter que la toile ne boive ensuite l'huile.

À la veille de l'invention de son style, Staël se heurte à mille obstacles. Il s'enferme dans un jeu de figures géométriques pour s'arrimer fortement à un point fixe.

Tel est le plus sûr héritage glané chez Magnelli. Tous les tableaux de cette période sont précédés de nombreuses études, de dessins soignés qui sont autant de tableaux miniatures, de maquettes. Cercles, demi-cercles, cônes et triangles sont enserrés, cernés d'un trait puissant et épais qui rappelle le filet de plomb des maîtres verriers du Moyen Âge.

La nuit, de préférence, une révolution douce s'amorce entre lui et lui, lui et la toile, lui et ses pinceaux. Sombre mystère… Une cuisine géniale, ardente et désespérée, avec ses impulsions et ses calculs, se prépare dans cet atelier où figurent si peu de tableaux, comme si la peinture ne cessait de commencer ici et maintenant.

Il y a un avant et un après la rue Nollet : Staël a fait le vide autour de lui. Il n'a plus de passé, plus rien qui lui rappelle autre chose que cette vérité première : il est peintre, seulement peintre, pleinement peintre. Pas le moindre bibelot ne vient gêner sa concentration. Seul face à sa toile, il refuse même la présence d'un samovar, cet ultime emblème des exilés russes, fragile symbole d'une nostalgie qu'il récuse.

Lorsqu'une toile lui semble terminée, il la retourne contre le mur. Pour ne plus subir son emprise. Pour refuser sa domination. Pour repartir en avant, à l'assaut. Au reste, il n'a plus de tableaux. Les rares qu'il détenait sont à la galerie Jeanne Bucher, quelques-uns à la galerie « L'Esquisse ». Il a recouvert les autres à grands coups de blanc d'argent avec autorité et dépit, colère contre lui-même. Longtemps il détruira ainsi ce qui lui semble indigne.

Car Staël s'est libéré d'une formidable oppression en rompant avec la figuration en 1942, mais sans parvenir pour autant à s'inventer une liberté. En refusant la dictature précise de la représentation, il s'est donné d'autres chaînes : le poids de l'espace, l'imperium de la forme, le retour obsessionnel des structures géométriques. Pour s'en sortir, pour rebondir, il lui faut puiser au plus profond de lui-même.

Coup sur coup, deux rencontres vont lui permettre de trouver les clés susceptibles d'ouvrir les bonnes portes. Deux rencontres, deux peintres.

Le premier, André Lanskoy, crâne nu et œil de Tatar, s'impose soudain, devient l'ami sûr, le confident. Ils s'étaient croisés chez Louis Carré, ils avaient ri ensemble avec Dina Vierny, tour à tour chuchotant en russe, puis explosant en chants traditionnels. Mais Lanskoy, alors, n'était encore que périphérique. En janvier, il était venu par politesse au vernissage chez Jeanne Bucher :

« Alors, Andreï Mikhaïlovitch ? avait demandé Staël.

— Bien, très bien », avait répondu distraitement Lanskoy.

Staël avait ri.

« Ça, ça veut dire mauvais, très mauvais ! »

Et, comme chez Louis Carré, ils avaient éclaté de rire.

« C'est trop géométrique, trop sec pour moi », avait avoué Lanskoy.

— On en reparlera. »

Ils n'arrêtaient plus d'en parler, de se rendre visite et d'évoquer la Russie, cette immense Russie perdue avec ses plaines et ses forêts sans fin, sa démesure.

Lanskoy lui raconte Pétersbourg, Moscou et Kiev. De douze ans son aîné, il lui redonne de la mémoire. Cette Russie de leur enfance, lui s'en souvient, lui la possède encore au fond des yeux. Il a été comte, ou prince. Il a combattu dans les rangs de l'armée Blanche, participé à la guerre civile en Ukraine, guerroyé sur tous les fronts avant de subir l'exil et de hanter Montparnasse.

« Trop sec, ta peinture ! » Et Lanskoy de rire. « Tu vois, toi et moi, nous sommes frères. Nous avons apporté avec nous de la Russie du sang barbare. À nous de le mettre sur la toile ! »

Staël écoute, pèse et soupèse les propos de Lanskoy.

« Tu réfléchis trop, Kolia ! reprend son ami. Un tableau, c'est un combat… Un coup de pinceau posé sur une toile cherche à trouver une forme et lutte contre les autres formes posées sur la même toile. L'aboutissement de cette lutte est la naissance du tableau. »

Staël songe qu'il s'est donné des chaînes pour ne pas céder au vertige. Il a compartimenté sa peinture pour maîtriser l'espace, ne pas se laisser emporter par sa fougue. Il sait qu'il doit maintenant se donner de la liberté, lâcher un peu de cette violence qu'il comprime depuis si longtemps en lui.

Lentement, très lentement, sa peinture va prendre une respiration moins retenue, se débrider. Comme l'alchimiste jette au fond de sa cornue du simple plomb dans l'espoir d'y retrouver un précipité d'or, il pose sans cesse plus de couleur sur sa toile dans l'attente d'une lumière plus frappante. De retouche en retouche, de repentir en repentir se forme une moelle épaisse, matière puissamment travaillée qui refuse bientôt le pinceau, demande le couteau à peindre, en attendant la truelle et le racloir.

« Broie tes couleurs ! » Souvent, le conseil de Magnelli lui revient en mémoire lorsqu'il ramène rue Nollet de la poudre à défaut d'avoir trouver des tubes. Il concocte ses mélanges, ajoute de l'huile de lin, brasse, lisse la pâte en s'efforçant de chasser la fumée de sa cigarette qui lui pique les yeux. Il badigeonne ses toiles d'un apprêt avant d'y déposer une couche généreuse d'un blanc mat.

« Broyez donc vos couleurs… » Georges Braque lui répète le même conseil. Présentés l'un à l'autre par Domela, ils se sont d'abord croisés timidement. Ils se sont parlé de loin en loin, et puis les poèmes d'Antek les ont rapprochés. Braque le maître, « le Patron », écrira Jean Paulhan un an plus tard. Braque, mélange de réserve et de chaleur dans l'accueil. À soixante-deux ans, dans sa maison de la rue du Douanier, proche du parc Montsouris, il reçoit sur rendez-vous les jeunes et les curieux qui le souhaitent. Staël prend vite l'habitude de le rejoindre au moins une fois par semaine. Lorsqu'il arrive trop tôt, il patiente dans la cuisine en compagnie de Mariette Lachaud, l'assistante de Braque, puis monte au deuxième étage pour se retrouver dans l'atelier encombré de toiles soigneusement posées les unes contre les autres en rangées obliques, de plantes vertes et de soleils séchés.

Braque, ce pourrait être Chardin, un classique toujours moderne. Après Cézanne, il a aboli la perspective, haussé l'objet au premier plan, fait disparaître les ombres. « Je n'ai pas de palette, Staël, pas plus que vous. Ce qui compte, ce sont les rapports. Il faut que la couleur respire, qu'elle ait une place. Quand on liait plâtre et bois, on laissait un espace entre eux pour la dilatation… Je crois à l'imprégnation. »

Il calme Staël, le libère de ce feu qui le ravage en lui montrant le chemin, en lui apprenant à aimer cette matière : la peinture. « Ce n'est pas assez de faire voir ce qu'on peint, aime-t-il à répéter. Il faut encore le faire toucher. » Et puis aussi : « Nous n'avons jamais de repos. Le présent est perpétuel. »

Quel est ce sage si serein qui prêche l'effort, la révolution des couleurs et de la matière ? De temps en temps, il passe rue Nollet. Nicolas pose une toile sur son chevalet. Braque s'assoit devant, déplie ses longues jambes, regarde, cligne des yeux. Pas de grands discours. Un signe de la tête vaut encouragement, voire approbation. Parfois une phrase tombe, longuement réfléchie. Un avertissement : *« Il ne faut pas que la main soit maîtresse. »*

Les gris de ce jeune peintre lui plaisent, cette matière sourdement travaillée par de brusques rehauts de carmin, des noirs comme des coups de dague. Parfois, il s'en veut de ne pas faire plus pour lui, de ne pas l'aider davantage. « Jacques, demande-t-il un jour au père Laval, vous devriez aller voir Staël. Je vous en ai déjà parlé, ce jeune peintre malheureux comme tout. Il a du talent. Faites cela pour moi. »

La vie dure

« Plus tard, je serai au Louvre. » La phrase résonne encore dans la tête du père Laval. Chez tout autre, ces mots auraient paru non seulement déplacés, incongrus, mais déments. D'où vient qu'il les a accueillis comme une évidence, lui, Laval, fils de la grande bourgeoisie, fin, cultivé, ami des plus grands ?

Staël l'a ensorcelé d'un coup. Le personnage s'est imposé à lui. « Vous a-t-il séduit ? » lui demandera-t-on plus tard. Il rit toujours de cette question : « Il était un peu intimidant, vous savez. Il avait une telle autorité !

181

On ne lui tapait pas sur le ventre. Il avait une assurance formidable. C'était un loup, un grand seigneur raffiné. »

Staël le reçoit dans son domaine, l'hôtel particulier de la rue Nollet, devenu le champ clos de son aventure. Une étrange atmosphère de désastre se dégage de ces enfilades de pièces vides : au rez-de-chaussée, plusieurs sont devenues inutilisables. Nicolas y prélève son petit bois sur les planchers et les bibliothèques. Il ne reste plus guère de portes de communication. Dans la cuisine, plusieurs hautes piles d'assiettes sales trônent dans un équilibre incertain sur une table d'appoint. Une odeur de tabac froid et de térébenthine s'est incrustée dans les boiseries. Dans le jardin, seuls deux ou trois arbres, avec leurs bras nus et noirs, rayent encore tristement l'espace.

Au milieu de cet abandon, il semble au père Laval que Staël « trimbale une atmosphère, une chaleur et une imprévoyance grandioses ». Il a la misère royale, continuant de parler avec passion alors même qu'il est sur le point de défaillir de faim. Il accepte le don d'un sandwich du même geste que pour se saisir d'une tasse de thé. Avec naturel et élégance, remerciant avec un sourire et continuant de parler de l'essentiel.

Posséder ne l'intéresse pas. Alors même qu'il manque cruellement de couleurs, de vernis, de fixatifs, il compose à la va-vite un paquet contenant toutes ces merveilles et s'en va le déposer chez Magnelli. À quoi bon être riche si l'on ne flambe pas ? À quoi bon l'argent si ce n'est pour brûler la vie ? Les objets ne comptent que pour en jouir, en disposer à sa guise, les offrir. Seuls valent, dans le don, le geste et sa spontanéité.

Lui et le père Laval ne parlent jamais de Dieu. Ils parlent peu, du reste, partagent des silences et se comprennent. Le prêtre se jure de faire connaître cette peinture et ses sortilèges. Le peintre s'attache à ce dominicain singulier qu'il vient voir régulièrement à bicyclette dans son couvent d'Étiolles, à Corbeil, d'où l'on domine la Seine.

Un jour, le père Laval se fait prêter une camionnette à gazogène, passe rue Nollet, embarque Staël et quelques toiles : « Venez, on va monter une expo sauvage au couvent ! Il faut que les dominicains découvrent votre peinture. » Au couvent d'Étiolles, c'est la consternation. Les dominicains passent devant les toiles avec circonspection, les lèvres pincées, et se regardent avec gêne. Finalement, le supérieur s'approche du père Laval et l'admoneste : « Tout cela pourrait nous faire passer pour des idiots à Paris. Soyez bien gentil de remballer ça immédiatement ! »

Paris a faim. Paris compte ses tickets, ses bons d'alimentation. La petite Anne suce des morceaux de charbon pour calmer ses crampes d'estomac. Heureusement, Maurice Yver, un médecin-gynécologue devenu l'ami de la famille, passe régulièrement, distribue quelques conseils et des médicaments. Mais que faire sans farine, sans beurre, sans légumes ? Que faire sans le strict nécessaire ? « Chaque minute est trop dure à vivre, écrit Jeannine dans son carnet. Je n'en gâcherai plus pour le plaisir… qu'il soit des autres ou mien. » Jeannine et Antek se demandent toujours comment Staël tient le coup avec sa carcasse de géant.

Mais tient-il le coup ? Jean Bazaine le croise un jour, l'air perdu, hagard. Ils s'assoient à la terrasse d'un café. Bazaine lui donne les dernières nouvelles, parle peinture. Staël ne répond pas, le regard toujours vague, inquiet. Enfin Staël lui saisit le poignet, le serre et, d'un souffle, lui confie qu'il veut se supprimer.

« Ah non ! je vous en conjure, souffle Bazaine. Vous n'en avez pas le droit !

– Oh ! mais c'est un devoir…

– Rien ne peut autoriser un tel geste.

– Bazaine, vous ne comprenez pas, j'ai honte. J'ai bu tout le lait que nous gardions pour Anne. »

Au début du printemps 1944, le frère de Jean Deyrolle, Émile, qui possède une ferme et un élevage à Cordemais, dans la région de Saint-Nazaire, passe à Paris et propose à Jeannine de prendre avec lui Antek et Anne : « On a du beurre, là-bas, du bon lait. Ils se referont une santé. » Les deux enfants partent avec un ballot de linge.

Comment deviner que le débarquement des forces alliées en Normandie est maintenant si proche ? Paris vient à peine d'acclamer la visite éclair du maréchal Pétain, en avril, qu'il attend déjà le général de Gaulle…

Dans une lettre à sa sœur, Jeannine écrit : « Nous nous trouvons tous deux heureux et malheureux… très libres et bien nourris, tout étonnés de pouvoir manger les quelques bonnes choses que l'on achète en dehors du ravitaillement et que nous gardions toujours pour les petits. Mon cœur est plus régulier aussi. Nous travaillons et sortons plus. Allons enfin voir *Antigone* et *Le Soulier de satin*, dont je te donnerai des nouvelles. »

Les Alliés progressent vers Paris. Leclerc et ses hommes bivouaquent dans la région de Fontainebleau. Déjà les grands titres de la presse clandestine, comme *Combat*, sont quasiment en vente libre. Les 24 et 25 août 1944, des combats continuent d'opposer des groupes d'insurgés et les troupes d'occupation nazies. Les tirs les plus nourris sont échangés autour de la préfecture de police, à deux pas de la galerie « L'Esquisse ». Staël monte chaque nuit sur le toit de leur maison pour observer les bombardements, les tirs de fusées éclairantes. Il prend des croquis.

Le 26 août, Jeannine et lui sont dénoncés alors que Paris acclame le général de Gaulle. Une concierge assure les avoir vus tirer sur des résistants à partir du toit. Un groupe de FFI surgit chez eux, les plaque contre un mur et fouille l'hôtel particulier. « Vous faites erreur », dit simplement Nicolas. À la vue des journaux de la Résistance présents sur les tables, des toiles de Nicolas et de Jeannine dans l'atelier, les FFI comprennent et se retirent.

Dans Paris libéré, il marche avec Jeannine, tout à la fois radieux et absent. Lui, jeune, confiant. Elle, ombre fragile enlacée à sa taille. Ils sont l'image même de ces « amants maigres (qui) au lit mêlent leurs os », dépeints par Antek dans un poème. Ils sont la gloire et la misère, l'emblème de cette *Vie dure* dont Staël fera dans deux ans l'une des toiles majeures de cette période.

Antek, toujours lui, fabuleux chroniqueur de la vie quotidienne de Jeannine et Nicolas, a décrit la mascarade de Staël cherchant à fuir les créanciers :

Brandissant la quittance
L'employé du Gaz
Frappe toujours
Cela dure...
L'employé du Gaz
Cesse de frapper
L'autre attend,
Cela dure...
Soudain, en même temps,

Ils prennent leur œil
Et le mettent dans la serrure
… Contact
« Je vois ton œil », crie le gazier.
« Ce n'est pas le mien »,
Répond l'autre.

Serait-ce dans ces dialogues de dupes que Staël a cultivé l'art de la fabulation ? Le mensonge, chez lui, devient souvent poésie. Un art de conteur oriental. Une représentation du monde qui en vaut une autre. Jeannine, à cette époque, écrit dans un carnet où elle consigne ses notes : « J'ai confié ma vérité/à un menteur-né/qui jamais ne pourra la dire./Il la vivra./Son génial mensonge au monde/la rendra palpable. »

En attendant, la faim est souvent une obsession plus forte que le travail. Parfois la nécessité de s'habiller mobilise toute l'énergie. Pendant des jours, Staël demeure à l'affût. Un bonhomme du quartier lui a légué sa belle paire de chaussures en cuir. Sa mort est attendue d'un moment à l'autre. Staël patiente. Ils ont la même pointure…

Il lui faut bien des chaussures pour aller récupérer Anne et Antek bloqués dans la poche de Saint-Nazaire encore tenue par les Allemands. Il part en voiture avec son amie Nathalie de Heering, assistante de Jeanne Bucher. Là-bas, ils franchissent à vélo la ligne de front, à leurs risques et périls, mettent la main sur les enfants et se replient en bon ordre. Opération commando réussie !

Paris libéré acclame la jeune peinture. Paris découvre ses peintres pour les encenser ou les siffler. Au Salon d'automne, le comité directeur fait place nette pour

Picasso. La salle d'honneur lui est réservée. Une semaine avant l'ouverture, il fait déposer en vrac plus de soixante-dix tableaux. « Écoutez, dit-il à Charles Walch et Jean Marzelle, vous allez les accrocher parce que j'en suis incapable ! » Les murs se mettent à danser, l'espace se distend. Sur trois rangs, une quarantaine de Picasso finissent par trouver place.

Un choc formidable, après cinq ans de censure et de silence, cinq ans de disette culturelle. Qui connaît alors ce « dégénéré » interdit de cimaises, sinon un public averti ? La presse nazie s'interrogeait gravement sur sa malformation rétinienne. Le collaborateur Robert Brasillach renvoyait sa période cubiste au rang des « farces pour Américains gobeurs ». Les musées français se sont non seulement refusés à acheter avant-guerre quelques-unes de ses toiles, mais continueront de refuser tout don de l'artiste jusqu'en 1947 ! *Les Demoiselles d'Avignon* remontent à 1907…

Le jour de l'ouverture, des milliers de visiteurs envahissent le Salon. L'étonnement et l'indignation fusent. Des groupes de jeunes protestent, sifflent, scandent : « Décrochez les Picasso ! » Certains tentent d'arracher les toiles. Des peintres s'interposent. Des coups sont échangés. Le critique Waldemar George traite les protestataires de fascistes.

Dans une autre salle, les jeunes peintres de la deuxième génération de l'abstraction exposent pour la première fois. Il y a là Singier, Manessier, Bazaine, Le Moal et Staël dans une farandole héroïque. Mais leur entrée est encore timide.

Ils ont tout à prouver, alors que les pionniers de l'abstrait s'en vont doucement. Le 13 décembre 1944, tandis que les armées alliées approchent de la frontière allemande, que Bonny et Lafont, les deux chefs de la Gestapo française, sont condamnés à mort à Paris, et que le général de Gaulle vient de signer le pacte franco-soviétique à Moscou, Vassili Kandinsky s'éteint à l'âge de soixante-dix-huit ans dans son appartement de Neuilly.

Le jour de son enterrement, tous ses amis et connaissances se retrouvent dans l'église orthodoxe de la rue Daru : sous le porche, chacun reçoit, au moment d'entrer, une bougie qu'il faut allumer à la flamme tendue par son voisin. En face de l'autel, Staël s'allonge sur le dallage froid, face contre terre, avec André Mikhaïlovitch Lanskoy. En signe d'hommage, en signe d'humilité devant la mort et devant Dieu. À la fin de l'office, ils porteront avec d'autres Russes exilés le mince cercueil sur leurs épaules.

« Pourquoi pas Françoise ? »

« Où sont formés les meilleurs professeurs de français ?, demande Staël à Pierre Reverdy.
– À Normale sup, répond le poète.
– Rue d'Ulm ?
– Rue d'Ulm. »
En ce mois de novembre, Nicolas traverse la Seine, se dirige d'un pas assuré vers la rue d'Ulm, passe devant la loge du gardien, coupe le jardinet, entre dans le bâtiment principal en pleins travaux de réfection, commence à pousser au petit bonheur quelques portes et se retrouve dans la chambre d'un étudiant. « Que cherchez-vous ? Pour rejoindre le chantier, vous pouvez passer par la fenêtre… », lui suggère le locataire des lieux.

Staël sourit :

« Je cherche un professeur.

— Adressez-vous à la loge du gardien.

— Êtes-vous normalien ?

— Oui.

— C'est parfait. J'ai besoin d'un répétiteur pour donner des cours à un garçon de treize ans. Vous pourriez vous en charger ?

— Je ne suis pas pédagogue.

— Eh bien, vous essaierez ! »

Pierre Lecuire repousse sa chaise, considère l'étrange visiteur en pantalon de toile, s'apprête à refuser fermement, et accepte. On ne refuse rien à Staël. Le lendemain, le jeune normalien reçoit Antek, sonde ses connaissances et lui tend un volume de Saint-Simon :

« Lisez, essayez ensuite d'en faire un pastiche et revenez la semaine prochaine. Alors nous aviserons... »

Une semaine plus tard, Antek revient. Pierre Lecuire lit son devoir, stupéfait :

« Votre pastiche est extraordinaire. Faisons un peu de grammaire et, pour la semaine prochaine, vous tenterez de faire un pastiche de Proust. »

La semaine passe, Antek revient, son pastiche à la main. Pierre Lecuire le lit, l'interroge sur des questions de grammaire, réfléchit quelques secondes et lui dit :

« Écoutez, Proust n'aurait pas fait mieux. Mais vous ne serez jamais bachelier. Je ne peux vraiment rien pour vous ! »

Antek a perdu un professeur, mais Staël vient de gagner un compagnon à l'orgueil aigu, un jeune admirateur ombrageux et fidèle qui deviendra au fil des ans son Joinville, avec ce qu'il faut d'indépendance farouche, de sens critique et de lucidité acérée.

L'éducation d'Antek n'est pas terminée. Si Jeannine et Nicolas renoncent définitivement à tout projet scolaire classique pour lui, ils projettent de le lancer dans le monde et, pour commencer, en Angleterre. Il lui faut donc un professeur d'anglais. Un vrai pédagogue, cette fois. Nathalie de Heering, qui a passé une partie de la guerre à Londres, pourrait s'en charger. Mais la galerie Bucher requiert tout son temps et il serait délicat de le lui demander. Finalement, Jeannine lance à Nicolas : « Et pourquoi pas Françoise ? – Oui, pourquoi pas ! »

Françoise Chapouton vient de faire une entrée discrète dans le cercle des amis de la rue Nollet. Elle a dix-neuf ans, de la gaieté, la volonté de découvrir Paris. Elle a débarqué sur les quais de la gare de Lyon il y a tout juste quelques semaines avec une cousine, laissant sa famille à Saint-Jean-de-Maurienne. Des Alpes à Paris, elle a découvert la France de l'après-Libération, cette France blessée par la guerre, avec ses ponts effondrés, ses locomotives à bout de souffle suintant l'huile et crachant la fumée. Un oncle, une tante et une ribambelle d'enfants l'ont accueillie dans leur immense appartement de la rue de Rennes. Bientôt, une cousine l'entraîne au 54 de la rue Nollet : « Viens, on va aller dire bonjour à Jeannine Guillou et Nicolas de Staël. Ils sont très gentils. » Le lien familial qui les rattache à Jeannine est lointain mais sûr. Les deux familles sont apparentées depuis le XVIIIe siècle et n'ont jamais perdu le contact : l'une et l'autre familles d'origine provençale, enracinées dans la région d'Uzès et de Grignan.

Jeannine et Nicolas ouvrent leur porte à ces deux jeunes filles qui découvrent, sans y prêter grande attention, cet intérieur « vide, nu ». Elles entrevoient des tableaux qui les laissent étonnées et perplexes.

Mais l'essentiel est ailleurs. Alors que le froid lacère les oreilles au-dehors, que la neige a recouvert le jardin devant la maison, un bon feu réchauffe la maisonnée. Jeannine parle avec elles comme à des égales. Elles racontent leurs projets, les études de droit qui les attendent à la faculté du Panthéon, leurs découvertes. Nicolas écoute, « très saisissant ». « On ne pouvait pas ne pas le voir », dit Françoise.

Dans cette maison chaleureuse et dévastée, les deux cousines reviennent, invitées à dîner avec Jean Deyrolle, Simone Robin et l'un de ses frères qui fabrique des crèmes de beauté, luxe inouï pour l'époque. Elles croisent le peintre Lanskoy, la comédienne Jandeline, mince figure de cire élégante et diaphane qui apporte l'atmosphère du Tout-Paris dans cette demeure déglinguée et récite du Mallarmé comme d'autres fredonnent le dernier air de Maurice Chevalier. On organise des dînettes avec un lapin dûment occis, apporté par un ami, ou un poulet arrivé en contrebande à la cuisine. Antek, plus que jamais expert en troc, fournit l'office en corned-beef.

« Et pourquoi pas Françoise ? » La petite cousine leur a dit qu'elle apprenait l'anglais en prenant des cours particuliers auprès d'une jeune Américaine qui a rejoint son mari en France. « Oui, pourquoi pas ? » Françoise accepte de se rendre une fois par semaine rue Nollet et d'inculquer au jeune Antek les notions toutes fraîches qu'elle vient elle-même de recevoir. Cette fois, le cancre génial apprend et retient. Ces rudiments d'anglais sont autant de pépites pour le jeune poète qui commence à fréquenter des amateurs de jazz américains installés à Paris.

Durant quelques mois, Françoise Chapouton devient ainsi une familière des Staël. Il lui arrive d'accompa-

gner Jeannine au cinéma, de fréquenter quelques galeries, de se rendre chez Jeanne Bucher. Et puis, les cours
d'anglais s'arrêteront. Alors les liens se distendront un
temps, pour renaître plus tard.

« *Très cher Bauret* »

Jeanne Bucher s'est avancée d'un pas décidé. Cette
passionnée s'est machinalement emparée d'un long
coupe-papier sur son bureau et s'emploie énergiquement
à gratter une tache sur la manche de la veste d'un jeune
amateur venu lui rendre visite. Jean Bauret s'amuse intérieurement, tente de retirer son bras – « Laissez, laissez, ce n'est rien ! Juste un peu de purée de pommes de
terre ! » –, mais Jeanne Bucher ne désarme pas. Tout en
s'escrimant sur la tache, elle répète, convaincue :

« Sa palette, c'est du velours, du velours…

– Oui, oui… En fait, je parlerais plutôt de pâte dentifrice. Oui, une merveilleuse pâte dentifrice !… »

Jeanne Bucher relève la tête une seconde.

« Du velours, Bauret ! »

Jean Bauret se retourne vers un grand format, *Gare
de Vaugirard*, scrute le tableau, se recule encore.

« Il faut les voir de loin. Que de progrès depuis sa
première exposition ! »

Il repasse devant *Les Rayons du jour* et ses carmins
enchâssés dans un noir d'ivoire profond où ricoche la
lumière. Jeanne Bucher se retourne vers sa secrétaire,
Marthe Bois, et murmure comme pour elle-même :

« C'est mon préféré. »

C'est la deuxième fois que Bauret visite l'exposition.
Il prend son temps, savoure. Le 5 avril 1945, pour le

vernissage, on se marchait littéralement sur les pieds. Il était venu par politesse, mais aussi poussé par son besoin de jeune peinture, une nécessité de voir, de se plonger dans des espaces qu'il sait sonder d'un œil rapide et inquisiteur. Il avait salué Lanskoy, Magnelli, Nina Kandinsky, Charles Lapicque, Jean Dubuffet, Jean Le Moal, Édouard Pignon et tant d'autres. Il s'était promis de revenir. Promesse tenue. Avec une autorité étonnante, il adresse alors à Staël une lettre de conseils où il analyse un à un les différents paramètres classiques d'un tableau.

Le trait? « Il est encore un peu froid, neuf. Cassez-le, comme un chanteur casse sa voix. Pour chanter il faut vaincre sa voix non sans peine, pour après la laisser renaître, se retrouver dans un naturel nouveau. »

La composition? « Dans un des tableaux, la pâte dentifrice, l'élixir dentifrice, la salive et le sang des gencives, tout cela s'associe, se combine, prend corps, âme, unité, bouge ou va bouger ou promet de bouger une autre fois; ça devient très intéressant surtout si ce n'est pas cher, mais la peinture pas chère est maintenant hors de prix si bien que je n'ai pas osé demander le prix à Mme Bucher... »

Qui se cache donc derrière cet esthète? Un amateur présomptueux? Un collectionneur avare? Un snob? Tout le contraire : Jean Bauret, qui a le chic négligé de la vieille bourgeoisie de province, est un amateur éclairé, mieux qu'éclairé, une sorte de détecteur de talents, connu des seuls grands marchands. Il dirige l'antenne parisienne d'une usine familiale située à Erquinghem, dans le Nord, qui produit en série des draps de lin et du tissu d'ameublement. Depuis quelques années, la Société industrielle de la Lys a ouvert une galerie d'exposition commerciale sur les Champs-Élysées et travaille avec une manufacture, à Puteaux. Jean Bauret commande à des peintres des cartons à partir desquels il fait réaliser sur de très belles étoffes leurs motifs. Sans l'avoir prémédité, il s'est tourné instinctivement vers les peintres abstraits à partir de 1942-1943. Vassili Kandinsky, le pionnier, a accepté de dessiner pour lui. Et puis Poliakoff, Lanskoy, Charchoune ont fait de même.

Les jeunes artistes apprécient son coup d'œil. Mieux, ils le recherchent. Car Bauret sait véritablement « regarder » un tableau, comprendre les recherches et les tâtonnements d'un peintre, le guider sans que ses remarques apparaissent déplacées. Geneviève Asse, jeune peintre encore figurative, est devenue son amie, ainsi que Bram Van Velde. Avec tact, il leur achète des tableaux, leur donne de la toile de lin pour peindre.

Dans la discrétion la plus totale, Jean Bauret regroupe ainsi autour de lui quelques-uns des maîtres de la deuxième génération des abstraits, les aide, les pousse, les finance. C'est pour eux qu'il organise des fêtes à son domicile du 33, rue d'Artois. Une fois par mois, un concert ou un dîner réunit tous ses amis. Tantôt un quatuor interprète du Ravel et du Debussy, ou encore Poliakoff joue de la balalaïka ; tantôt on expose les derniers tableaux de Braque. Dans ce petit cénacle amical, on croise des sculpteurs, des musiciens, des écrivains. C'est là que Geneviève Asse, Bram Van Velde et Samuel Beckett feront connaissance.

Staël ne s'intègre pas. Il passe, énigmatique. « Il ne se faisait pas remarquer, note Geneviève Asse. On le remarquait. » « Qui est-ce ? demandent souvent les invités. – Staël. Je vous le présenterai. » Mais Staël est déjà parti, ailleurs, pressé.

194

Exclusif, Staël ne s'accommode pas facilement des groupes. Il veut choisir. Il laisse Bauret lui faire sa cour : « Je pense à vous et à votre aventure dans les rectangles. Je suis persuadé que vous découvrez un univers où je devrais me plaire. » Il refuse ou néglige certaines invitations : « Très cher Bauret, j'ignorais être invité samedi et je vous aurais certainement écrit que je ne viendrais pas. La promenade en barque ne me tente pas. Je suis très absorbé par le travail… »

La rencontre, lorsqu'elle aura véritablement lieu, dégagée de toute mondanité, n'en sera que plus forte.

Insensiblement, Staël se surprend à écouter Bauret qui « entre » dans sa peinture. L'industriel et le peintre apprécient de se retrouver au calme, à la campagne. Bientôt, Staël prend le chemin de la petite résidence de Fontenay-Mauvoisin, sur un plateau qui domine la Seine, en aval de Paris. Au milieu d'immenses champs qui forment un grand plan incliné, ils passent des week-ends rustiques dans cette maison sans eau ni électricité. Parfois, sans invitation, Staël apparaît aux aurores, le dimanche. Il prend le premier train pour Mantes-la-Jolie, saute dans l'autocar qui assure la correspondance et se fait déposer au village. Là, il patiente sagement dans le champ face à la maison, serré dans un grand manteau de cuir noir. Il se moque du froid, de la brume qui l'enveloppe. Il attend que les volets s'ouvrent et, lorsque la maison se réveille, fait de grands gestes avec ses bras immenses. Alors seulement il s'approche, rit, secoue un tableau qu'il avait posé à terre, entre et embrasse toute la famille.

Il amène toujours avec lui un air de fête, une tension, une fébrilité d'action, une demande pressante d'affection.

« Ah ! quel plaisir… Venez, Jean, venez à la lumière. Regardez ! »

Il pose sa toile contre le mur de la cour.

« Comme ça, regardez !

— Mais prenez d'abord un café, vous êtes gelé !

— Jean, fais-le asseoir une seconde, je t'en prie, il n'a rien dans le ventre ! insiste Hélène Bauret.

— Après, après. Il faut que Jean regarde ! »

Bauret se rapproche, s'accroupit, regarde intensément. Un examen impitoyable commence. Scrupuleux. Rapide. Comme deux enfants maniant la terre glaise, ils respirent du même souffle, à l'unisson. Ils sont seuls, le nez dans l'herbe, alors que le soleil se lève à l'horizon.

Le chaos des mortels

« Les Galeries Lafayette sont heureuses de vous accueillir ! » Sans désemparer, la jeune fille répète sa phrase d'accueil. Il est dix-huit heures, boulevard Haussmann, à Paris, et le grand magasin abrite le premier Salon de mai libre… Sur le grand boulevard, des badauds ralentissent le pas, surpris par les couples bohèmes qui se hèlent et s'engouffrent à cette heure tardive dans l'immense bâtiment. Autour de l'entrée principale, on s'embrasse, on rit, on se fait des reproches – « Tu ne fais jamais signe… » – et des compliments – « C'est vraiment très gentil d'être venu ! ».

À travers les stands du magasin recouverts de housses, on canalise les visiteurs vers l'escalier central. « Il faut monter, messieurs-dames. L'exposition a lieu au dernier étage ! » Là-haut, Paris est à leurs pieds ; sur les murs attendent près de cent cinquante tableaux. Toute la jeune peinture au garde-à-vous, fière de se montrer : Oscar Dominguez, Alfred Manessier, Jean René Bazaine, Édouard Pignon, Francis Gruber, Pierre Tal-Coat, Gustave Singier, Georges Dayez et Staël, bien sûr.

Gaston Diehl, l'organisateur, s'approche du micro : « Nous étions l'année dernière dans les catacombes, je veux dire dans les sous-sols de la galerie Pierre Maurs, avenue de Matignon. L'exposition était clandestine. Je ne peux aujourd'hui inaugurer notre deuxième Salon de mai sans rendre hommage à tous ceux qui ont eu le courage, dans l'adversité, d'affronter le destin. » Applaudissements.

Le directeur des Galeries Lafayette se glisse près de Gaston Diehl : « Juste un mot avant de vous laisser admirer les tableaux et boire un verre. Nous sommes heureux d'avoir pu vous prêter ces locaux. L'art, ici aussi, doit se sentir chez lui. Notre métier est de vendre, mais il est aussi de faire connaître. Votre peinture le mérite ! »

Dans ces greniers aux poutres métalliques, les tableaux sonnent comme des notes de musique. Les bleus, les rouges, les blancs les plus éclatants vibrent. Mais, pendant qu'une véritable cohue se presse autour du buffet qui paraît pantagruélique aux exposants et à leurs proches, deux peintres s'approchent insensiblement de la toile numéro 109, au fond de l'exposition. Un grand format horizontal aux formes géométriques, *Astronomie-Composition*, signé Staël. Le tableau semble les aimanter. Ils avancent à pas comptés, irrésistiblement tourmentés, à vrai dire, par une fascination mêlée de rejet.

L'un d'eux sort discrètement de sa poche une lame de rasoir et, après s'être assuré que personne ne le regarde, fend sur plusieurs centimètres la croûte encore fraîche d'une poche de rouge de cadmium. Alors, avec beaucoup de soin, il approche une feuille de papier huilé, presse légèrement la croûte et prélève une bonne coulée du précieux pigment. D'un coup d'œil circulaire, il survole la foule des visiteurs encore toute proche du buffet et s'éloigne discrètement du tableau. Ni vu ni connu.

Personne n'a repéré l'acte de vandalisme. Mais, à sa manière, il révèle déjà à quel point Staël se différencie, suscite jalousie et incompréhension, et provoque le scandale par sa *dépense* de peinture. Alors que son aîné Magnelli commence à être reconnu avec éclat, que les noirs austères de Soulages sont remarqués, la tension des toiles de Staël surprend et émeut. Dans une lettre du 28 mai 1945 à Vieira da Silva réfugiée au Brésil, Jeanne Bucher confie ses goûts : « J'aime le plus Lanskoy et Nicolas de Staël qui sont les plus abstraits, qui ne suivent ni Matisse, ni Bonnard, ni même Picasso (…). J'observe ces peintres, et ceux qui resteront le plus seront ceux que leur vision intérieure terrasse. »

Staël peint dans la douleur. Au dernier moment, il retient toujours sa toile sur le chevalet, la reprend, finit par abattre avec autorité sa brosse sur elle au point de la faire vibrer sur son châssis, de la tendre comme une voile se gonfle sous l'effet du vent. Il puise avec ferveur dans la gamme des gris du Nord, ces gris si subtils dont personne n'est parfaitement maître avant des années de métier. Il leur superpose des teintes en dissonance qui composent un festin de couleurs. De son pinceau coule alors en saccades le sang de sa peinture.

Toute son énergie se concentre sur la matière. Dans le secret de son atelier, il invente une pâte unique, luxueuse, impudente. Des couleurs sobres et automnales, et puis des carmins et des noirs d'ébène profonds, des tons rompus. Pierre Lecuire le découvre devant sa toile, muet, concentré : « Il y a un côté "je ne réponds de rien", un côté "peint les yeux dans les mains", disons grand seigneur, volontiers gaspilleur, vide-tubes, insouciant, inconscient, qui fait penser à l'ivresse de Noé, et d'autre part, un côté savant, circonspect, rusé… »

Que la couleur soit ! Là où un peintre presse parcimonieusement sur son tube, il appuie furieusement. Pour l'essentiel, il n'a jamais pu se résoudre à compter. La notion d'économie lui est étrangère. Les pigments les plus précieux, les teintes les plus rares doivent couler comme le miel. Il achète en gros de la peinture en pot et les rouges de cadmium les plus chers.

Cette furie de couleurs passe alors pour de la débauche. Elle irrite ses pairs qui la perçoivent comme un mépris de leur travail. Rares sont ceux qui comprennent qu'elle est devenue pour lui vitale, élément fondateur de sa manière de peindre. Il crève de faim, et les siens avec lui, mais couvre la toile des pâtes les plus somptueuses. Le geste va bien au-delà du défi. Il est dément, sacré. Sans lui, pas de peinture. Toujours il posera ses pinceaux lorsque la couleur lui fera défaut. D'où sa « lenteur », le petit nombre de tableaux qui sortent de son atelier. Et son angoisse.

Comme Fautrier ou Dubuffet, il travaille sur de profondes couches d'apprêt ou d'enduit, dispose ses couleurs généreusement, ne respire que dans l'épaisseur de la matière. Comme eux, il forge un univers touffu pour tenter de ressaisir le monde… Mais, pauvre survivant d'un empire disparu, héritier d'un lointain saccage, il cherche aussi à étouffer une plainte sans cesse refoulée. Pour se protéger, ses toiles se hérissent de barres noires, de lances sombres.

Depuis combien de temps a-t-il délaissé l'usage des petits pinceaux qui semblent entre ses mains de minuscules crayons ? Instinctivement, il cherche des outils nouveaux qui conviennent à sa boulimie de matière. Il adopte des brosses, choisit de larges couteaux à peindre, des racloirs.

Un jour, la galerie Bucher lui adresse un jeune dandy : Daniel Cordier. Personnage saisissant, improbable, mais bien réel. Il n'a pas trente ans et vient de quitter les services spéciaux. Ancien de la France libre, il a été le secrétaire-assistant de Jean Moulin jusqu'à l'arrestation de Caluire, en juin 1943. La guerre est finie. Une autre vie commence. Il veut peindre et collectionner. Il frappe à la porte de Staël pour lui demander conseil, regretter à haute voix de n'avoir pas eu le temps d'apprendre à dessiner. Staël écarte les bras, chasse l'argument :

« Ce n'est pas grave. Ce qui compte, c'est ce qu'on sort de soi. L'important n'est pas de bien dessiner une pomme, un pot, c'est de sortir un morceau de peinture. Vous peignez avec quels pinceaux ?

– …

– Quels numéros ?

– Des petits. »

Staël se lève, part dans un coin de son atelier, prend une énorme brosse et se retourne :

« Il faut peindre avec ça, monsieur Cordier. Il ne faut pas utiliser plus petit. Vous la trempez dans la peinture et vous y allez ! Vous tapez dans la toile ! Il ne faut pas hésiter. »

Staël professe l'énergie. Il médite l'exemple de Courbet qui avait opté pour le couteau. Il se rappelle ce qu'en disait Cézanne : « Courbet est épais, sain, vivant. On a la bouche pleine de couleurs. On en bave ! »

Comme eux, il entend bien saisir la vie au plus près en préparant dans ses bidons des jus uniques. Il traque sur sa palette les reflets de la nuit, piste les étoiles. On le dit abstrait ; lui-même a eu cette faiblesse, durant quelques années, de revendiquer le terme. Mais, au plus profond, que lui importe ? « Je veux que mon tableau, mon dessin soit comme un arbre, une forêt, explique-t-il à son ami Roger Van Gindertael. On passe d'une ligne, d'un trait fin à un point, une tache, comme on passe d'une brindille à un tronc. Mais il faut que tout se tienne, que tout soit en place. »

Il est ce peintre fou de peinture, cet absolutiste-né prêt à tous les sacrifices. Ses empâtements, ses coups de brosse, ses brusques générosités sur la toile traduisent le chaos des mortels et luttent désespérément pour faire contrepoids au monde. Il y a là toutes les strates de sa mémoire, offertes et aussitôt enfouies, tout un refoulé à nu.

Ses proches deviennent dans ses compositions une vue à partir de la fenêtre de son atelier ou une presse à bras posée dans un couloir. Ce que Paul Klee appelle être « abstrait avec des souvenirs ». Staël laisse dire, comme il laisse à Jeannine ou à Jeanne Bucher le soin de donner un titre à ses tableaux. Littérature... Seuls l'intéressent l'espace, la matière, cet âpre combat pour restituer au monde son univers perdu.

De chambre en meublé

Mais l'espace se raréfie brutalement en avril 1945. Les impayés accumulés depuis plus d'une année s'abattent sur Jeannine et Nicolas. *« Je vois ton œil, crie le gazier./*

Ce n'est pas le mien, / Répond l'autre. » Le poème d'Antek résonne soudain plus cruellement. Est-il encore possible de ruser quand tout s'effondre ?

Coup sur coup, on menace de leur couper l'électricité, le gaz et l'eau. L'hôtel particulier de la rue Nollet prend de la gîte. Staël court Paris pour tenter de réunir l'indispensable. Le 18 avril, il prend sa plume et écrit à un ami : « On coupe l'eau et le gaz demain, tout tombe en même temps et je ne puis presque rien. Donnez deux mille francs à Antek jusqu'à lundi. Pardon et merci. » Simple sursis. Il faudra bientôt quitter le beau navire dépareillé.

En juin, la petite famille émigre et éclate provisoirement. Antek est hébergé par Jean Deyrolle dans son atelier de la rue Daguerre. Jeannine prend ses dispositions pour partir avec la petite Anne dans les Alpes, à Saint-Gervais, à deux pas de chez son amie Jeanne de Cardaillac. En attendant, elles trouvent refuge avec Nicolas dans un minuscule studio, au 13 *bis* de la rue Campagne-Première, à Montparnasse.

Pour tous meubles, il leur reste un matelas roulé dans un coin le jour et déplié la nuit, une petite table noire de Pierre Chareau... Dans l'unique pièce transformée en étuve par le soleil qui tape sur le toit, Nicolas a peine à étendre les bras : un couloir de 1 mètre de large sur 2,50 de long permet juste de ranger quelques châssis ; l'étroitesse de la chambre – de 1, 50 mètre sur 3 – le prend à la gorge. Il peste, enrage contre cette « mansarde à nains » dans laquelle il étouffe.

Le père Laval découvre plus d'une fois Jeannine épuisée, la petite Anne enrhumée, Nicolas livide, au bord de l'inanition. Le dénuement le plus extrême le cerne. Pour narguer le destin, il peint sur des draps tendus sur des châssis qui cognent contre les murs. Dans ce lieu misérable, il hume comme un élixir les odeurs fortes de la peinture, s'essuie les mains sur sa veste et son pantalon, devient lui-même une partie de son tableau sauvage. Il ne vend pas, ou si peu. Seule Jeannine possède la certitude que, plus tard, « les musées et les amateurs se chamailleront pour avoir des tableaux de Nicolas ». Lorsque Hector Sgarbi émet un doute, laisse simplement percevoir une légère incrédulité, elle le reprend : « Tu verras ! »

« Je traverse sa solitude, écrit le père Laval. Souvenir de ces heures de confiance, d'admiration, de lutte commune, d'effroi aussi. Il est différent des autres, il vient d'autre part. Fier, généreux, excessif, violent. L'envergure de ses ailes et le pointu de ses dents. Son acharnement. Sa cruauté envers lui-même… »

Au milieu de ce désert, la parution du recueil de poèmes d'Antek permet de rembourser les plus grosses dettes. La préface de Reverdy, la lithographie originale de Braque et le tirage limité à cent exemplaires attirent les bibliophiles. Les parents, les amis et les proches se donnent le mot. Braque lui-même s'offre un volume ! Mieux, il confie l'adresse de Staël à l'un de ses amis collectionneurs, Humberto Stragiotti, pour qu'il aille acheter un exemplaire. Le jeune Marc Yver, qui représente à Paris la revue suisse *Le Labyrinthe*, de l'éditeur Skira, sacrifie lui aussi à la tentation : « Trois mille francs, c'est un peu cher, mais c'est trop beau, tant pis ! » note-t-il dans son journal.

Dans le sillage de ces amitiés surgissent trois poètes-écrivains : Georges Limbour, Maurice Saillet, René de Solier. Figures de passage, qui réchauffent Staël. Limbour, qui l'hébergera quelques jours chez lui, rue

Lhomond, ami de collège du peintre Jean Dubuffet et proche d'André Masson, regarde amicalement sa peinture et envisage d'écrire un article. « J'ai vu Limbour avant-hier soir, il ne pourra donner son papier avant quatre ou cinq jours, il faut donc patienter un peu », écrit Staël à Marc Yver, le 7 juin. Quelques jours plus tard, Staël reprend la plume : « Je serai heureux que vous preniez des photos chez moi, cela aussi vite que possible pour l'article de Limbour qui ne va plus tarder maintenant. » À la mi-juillet, l'article arrive, mais signé René de Solier…

Dans une lettre à Olga de Staël, Jeannine résume leur budget : « Il peint des toiles plus grandes que lui, dépense 10 000 francs par mois de couleurs, en gagne à peu près 25 000 et prend tant de place à tous points de vue que j'ai complètement cessé de travailler, n'ayant pas trop de toutes mes forces pour le soutenir dans une lutte passionnante et souvent dure… »

Fin juillet, Staël sort de sa « mansarde à nains » pour se creuser à nouveau un trou dans l'atelier du sculpteur Pompon, comme avant-guerre. Puis l'errance continue, exténuante. Jeanne Bucher a embarqué pour New York dans l'espoir d'y faire connaître « ses » peintres. Seules de rares amitiés, comme celle d'un jeune ingénieur, Jean Adrian, qui apprécie sa peinture et conteste certains de ses propos à l'emporte-pièce, l'éclairent alors.

« Il me déplairait beaucoup et malgré votre insistance que vos œuvres fussent le résultat avoué de l'inconscience, écrit-il à Staël. (…) Ne niez donc pas la raison. Personne ne vous en saura gré et, à vous croire sur parole, on aurait tôt fait de vous rabaisser au niveau d'un peintre d'instinct. »

Nicolas accepte la discussion :

« Je relis parfois votre lettre et, ne pouvant y répondre complètement, j'éprouve chaque jour un besoin absolu de vous dire malgré tout combien elle m'a touché. C'est en tout cas la plus grande preuve d'amitié que mon travail ait reçue jusqu'à ce jour. J'avais écrit ces "remarques" facilement, et je vous remercie de m'avoir rappelé que rien de bien ne peut m'être facile (…). Pour moi, l'instinct est de perfection inconsciente, et mes tableaux vivent d'imperfection consciente. Je n'ai confiance en moi que parce que je n'ai confiance en personne d'autre et je ne puis en tout cas pas savoir moi-même ce qu'un tableau est ou n'est pas, et fabriquer de nouvelles constantes avant de peindre. Il faut travailler beaucoup, une tonne de passion et cent grammes de patience. »

Une chute qui a valeur de credo.

Mais rien ne peut vraiment se construire dans la misère. Staël tente de calmer sa faim en fumant la pipe, tandis que la peinture le dévore et le chavire. « Tu veux que je pense à la peinture plus qu'à toi, lui répond Jeannine, recluse dans les Alpes. Mais, pour l'instant, j'ai plutôt l'impression que toute idée venant de moi te gênerait dans ton corps à corps avec le boulot. »

Au mois d'août 1945, Jeannine prend ses quartiers à Concarneau, Antek rejoint Saint-Gervais où il retrouve Simon de Cardaillac. En septembre, Jeannine revient à Paris. Avec Anne, le couple tangue, roule de chambre en meublé. « Nous n'avons trouvé ni logement ni atelier et Nicolas est épuisé, parce que le travail dans ces conditions est épuisant. Cela pousse à l'envie d'aller plus loin dans le mal, à la destruction de soi-même et des autres… pour laquelle il a déjà bien assez de tendances », confie Jeannine au père Laval, le 13 septembre.

Enfin, grâce aux interventions d'Hector Sgarbi, ils trouvent refuge dans l'un des ateliers d'Oscar Dominguez.

C'est au 83 boulevard du Montparnasse, au fond d'une cour : on y accède par un escalier de bois abrupt pour découvrir une pièce, une soupente, un point d'eau, un poêle et quelques vestiges encore chauds et terrifiants du peintre surréaliste. Les revolvers, les téléphones, tous ces songes obsessionnels d'Oscar le magnifique reposent là sur des toiles. Au beau milieu, *Le Taureau fantôme* fixe ardemment les visiteurs.

Staël reprend confiance. Il trace à la plume, sur de grandes feuilles, des écheveaux de lignes rompues. Dans l'obscurité des salles de cinéma où il se réfugie pour avoir chaud, il croque au fusain les scènes de bataille en noir et blanc des grands films soviétiques sur la guerre. « Au rythme de la projection ou presque, il dessine tandis que ses yeux ne quittent pas l'écran. Chaque soir, c'est une trentaine de croquis extraordinaires », raconte Antek.

Lors de la séquence des actualités cinématographiques, il dessine aussi à grands traits sur son calepin les monceaux de cadavres filmés par les cameramen américains dans les camps de la mort. Quel mystère cherche-t-il à percer dans la représentation de ces amas de corps glacés ? Quelle peur tente-t-il d'exorciser ?

« S'il m'arrive quelque chose... »

Le repos à Saint-Gervais, l'air iodé de Concarneau, rien n'y a fait. Dans la rue, alors que Jeannine s'immobilise pour reprendre son souffle, un couple s'arrête, propose de l'aider, lui dit qu'il lui faut s'asseoir. « Vous revenez des camps ? » l'interroge-t-on avec douceur, tant sa maigreur est frappante.

Non, elle survit péniblement à des années de privation, à une anémie générale et à une santé fragile. En octobre 1945, à bout de forces, elle est hospitalisée d'urgence à Suresnes pour une pleurésie. Elle y reste un mois, parmi les « tubards » et les « osseux ». Une sorte de quartier des mourants…

Pour revivre, il lui arrive de faire le mur. Elle part alors « faire la bombe en ville avec une copine à qui on a scié dix côtes ». Dans une lettre à sa sœur, Jeannine résume la situation : « Un mois ce fut bien – plus eût été démoralisant. On m'a trouvé finalement le cœur vachement vicieux, mais les poumons vierges. Ma pleurésie s'est vite guérie. Maintenant, repos et suralimentation. Je vais tâcher d'observer la consigne… »

Mais comment vivre au ralenti aux côtés de la foudre ? Elle veut vivre pour Staël. Sans entraves. « La conduite sentimentale de Kolia a toujours, envers moi, été plus que parfaite, malgré les nombreuses tentations dont de mauvais amis ont essayé de l'entourer, écrit-elle. Il a de l'amour la notion la plus profonde et la plus élevée qu'on en peut avoir et c'est peut-être à cause de cela que je pourrai lui pardonner n'importe quoi… Jusqu'ici, il m'a donné beaucoup plus que je n'ai jamais pu faire pour lui. »

Sa fatigue est telle qu'elle reste désormais presque tout le temps allongée. Mais son amour est si puissant qu'elle décide aussi d'avoir un nouvel enfant avec Staël, de porter un fils en elle, pour lui.

A-t-elle pleinement conscience de n'être plus qu'un souffle ? Sa famille et ses proches s'alarment. Pour le réveillon, elle s'oblige à accompagner Nicolas chez Hector et Marina Sgarbi où ils retrouvent le peintre Michel Kikoïne. Elle sourit, prend sur elle pour rester à table avec ses amis, se force péniblement à avaler quelques bouchées d'une dinde parvenue miraculeusement chez ses hôtes.

Jeanne de Cardaillac lui écrit pour demander qu'Antek la rejoigne à Saint-Gervais. Jeannine finit par céder : il passera l'hiver avec Simon.

Les premières semaines de l'année 1946 sont terribles, mais Jeannine reste enjouée. Dans ses lettres à Antek, elle lui donne les petites nouvelles parisiennes pour lui signifier que tout va bien : « Ici, rien de neuf. Lanskoy ne porte plus son melon parce que, dit-il, ça n'est plus la mode. [Louis-Gabriel] Clayeux est entré chez [le marchand Louis] Carré, et Jean Deyrolle paraît devenir très important. Il paraît que Jacques Duclos [du Parti communiste] est allé demander à Picasso de lui faire son portrait… un portrait bien ressemblant, avec les yeux en face des trous. Le Pablo a dit "oui", puis il est sorti de la pièce, comme mû par une envie de pisser… et il pisse encore. Alors Maurice Thorez lui a écrit une lettre pour lui dire qu'il n'appréciait pas ces façons de faire. »

Son humour voile son état de grande malade. Un jour, Staël et Françoise Chapouton se croisent par hasard rue de Rennes. Nicolas lui confie que Jeannine ne peut plus guère se lever et l'invite à passer la voir, à l'aider à faire les courses. Françoise rend visite à Jeannine, la découvre au lit avec la petite Anne, souffrante. Elle n'a plus que la peau sur les os. Ses yeux brûlent son visage. Son cœur peine à irriguer son corps. Début février, les médecins se font insistants : « Si vous portez votre enfant jusqu'au terme, vous ne survivrez pas. » Elle se résout à accepter un avortement thérapeutique. Françoise assurera l'intendance dans l'atelier et veillera sur Anne.

Pour l'heure, Jeannine continue de se battre. Le 15 février, elle fait part à Antek des dernières petites nouvelles : « Merci de ta lettre enthousiaste. Je l'ai passée à Braque à qui tu devrais quand même en envoyer une. Il va bien et vient de faire une vente importante à l'État (…). Nous allons déménager, Oscar réclame ses locaux et si un certain monsieur n'est pas un traître, nous emménagerons incessamment de l'autre côté de l'escalier, dans un atelier que je n'ai pas encore vu mais qui, selon Nicolas, est plus petit et plus "amour" que celui-ci. De toute façon, dans celui-ci, il n'y avait plus de place pour les tableaux… »

Le 20 février, on l'hospitalise à la clinique Baudelocque. Une semaine plus tard, un chirurgien l'opère. Mais l'intervention tourne au cauchemar : Jeannine meurt au creux de la nuit. Avant même que Staël puisse s'insurger, le personnel médical lui impute cette mort et l'accuse d'avoir tardé à se préoccuper de la santé de sa compagne.

Staël réagit en somnambule. Il frappe à la porte de son ami Sgarbi, l'embrasse en pleurant, ne parvient pas à parler. Tous deux sortent et se dirigent en silence vers la clinique. Le boulevard du Montparnasse est désert. Une neige lourde tombe et recouvre la chaussée. Le corps de Jeannine repose déjà sur un brancard dans une chambre mortuaire.

« Ses cheveux noirs encadrent son visage, écrit Hector Sgarbi. Elle ressemble à une Égyptienne. » Il s'approche et l'embrasse au front. Nicolas s'incline à son tour vers elle, l'étreint, ne parvient plus à la quitter, cherchant une impossible fusion avec la mort. Alors Sgarbi recule, bouleversé et embarrassé. Sa main s'empare machinalement d'un carnet qui ne le quitte jamais. Il dessine trois croquis qui montrent Jeannine et Nicolas lovés comme dans une bulle, visages soudés l'un à l'autre par-delà la vie et la mort.

Dans l'après-midi, Staël concentre l'énergie qui lui reste à organiser l'enterrement. Il arrive à joindre Antek à Saint-Gervais – « Viens, saute dans le train de ce soir » –, passe voir le père Laval –, « Jacques, un grand malheur vient d'arriver. Je compte sur vous… » –, rend visite aux Braque. « Elle a été assassinée par un crétin », dit-il. Mais les proches de Jeannine lui en veulent sourdement, comme s'il n'avait jamais su prendre conscience ou tenir compte de l'extrême faiblesse de sa femme.

L'achat d'un tableau par Jean Bauret permet de payer une messe et l'enterrement. Au cimetière de Montrouge, sous une neige épaisse, un cheval tire un pauvre corbillard sur lequel les croque-morts ont hissé le cercueil. Le père Laval prononce quelques mots. Staël tient Anne dans ses bras. Terrorisée en voyant les pelletées de terre s'abattre sur le coffre de bois brut qui contient sa mère, celle-ci répète : « Ne fermez pas la boîte. » Lanskoy, le nez rougi par le froid, nu-tête et crâne rasé, essuie stoïquement les rafales de neige aux côtés d'Hector Sgarbi et d'Antek. En sortant du cimetière, Marcelle et Georges Braque soutiennent Nicolas qui murmure : « Même la cathédrale de Paris, ce serait petit pour Jeannine. »

Il la revoit comme aux premiers jours, au Maroc. Il la revoit dans les chemins de Frascati. Il la revoit dans le vieux Nice. Il la revoit dans l'atelier de la rue Nollet. Elle était sa femme et son maître. Depuis combien de temps lui demandait-il de signer son courrier « Jeannine de Staël » ? Depuis combien de temps attendait-il son divorce pour proclamer leur union ?

210

Rentré chez lui, Staël s'assoit et pleure. Durant quelques jours, il se laisse aspirer par le désespoir, trouvant seulement la force de s'emparer d'un stylo-plume et de la première feuille qui lui tombe sous la main. Alors seulement il écrit à la mère de sa compagne :

« À deux heures quarante-cinq du matin, Jeannine est morte le 27 février 1946, des suites d'une intervention du chef de clinique de Baudelocque pour lui enlever un fils qu'elle était résignée à ne pas garder. Je ne puis vous écrire autrement. J'ai pu acheter un terrain de quatre mètres à l'entrée nord du cimetière de Montrouge, avec une concession à perpétuité. Le 4 mars, après l'avoir habillée de tout ce qu'elle aimait porter, nous avons fermé le cercueil, son fils et moi, devant la petite Anne et le plus grand des peintres vivants de ce monde. Au cimetière il neigeait. Je vous remercie d'avoir un jour donné la vie à un être qui m'a tout donné et me donne chaque jour encore. Ne vous inquiétez pas pour ses enfants, ils sont tous deux au-delà de vos possibilités d'inquiétude…

« Ne pensez pas que les êtres qui mordent la vie avec autant de feu dans le cœur s'en vont sans laisser d'empreinte. Votre seule raison d'être est d'être sa mère et, pour ma part, je serai bien content de pouvoir mourir dans une telle densité. Il n'y a pas un des hommes dont l'esprit ou le travail illuminent ce monde qui ne l'ait saluée selon sa grandeur. »

Quelques jours plus tard, Staël écrit à nouveau à la mère de Jeannine :

« Ma petite Maman Loulou,

« Je viens vous dire au revoir. Je ne vous écrirai plus et ne vous enverrai plus de détails. Si vous y pensez, faites-moi parvenir l'acte de naissance d'Antek lorsque vous l'aurez reçu de l'hôpital. Aidez-moi à émanciper ce garçon lorsqu'il en sera temps, c'est déjà un grand type. Je l'aiderai toujours autant que cela me sera possible. Bien à vous. »

Fidèle à lui-même, Staël étouffe son malheur en congédiant brutalement son passé.

QUATRIÈME PARTIE

« On ne peint jamais ce qu'on voit ou croit voir, on peint à mille vibrations le coup reçu, à recevoir, semblable, différent. »

NICOLAS DE STAËL, 1950
(lettre à Roger Van Gindertael).

Ils descendent les Champs-Élysées : lui, ardent et tendre, tendu vers l'avenir ; elle, le regard direct et rieur, accrochée à son bras. Il a trente-deux ans, elle en a vingt-deux. Nicolas et Françoise ont fusionné pour le meilleur et pour le pire au cours des dernières semaines de l'hiver 1946. Comme dans un défi à la vie et à la mort. « C'est ma femme », confie-t-il au père Laval, rencontré par hasard dans Paris.

« Rien de plus violent que la douceur, écrit-il à Jean Bauret. Me marie, me marie, Jean, ne le dites à personne. Me marie très, très bientôt. »

Le présent l'envahit, fluide, pareil à une matière en perpétuelle expansion. Avec une indomptable détermination, il se laisse submerger par les promesses du bonheur, « ne pouvant un seul instant vivre de souvenirs ».

Au mois de mai, il se livre à nouveau à Jean Bauret :

« Me voilà dans la brume, un peu déchiqueté par les voyages, mais bien debout parce qu'amoureux comme je ne l'ai jamais été (…). Ceci est une confidence, une vraie, elle est merveilleuse, ne le dites à personne. La vie coule comme de l'aluminium glacial et brûlant, et le pape ne l'arrêtera pas. »

On le retrouve dans les Alpes, aveuglé par la lumière, enivré par l'altitude. Le voici à Saint-Jean-de-Maurienne, prêt à un mariage sans délai. Pour un peu, il accélérerait le temps, pousserait les aiguilles des horloges, soufflerait sur les feuilles des calendriers. Le 22 mai 1946, devant Dieu et la famille Chapouton, il épouse Françoise. Le curé de la paroisse célèbre et bénit dans la sacristie cette union d'un orthodoxe et d'une catholique.

Nicolas se sent-il libéré ? On le perçoit tout entier résolu à trouver une paix intérieure, à s'insérer dans une famille. À l'une de ses belles-sœurs, il écrit en juillet : « Françoise va bien, ma Françoise, Françoise. Nous avons kidnappé maman, belle maman, à son passage et en ferons de même avec vous quand vous nous ramènerez Anne-Élisabeth [sa fille]. Du vrai mystère pour toute la famille. Vous verrez, je suis un spécialiste. »

Souverain et charmeur, Staël séduit tout le monde. « Mes grand-mères et ma mère ont adoré ce personnage », se souvient Françoise. Il baptise d'autorité sa belle-mère « Petite Maman », une belle-sœur « Petit Poun », une autre « Ded », diminutifs affectueux comme on en distribuait dans sa famille disparue, il y a si longtemps.

Ému et rassuré, il rend consciencieusement visite aux proches de Françoise dans la vieille Provence, berceau familial. Un voyage de noces express les propulse jusqu'au bord de la Méditerranée, incursion aussi rapide qu'une razzia de soleil.

Ils retrouvent bientôt Paris, la fureur de peindre, les creux à l'estomac, les longues nuits sans sommeil.

Françoise emménage dans l'impasse du 83, boulevard du Montparnasse, à deux pas de l'église Notre-Dame-des-Champs. Ils se serrent dans le petit atelier qui fait face à celui de Dominguez, étouffent l'été, gèlent l'hiver. Le confort est précaire : les toilettes nichent au fond de la cour, les ablutions ont pour cadre les bains-douches du quartier.

L'argent leur fuit des mains. Jean Bauret fait office de banquier. Staël à Bauret, en juin : « Je vais mal. Quelle peste, l'économie politique. » En juillet : « Vais crever la gueule ouverte, Jean. Du fric, nom de Dieu, du fric le plus tôt possible. Plus de couleurs, plus rien. Secouez la maison des crédits et des comptes courants, vite, vite. » En août : « Jean, essayez de m'expédier dix mille francs (…). Ce serait mieux si vous pouviez y arriver. »

Les commanditaires commandent : durant plusieurs mois, Nicolas travaille à la décoration du bar du théâtre des Champs-Élysées. Félix Aublet, retrouvé à Paris, se fait une joie de procurer ce travail à son ami. Le vieux Roger Bissière, peintre reconnu, a déjà commencé une maquette. Il accepte avec plaisir la participation de Staël auquel il écrit en août : « … J'ai la plus grande estime pour les travaux que je connais de vous, et de tous ceux de la nouvelle génération, les vôtres sont parmi ceux pour lesquels je me suis senti le plus de sympathie. J'ignore si mon opinion a quelque intérêt pour vous, mais je vous la donne pour ma satisfaction personnelle. »

Les commanditaires se dérobent. À la vue des projets « abstraits » de Bissière et de Staël, ils manquent de s'étrangler. Bissière propose des fresques entre les banquettes, où prendraient vie des insectes et une flore luminescente. Staël a conçu toute la descente de l'escalier vers le cabaret en couleurs très vives. Un ultime rendez-vous entre les créateurs et les administrateurs se solde par une incompréhension totale. Adieu la gloire ! Adieu le confortable cachet !

Françoise, qui abandonne ses études de droit à la demande de Nicolas, s'étonne et l'interroge un jour :

« Est-ce que tu feras de la peinture toute ta vie ?

– Je ne sais rien faire d'autre ! » lui répond Nicolas en riant.

Dans l'unique pièce de l'atelier dominée par une minuscule loggia, une grande toile envahit l'espace : *La Vie dure*. Une toile à sa mesure, avec ses 142 cm de haut sur 161 cm de large. Pour la saisir en son entier, il lui faut ouvrir la porte de l'atelier et reculer en plein jour, cligner des yeux. Alors, et alors seulement il peut revenir à la charge et déposer en tremblant des noirs de bitume.

C'est une manière de testament. Encore un adieu.

Les larges barres qui divisent son tableau ressemblent à des lances et *La Vie dure* à un sombre tournoi du Moyen Âge revisité par la violence des guerres modernes. Sur les couches du fond viennent éclater des gris bleutés, des blancs préservés de la foudre, des verts tendres à couper le cœur. Staël, devant lui, tente de dompter une orgie de pâte blessée, dynamisée par des coups de brosse qui restent gravés dans la peinture. Il trouve la vigueur de poser quelques carrés blancs, immaculés, ricanants, bientôt contaminés par le désespoir massif de l'ensemble.

De bas en haut, de gauche à droite et de droite à gauche, l'œil est agrippé par des coulées de matière grumeleuse, de peinture mal ébarbée qui dégorge une étrange et furieuse douleur. *La Vie dure* constitue un ultime hommage à son ancienne compagne qui employait souvent cette expression. Dans leur bonheur, qu'avaient-ils connu d'autre que la misère ? Avec cette toile et sa grande *Composition en noir*, Staël écrit à sa manière le même mot « fin ».

La violence de l'espoir

Patrick Waldberg n'a pas d'adresse. Ou plutôt, il habite à l'hôtel, souvent introuvable même pour ses amis. Georges Bataille, l'un des plus proches, croit savoir qu'il se trouve au 51 de la rue Bonaparte et chuchote ses coordonnées à voix basse. Mais, bientôt, on le retrouve rue de la Grande-Chaumière, à l'hôtel Libéria. Montparnasse lui sert de territoire ; Saint-Germain-des-Prés d'annexe. Écrivain, critique, compagnon des surréalistes, il hante les cafés, passe d'un groupe à l'autre, seigneurial et secret. Son œil, à l'iris cerné de blanc puis de noir, survole les tables, repère Nicolas. « Venez donc ce soir chez Jacques Herold, je vous prie. Nous organisons un "jeu de la vérité" et peut-être du "cadavre exquis". Je compte sur vous ! »

Le soir venu, en retrait, commodément installé dans le coin d'une pièce, Staël reçoit la houle des rires, les lambeaux de discussions. Isolé, il tire sur sa Gauloise, comme indifférent. Au milieu d'un salon, Waldberg se multiplie pour organiser son jeu de la vérité. Tout le monde est assis autour de lui. « Allez, venez, Staël ! » Nicolas sourit, cligne des yeux au passage d'un nuage de fumée et décline d'un geste lent l'invitation.

Déjà, le groupe s'est défait et Waldberg organise un atelier d'écriture automatique. « Du papier, des crayons ! Herold, avez-vous du matériel ? » Cette fois, Françoise entraîne Nicolas. À tour de rôle, chacun écrit quelques phrases sous l'effet de l'inspiration, d'un rêve lointain et obsédant, ou de l'alcool… À la lecture du résultat, c'est toujours un immense éclat de rire.

Waldberg, le compagnon des nuits. Énigmatique et généreux, chargé des amitiés d'André Breton, de Michel Leiris et de tant de peintres : Marcel Duchamp, Matta, Lam, Giacometti… Waldberg, dandy aux cheveux noirs rejetés en arrière, impeccable dans son dénuement, maniant une ironie coupante. Waldberg se présentant à une soirée costumée dans son costume habituel, le front simplement frappé de ces mots qui préfigurent le style du peintre Ben : « Ceci n'est pas moi. »

Si Patrick Waldberg glisse dans le merveilleux, Oscar Dominguez, lui, éclabousse et dévore le réel. Avec son étrange visage à géométrie variable, susceptible de brusques gonflements – il souffre d'acromégalie –, il lui arrive d'épouvanter les moineaux. Il effraie littéralement Françoise Gilot, la compagne de Picasso, qui lui trouve « une énorme tête de cauchemar digne d'un Goya ». Il faut imaginer Staël et Dominguez déambulant sur le boulevard, bras dessus, bras dessous, la bouche pleine de rires, les yeux pailletés de plaisir. L'un, géant, russo-balte oscillant toujours entre mélancolie profonde et exaltation, l'autre, surréaliste susceptible, superbe et monstrueux, qui, pour oublier son handicap, expulse des colères terrifiantes suivies de tendres et grandioses épanchements.

À bien y regarder, si peu surréaliste qu'il soit, Staël recrute beaucoup de ses compagnons dans cette mouvance artistique qui renaît alors, loin de ses maîtres d'antan : Aragon, Tzara, Eluard. Oscar lui a fait connaître Jacques Herold, qui lui a présenté Patrick Waldberg. Parmi eux, Staël semble se reposer, fuir les écoles dogmatiques. On aurait pu légitimement le retrouver chez les « abstraits », en prince conquérant. Bien au contraire, il commence à leur tourner le dos, préférant ces éternels dissidents, disciples de Chirico.

L'agitation, les assauts mécaniques autour des lieux de pouvoir lui semblent vains, sinon dégradants. Comme André Breton, il constate que les « staliniens seuls, puissamment organisés dans la période de la clandestinité, ont réussi à occuper la plupart des postes clés dans l'édition, la presse, la radio, les galeries d'art… ». Il ne s'en plaint pas, mais se tient à l'écart. À tout prendre, la deuxième génération des surréalistes lui semble de bien meilleure compagnie que les petits marquis des arts plastiques nouveaux.

En ne se mêlant pas de leurs querelles intestines, de leurs brouilles et de leurs tentatives de réconciliation, il garde le meilleur du surréalisme : la fantaisie, l'humour noir, un devoir d'irrespect. Sous l'Occupation, déjà, Jacques Matarasso l'avait initié à cet étrange archipel peuplé de zombis fêtards. Si Staël accepte volontiers cette communauté d'accueil, c'est qu'il ne lui doit rien et qu'elle le délivre d'autres chapelles plus pesantes. Paradoxalement, c'est là qu'il apprend à se défier des positions doctrinales, à reconsidérer ses proclamations d'hier.

Bien souvent, ses compagnons en peinture sont également des parias ou des exilés. Combien, surgis de nulle part, inconnus, tout juste affublés d'un prénom ou d'un sobriquet, ont disparu à jamais des mémoires ? Les autres demeurent présents : Henri Goetz, cet abstrait vertueux venu des États-Unis ; Jacques Herold et sa Roumanie natale ; Hector Sgarbi, l'ami fidèle venu du lointain Uruguay ; Lanskoy, toujours là, bien sûr. Quand ils ne sont pas d'ailleurs, Staël semble choisir des amis furieusement français : Jean Bauret, grand bourgeois éclairé, moderniste ; Pierre Lecuire, intellectuel raffiné et intransigeant, janséniste échappé de l'École normale…

Son ancrage géographique ne change pas : Montparnasse. Le Montparnasse des années trente, à peine retouché, avec la gare qui s'avance en éperon jusqu'à toucher le haut de la rue de Rennes, les ruelles encombrées par les charrettes des artisans, tout un univers d'impasses mal pavées, cachées à la vue des passants par des portes cochères de guingois. Une serre pour les artistes, un village traversé par le célèbre boulevard bordé par le « Dôme », la « Coupole », la « Rotonde », le « Select ». Et, à côté de chez lui, au 89, le Foyer des artistes, lieu merveilleux où l'on trouve sa pitance pour trois sous. Hors de ce territoire, point de salut.

On y croise des rimailleurs, des filles de bar à l'affût, une foule d'artistes affamés : dessinateurs, graveurs, peintres, sculpteurs. Un millier de paroissiens avides de trouver un bon poêle où se réchauffer, du vin pour oublier. Un millier de têtes hirsutes, agitées de passions diverses, chacun connaissant le voisin, ses amours et ses chagrins.

Dans ce caravansérail à ciel ouvert, Nicolas navigue. Mais sa bohème n'est pas un luxe de pauvre, pas même un abandon à quelque vague rêverie, à ces longs *farniente* qui amollissent et les bras et la tête. S'il côtoie avec plaisir des peintres comme Hillaireau et Herold, ou encore s'il rend visite à Jean Dubuffet, lui que l'on présente si souvent comme cassant et méprisant envers ses pairs, c'est pour parler technique. S'il retrouve des amis de jeunesse comme Jan ten Kate, devenu restaurateur de tableaux, ou Louis de Sadeleer, collectionneur et bibliophile, c'est pour revenir à des discussions interrompues. Prolonger. Avancer. Convaincre et se convaincre.

Il arrive à Louis de Sadeleer de s'inquiéter face à cet ami de jeunesse qui ne songe pas une seconde, au restaurant, à goûter aux plats qu'on lui présente, tant la conversation le happe pour ne plus le lâcher. Même dans ces moments de détente autour d'un verre, la peinture le déchire. Oui, pas une seconde ne lui est dérobée. Toujours, comme en arrière-plan, il rumine les éléments de cette énigme qui le ronge.

Le temps perdu lui est insupportable. Pour lui. Pour ses proches. Lorsque Antek, décidément instable, lui confie son intention de partir vivre au Maroc où son père l'invite à le rejoindre, il s'insurge :

« Tu veux écrire ou tu ne veux pas écrire ?

– Écrire !

– On n'écrit pas au Maroc. On écrit à Paris. Tout se passe à Paris. »

A-t-il déjà oublié sa jeunesse ? Il convainc Antek de rester, lui assure le gîte et le couvert, lui procure du travail sur un chantier, puis chez un architecte. Mais Antek ne vit le jour que dans l'attente de la nuit. Il s'échappe vers l'autre village : Saint-Germain-des-Prés. Staël se fâche :

« Tu ne tiendras pas le coup, à ce rythme. Ou tu rentres à une heure du matin, ou tu ne rentres pas. »

En se mariant, Staël s'est donné une discipline. Entre Françoise et lui, les rôles se répartissent de la manière la plus traditionnelle. Les destins sont tracés : pour elle, l'intendance, la garde du foyer ; pour lui, la quête inlassable de l'argent et la fournaise de la création.

Leurs sorties d'amoureux les conduisent souvent dans les cinémas du quartier – le « Cinéac », le « Miramar » – où l'on peut voir pour quelques francs un ou deux westerns et une attraction pendant l'entracte. Plus rarement, ils rejoignent Jan ten Kate et sa femme Nelly au « Dôme ». Entourés de camarades, ils forment alors une immense tablée où l'on joue des airs à la guitare sans que le patron s'en formalise.

Durant ces parenthèses, grandes plages de temps en apparence perdues, Staël pense encore à la peinture. Rentré chez lui, il s'allonge parfois, le regard vague, réfléchissant au coup de pinceau à donner, au coup de couteau à reprendre. En se regardant peindre, il découvre à quel point la trace d'une brosse chargée de grumeaux peut transfuser de l'énergie à une toile, comment un couteau appliqué comme un coup de sabre peut donner une sensation de vitesse…

Il peint pourtant avec des lenteurs d'ébéniste, tourne autour de ses tableaux avec des prudences de novice, attendant avec impatience que « cela sèche ». Chaque toile est précédée d'une série de dessins, préparée, mitonnée, passée plusieurs fois au four. *Le Cube*, avec des couleurs de crème et de soie, un rendu brillant, poli, vernissé, illustre cette mystique du travail bien fait. *Coïncidences*, une toile d'orage sur laquelle viennent crever d'épaisses croûtes de couleurs, cristallise ses fureurs. *L'Espoir*, traité à la brosse à peindre avec la violence d'un Soutine, en superposant sauvagement des couches de pâte brute, symbolise sa nouvelle vie.

« Ce fut historique, gogolien »

Une fois par mois, Émile Perrel pénètre dans l'atelier. Dans son dos, on l'appelle le « père Perrel », on se moque gentiment de lui, de ses manies, de ses manières de tourner autour des tableaux, de se reculer brusquement, puis de se rapprocher de la toile comme pour renifler la peinture.

« Tenez, j'ai presque fini celui-ci ! »

Émile Perrel regarde, jauge. Peut-être, à sa manière, est-il alors l'un des meilleurs connaisseurs de Staël. Qui d'autre se donne aussi souvent la peine de pousser la porte du 83, boulevard du Montparnasse, de monter l'escalier si raide de l'atelier, de rester debout dans cet espace exigu envahi par les tableaux ?

Parfois, Nicolas le fait asseoir, lui montre des études. Perrel prend son temps, compare, réfléchit, apprécie. Presque toujours, il repart en glissant sous son bras un dessin. Et, dans un rituel devenu classique, Staël, dès le lendemain, après avoir retourné ses poches, demande à Antek de courir chez le « père Perrel » pour lui demander un ou deux billets.

Quand Perrel lui achète une toile, deux ou trois fois par an, c'est l'euphorie. Des envies de bamboche saisissent Nicolas, qui entraîne un camarade : « Allez, je régale ! On va au restaurant. » Son jeune ami Louttre B. l'accompagne un jour, partage un repas monstrueux, avec viande… À peine fini, Staël le regarde : « On va reprendre un steak-frites, c'est trop bon ! » Et Nicolas de dévorer, de rire, de raconter des anecdotes (« J'ai échangé une toile contre un kilo de foie gras. Bonne affaire ! »), d'écouter Louttre B. qui l'amuse et lui rapporte ses aventures :

« Tiens, vous savez, le tableau que je vous ai montré la dernière fois, je l'ai offert à X. »

Staël se renfrogne :

« Mais tu es stupide !

– Et pourquoi ?

– Louttre, on ne donne pas un tableau.

– … Ah bon !

– C'est quoi, un tableau ? C'est ton cœur. On ne donne pas son cœur. Ou alors contre ça ! »

Staël porte sa main droite à sa poitrine, la glisse lentement sous un pan de sa veste et en retire son portefeuille qu'il met sous le nez de Louttre.

« Ton cœur contre de l'argent ! C'est la règle… »

Une règle qu'il aime à bousculer.

Staël se montre pourtant souvent féroce avec les amateurs. Un jour, mécontent des dernières toiles vendues à Perrel, il demande au collectionneur de les lui rendre pour quelques semaines afin de les retoucher. Émile Perrel les remet à Antek. Staël les regarde avec détestation : « Comment ai-je pu peindre cela ! Dieu, que c'est mauvais ! » Presque aussitôt, il place un tableau sur son chevalet et commence à le reprendre. Bientôt, la toile disparaît sous de nouvelles couches de peinture. Bientôt, c'est un autre sujet qui apparaît. « Bah ! c'est bien mieux comme cela, se dit Staël. Que le père Perrel aille au diable ! » Il prend un autre tableau, le recouvre. Un autre encore… Deux mois plus tard, Émile Perrel passe, s'inquiète gentiment de ses tableaux. « Ça avance, ce sera vite terminé », répond Staël avec désinvolture. Une semaine de gagnée. Une autre encore. Émile Perrel devient insistant : « Rendez-moi au moins une toile. » Staël, souverain et inconscient, sort de sa maigre réserve un tableau inconnu de son client :

« Voilà !

– Mais non, il y a erreur, Staël !

– Ha ! Ha ! vous êtes surpris ? Bien sûr, le tableau est meilleur, je le sais. Très nettement supérieur en qualité !

– Sans doute, Staël, mais ce n'est pas *mon* tableau ! »

Le peintre et son collectionneur se quittent froidement. Las d'attendre, Émile Perrel se rend à la galerie Jeanne Bucher pour se plaindre du comportement de Staël. Jean-François Jaeger temporise. Perrel menace de porter le différend devant les tribunaux si jamais le peintre ne lui restitue pas les tableaux achetés… Quels tableaux ? Nicolas les a déjà revendus ! Mais il assure qu'il remboursera Perrel au centuple, et pousse assez loin la mauvaise foi en s'étonnant qu'on lui réclame des toiles *et* de l'argent.

De l'argent ? Le mot lui semble comique et merveilleux. Hideux, aussi. Son absence lui vole des heures précieuses. Mais il pratique l'emprunt en artiste, possède un don souverain pour délester avec élégance autrui, lui donnant un court moment l'impression d'agir au mieux de ses intérêts, de prendre un à-valoir sur des bénéfices à venir. Dans ce domaine, il faut du cœur au ventre, du charme, beaucoup de charme et de finesse. Comme si de rien n'était, Staël obtient du plus obtus des commerçants un sourire et un crédit, voire quelques billets de tel patron d'un grand café de Montparnasse.

Quand les créanciers menacent, Françoise dépose sa bague ou un collier au Crédit municipal. Lorsque la situation est désespérée, Nicolas ramasse dans les coins les bouteilles consignées pour réunir de quoi acheter du pain à la boulangerie. Ses amis tentent de trouver une solution qui le sortirait d'affaire. Ils songent à créer une

association qui lui verserait tous les mois une allocation, envisagent de vendre leurs collections pour acquérir certains de ses tableaux. Ils montent à Lille un projet
d'exposition, qui capote.

« Pauvre Nicolas, lui écrit Jean Bauret, vous serez
riche un jour parce que vous l'êtes déjà. Courage ! Nous
vous vendrons pour vous acheter. Nous vendrons pour
vous acheter nos chemises rapiécées, nos tissus impri-
més, notre toile à peindre. Criez partout que la seule
grandeur, c'est vous, c'est nous et le tonnerre… »

Ce ne sont pas seulement de grandes phrases. Dans
l'ombre, Bauret et Stragiotti se démènent pour permettre à Nicolas de respirer. Durant cette année 1946,
plus souvent qu'ils ne l'auraient fait autrement, ils lui
achètent des toiles : une grande *Composition* de 1945,
L'Orage, la *Composition en noir*, des *Compositions*
(numéros 69, 70, 72, 81, 88 du catalogue raisonné).
Ainsi Staël passe de la misère au dénuement.

Mais il lui manque l'appui décisif d'un marchand.
Depuis un an maintenant, Jeanne Bucher sent ses forces
s'amenuiser. Dès 1945, elle a demandé à Louis Carré
de s'intéresser à son protégé. Le contact a été rude
entre les deux « monstres ». Le marchand et le peintre
se sont regardés, humés. Staël exigeait d'être payé plus
cher que les autres jeunes peintres de la galerie ; Carré
entendait acheter à bon prix la totalité de l'atelier de
Nicolas. Celui-ci lui a tourné le dos.

De retour de son long voyage aux États-Unis (septembre 1945-mai 1946), Jeanne Bucher se sent encore
plus lasse, minée par une maladie sournoise. Elle
rappelle sa demande à Louis Carré qui envoie en
ambassade, boulevard du Montparnasse, son assistant
Louis-Gabriel Clayeux. Passionné, intuitif, littéraire,

ce jeune homme comprend les artistes et les aime. Il sera l'intercesseur de Nicolas.

Au mois d'août, ce qui était inconcevable un an auparavant se réalise. Le peintre et le marchand finissent par s'entendre… Staël dépeint la scène à Jean Adrian :

« Nous nous sommes livrés, Carré et moi, très sérieux chacun pour des raisons aussi mystérieuses que lointaines, à une petite invention statistique et sentimentale dont l'échéance est remise fin septembre. Cela s'appelle un contrat. Ce fut historique, gogolien, avec une pression atmosphérique apparemment dense. Qui sait, tout peut aboutir, même cela. »

L'intraitable Louis Carré possède l'argent, la puissance. Pour lui, les années de guerre avaient été fastes. La Libération, inquiétante. Mais ses déclarations spontanées devant une commission d'enquête, puis l'examen de ses livres de comptes l'avaient exonéré de toute sanction. L'après-guerre se devait d'être royale. Il traite ses invités Chez Taillevent. Il faut le voir arriver dans les ateliers, escorté de Louis Clayeux : il se plante au milieu ; son cigare le rend quasi muet ; d'un bras, il désigne les toiles qu'il veut. Et il veut beaucoup. « Ça, ça ! » De l'avis général, il ne se trompe pas.

L'une de ses premières expositions d'après-guerre a été consacrée à Picasso : « Tape-à-l'œil et chiqué. La reconstitution des figures ne s'impose pas et paraît un jeu gratuit de l'esprit », écrit durement, au soir du vernissage, Jean Grenier dans son carnet. Peut-être, mais Carré peut s'enorgueillir d'avoir défendu Maillol, Soutine, Dufy, Léger. Après-guerre, il parie sur Jacques Villon, rachète ses toiles, lui verse des mensualités et fait installer l'électricité dans son atelier. Cela tient du mécénat et du cynisme marchand : ainsi Villon pourra peindre la nuit… À César Domela qui suggère à Villon que Carré n'est pas très généreux, le vieux peintre répond : « Oh, tu sais, Carré a de grands besoins et moi de petits. »

Carré et Staël pourront-ils se supporter longtemps ? Jusqu'à quand le peintre rétif acceptera-t-il le diktat du marchand ? Pour l'instant, il se contente d'avoir rejoint la galerie de ses amis Oscar Dominguez, Jean Bazaine, Charles Lapicque. Sa générosité lui permet de chasser ses arrière-pensées. Le soir du vernissage d'une exposition de ses camarades, il surgit les bras chargés de bouquets : « Voilà pour vos femmes, on ne pense jamais aux compagnes des peintres ! »

Il faut goûter ces moments de bonheur éphémères. Pour Nicolas, l'année 1946 a commencé par la mort de sa compagne Jeannine, dont le regard avait éclairé sa peinture. Le 1er novembre, elle se termine par la mort de Jeanne Bucher qui avait su détecter sa force bien avant les autres. La « Jeanne d'Arc de l'art contemporain », selon la formule de Daniel Cordier, a eu tout juste le temps d'étendre sa protection sur Nicolas.

Rue Gauguet

Janvier 1947 : les Staël déménagent. Le beau-père de Jan ten Kate s'occupe de tout. Place ! Coup d'œil circulaire. « Mais c'est un déménagement de moineau, ça ! » Nelly, sa fille, plaisante en s'installant dans un fauteuil : « Comment faites-vous pour vous asseoir là-dessus ? Ce ne sont que des ressorts… »

En moins d'une heure, la petite table de Pierre Chareau, deux matelas, des éléments épars de vaisselle et les toiles de Nicolas sont hissés dans la camionnette empruntée par M. Kartencewicz. En route pour la rue Gauguet, dans le 14ᵉ arrondissement ! Adieu, Montparnasse ! Les Staël vont habiter à quelques centaines de mètres du parc Montsouris, un quartier tranquille, presque excentré, où la campagne semble avoir encore quelques droits.

Tout s'est noué durant leur séjour de décembre à Saint-Jean-de-Maurienne. Convaincu que les Staël ne peuvent rester plus longtemps dans leur trou à rat de Montparnasse, leur ami Humberto Stragiotti, « le bon Strag », s'est démené, frappant à toutes les portes, cherchant comme pour lui-même un endroit décent où accueillir Françoise, qui attend pour le mois d'avril un bébé, la petite Anne et la peinture de Nicolas.

Au fond de l'impasse Gauguet, au numéro 7, Stragiotti a finalement trouvé une splendeur, propriété de Gaston André, peintre et décorateur à la mode qui a fait fortune en décorant des cinémas. La maison qu'il a fait construire dans les années trente, sur deux étages, est désormais trop grande pour lui. Il accepte d'en louer une moitié et de couper en deux son atelier.

Même amputé, cet atelier donne le vertige. Il faut imaginer une sorte de vaisseau vertical qui invite de très grands vents à se déchaîner. Cette flèche de cathédrale de huit mètres de haut forme l'épicentre de la maison, le mât autour duquel tout gravite et se joue. À ses pieds, au rez-de-chaussée, se répartissent dans une buanderie et un garage réaménagés deux chambrettes et une cuisine. La famille se tiendra au chaud dans ces pièces étroites séparées par de maigres cloisons.

L'installation, Spartiate, ne les rebute pas. Dans cette transhumance, ils gagnent tout de même l'eau courante, des toilettes, un poêle et une réserve de charbon, grâce à « Strag » qui a pourvu à l'élémentaire. Comparé à l'atelier rustique du boulevard Montparnasse, c'est Byzance.

Le reste, tout le reste est dévolu à son atelier de haute mâture, large puits de lumière déroutant. « Les visiteurs qui, non prévenus, y pénètrent se trouvent dès le seuil en perte d'équilibre, leur habitude de voir se trouve déjouée, quelque chose en eux se dégonce, et les plus prompts au commentaire se trouvent momentanément à court de mots », a pu écrire son ami Patrick Waldberg. Il fallait ce volume pour ce Slave démesuré qui rêvait de peindre sur le toit du monde.

Seul, il va combattre à mains nues. Depuis combien de temps n'a-t-il pas éprouvé un tel sentiment de liberté ? Les frontières lui semblent abolies. Dans un coin, deux fauteuils de récupération, à structures métalliques, font office de décor. Des ampoules pendent au bout de leurs fils électriques. Il ne veut rien sur les murs, pas une gravure, pas un tableau : seulement la pleine nudité de la paroi. « L'espace pictural est un mur, mais tous les oiseaux du monde y volent librement », écrira-t-il un jour à son ami Pierre Lecuire. Que s'élancent donc les albatros et les milans… !

Son atelier sera un royaume plein de fureur concentrée. En son domaine, il est déjà maître, boyard absolu.

Il s'engage ici dans une alchimie singulière, s'affairant devant les seaux de peinture, tapant, après mûre réflexion, sur la toile tendue des châssis. Bientôt entreront des formats insolites, des toiles réservées aux compositions les plus téméraires. On songe à Géricault se faisant raser les cheveux et s'enfermant dans son atelier du faubourg du Roule jusqu'à la fin de l'exécution de son *Radeau de la Méduse*.

Chez lui, pourtant, nulle déraison, nulle démesure, si ce n'est celle de son caractère entier, passionné, violent. Il renonce progressivement au chevalet près duquel il a épinglé une petite reproduction de *La Jeune Fille au turban* de Vermeer. Il s'accroupit à même le sol pour mieux empoigner la vie. Parfois, il rit intérieurement en repensant à Kandinsky lorsqu'il déclarait : « Moi, je peux peindre en smoking ! » Il rit en se voyant lui-même à terre, lançant un bras à gauche pour ramener vers lui un seau, saisissant à droite une brosse déjà rêche qu'il plonge à la va-vite dans un bain d'essence jaunie. Quand il se relève, hagard, rongé par les « fourmis », les pieds piqués d'aiguilles, les genoux flageolants, il s'ébroue tel un pur-sang trop longtemps entravé. Ses espadrilles ressemblent au tableau du jour ; son pantalon, maculé de peinture, tiendrait debout. Alors il marche de long en large, sans voir, le regard tourné en dedans. Il arpente le plancher comme il arpenterait la lande, cherchant la route. Longtemps il déambule, cherchant à débusquer en son tréfonds cette idée de la peinture cadenassée dans sa prison intérieure.

Sans même y penser, le revoilà au pied de sa toile, tremblant comme s'il n'avait jamais peint, raclant sur sa palette des gris perlés, des bistres, des noirs têtus et obsédants, des noirs d'encre aveuglants...

Cérémonie intime. Cérémonie cachée.

De plus en plus, Staël additionne, accumule, super-pose les couches. Son tableau garde les traces successives d'innombrables tentatives, d'essais biffés, précieuse-ment ensevelis. Toujours il recommence, s'enhardit, reconstruit patiemment sur ces premières strates une autre hypothèse, se sert habilement des dessous pour les laisser filtrer en transparence.

Dans la solitude de son atelier, Staël maçonne des fonds solides comme les premières pierres d'une fondation. Sa toile tendue ploie sous la tension de la matière. Il y a là des enduits, des blancs de plomb, des pigments clairs et subtils, toute une chimie nécessaire à l'édification du tableau à venir, indispensable à la confrontation entre le peintre et son miroir.

Alors seulement, sur ces premières strates que nul ne verra, il s'élance. On songe à Baudelaire écrivant à propos de Delacroix qu'une toile « consiste en une série de tableaux superposés, chaque nouvelle couche donnant au rêve plus de réalité et le faisant monter d'un degré vers la perfection ».

Chaque coup de brosse porte en lui sa correction, chaque couleur contient déjà sa rectification. Le tableau s'élabore dans une fusion de contradictions, additionnant les remords, multipliant les repentirs. Sa peinture est une peau. Une peau couturée, entaillée, tailladée. On ne compte plus ses blessures, ses cicatrices et estafilades. Elles constituent secrètement sa beauté. Elles sont sa rédemption. Elles forment l'inconscient, le substrat du tableau futur. « Presque toutes les véritables beautés de cette peinture sont sous la peinture et ne peuvent que se laisser deviner », soupire son ami Pierre Lecuire.

De la danse inaugure cette année 1947. On ne peut rêver meilleur *incipit*. Tout y est : le format déjà imposant (195,4 × 114,3 cm), la palette qui s'éclaircit, la vitalité qui sourd. De près, le tableau semble confus, cotonneux, brouillé d'innombrables traits qui le déchirent. Mais, à quelques pas de distance, des silhouettes surgissent dans un climat de fête, suggérant les parfums de l'Espagne, le rythme endiablé du flamenco davantage qu'un classicisme austère. Une danseuse en vert, une autre en ocre, une troisième en blanc virevoltent sur d'étroites pistes de danse, faisant oublier le sombre décor sur lequel elles se détachent.

Partout l'œil survole des pavés de peinture grasse, des empâtements joufflus, parfois rustiques et rugueux. De la peinture taillée dans l'épaisseur. De la peinture exubérante qui transpire l'énergie insufflée à coups de brosse, de couteau et de spatule déterminés.

Oui, *De la danse* inaugure bien cette année 1947, avec sa trame d'espoir et ses petites misères.

Depuis qu'il a rencontré Françoise, Staël ne peint plus la nuit, à la lumière d'un réflecteur. Il se donne un nouveau rythme, plus régulier. Levé à huit heures, il avale un grand bol de thé fumant et, la faim encore au ventre, monte à son atelier. L'attendent quatre bonnes heures de travail, de ce corps à corps toujours recommencé avec la peinture, brièvement interrompu à l'heure du déjeuner, le temps d'engloutir une omelette d'époque à base de lait et d'œufs en poudre, d'absorber quelques pommes de terre, de partager une ration de corned-beef.

Matinées studieuses. Après-midi identiques. Staël s'enferme à nouveau dans l'atelier, dans un huis clos absolu, jusqu'à dix-sept heures. Il redescend alors boire de longues rasades de thé brûlant. Puis une autre journée commence avec les visites chez son marchand de couleurs, M. Dessertaine, avenue du parc Montsouris, les rencontres amicales, les vagabondages obscurs pour trouver de l'argent.

« Moi, monsieur ? Je suis un pur classique... »

Mais que sont donc devenus ces amis de si près tenus ? Goetz ? Oublié. Domela ? Des mois se sont passés sans qu'il lui ait fait signe. Deyrolle ? Un silence épais les sépare.

Sans qu'il y prenne bien garde, une distance s'est progressivement installée entre eux et lui, nourrie de désaccords d'abord infimes, puis de frictions et d'amertume. Leur amitié s'est refroidie, réduite à des poignées de main de circonstance lorsqu'ils se croisent à Montparnasse ou dans des galeries.

Hier encore, ils faisaient partie du même clan, de la même chapelle. Leur peinture effrayait les bourgeois, suscitait les quolibets de la presse. À force de s'entendre traiter de « dépravés » et de « damnés », ils s'étaient regroupés, rangés sous la bannière des grands disparus : Vassili Kandinsky, Robert Delaunay, Paul Klee, Piet Mondrian. Ensemble ils se tenaient chaud, se donnaient raison. Sonia Delaunay et Jean Arp, activement secondés par Jean Dewasne et Fredo Sidès, avaient même fondé le Salon des réalités nouvelles. Un salon pour eux, rien que pour eux ! Tous les ans, ils exposaient comme on défie. En rangs serrés. Il y avait là Herbin, Hélion, Pezner, Atlan. Au dernier moment, Staël et Lanskoy s'étaient récusés. Leurs « amis » s'étaient figés, murmurant pour certains à la trahison.

Un jeune amateur, Claude Mauriac, avait relevé cette absence dans son journal : « Il semble surprenant que ni Staël, ni Lanskoy – novateurs peu contestés de l'art abstrait – ne soient exposés au premier Salon des réalités nouvelles. À moins qu'ayant l'un et l'autre dépassé les formules périmées dont usent encore la plupart des participants de ce salon, leur place eût été inexplicable dans ce qu'il faut bien appeler déjà une rétrospective. Tout va si vite à Paris qu'il est vraiment difficile de se tenir au courant. Mais cela me fait plaisir d'apprendre que Nicolas de Staël se trouve maintenant dans le peloton de tête. »

Plaisir assez peu partagé… À trente-deux ans, il apparaît déjà à de jeunes peintres comme un obstacle. Dans son dos, on commence à juger sévèrement sa peinture. Le jeune graveur Pierre Courtin s'étrangle devant ses amis : « C'est un défiguratif. Sa peinture est rétinienne, ringarde, vieille avant d'avoir vécu. » Tous approuvent. Pour faire mouche, Courtin lance un mot cruel : « Staël a la peinture courbatisante… » Ses visites régulières dans l'atelier de Braque font l'objet de moqueries. Mais Staël entend-il seulement ? Sent-il déjà le poids de cette défaveur et de cette hostilité ?

Cézanne, lorsqu'il affirmait que « les causeries sur l'art sont inutiles », lui semble avoir tout dit. Il écarte avec mépris ces querelles. Abstrait ? Il ne sait plus trop bien ce que cela veut dire. Que ses compagnons se rangent sous cette oriflamme si cela les rassure, qu'ils jouent aux petits soldats. Très peu pour lui. Figuratif ? L'étiquette le laisse indifférent. Et cette indifférence exaspère ses anciens amis.

« Tu t'arrêtes à mi-chemin, lui reproche durement Jean Dewasne qui s'oriente résolument vers une abstraction géométrique.

– Ah, petit con !

– Peut-être, mais tu continues à peindre comme Rembrandt !

– Ce ne serait pas si mal… Tu crois sans doute qu'il faut s'aligner sur les médiocres, les merdeux ?

– Staël, arrête une seconde de voir des merdeux partout. Il faut aller de l'avant, avancer, inventer, tout inventer, trouver de nouvelles formes, ne pas répéter le passé !

— Et qu'est-ce que je fais, à ton avis ? Ce qui compte, c'est le tableau, rien que le tableau, la tension qui se joue là entre l'ordre inorganique et le désordre organique. Voilà ! Il faut se bagarrer avec la toile, la faire sonner !

— Il faut aller plus loin, refuser toute référence à la nature, au monde visible. »

Désormais, ils s'évitent. Staël ne met plus les pieds au cercle de la rue Cujas, cette association fondée par Domela dans une boutique où se réunit, une fois par semaine, une phalange de peintres abstraits. C'est tout juste s'il apprend la scission survenue entre Sonia Delaunay et Domela, par conjurateurs interposés. Leur communion dans la certitude que la figuration est morte ne résiste pas aux rivalités. Sonia Delaunay, qui n'accepte pas les fluctuations de Hélion, ses références implicites à Louis Le Nain ou à Ingres, interdit aux siens d'exposer rue Cujas.

À tout prendre, Staël préfère la solitude. Au reste, il est seul. Si l'on excepte la curiosité et l'intérêt de quelques collectionneurs, sa peinture est ignorée. Sa dernière exposition personnelle remonte à 1945. Il faut revenir à cette période pour débusquer dans la presse la simple mention de son nom. Bernard Dorival le cite au passage dans *Les Nouvelles littéraires*, en mars ; Charles Estienne, en décembre, dans *Terre des hommes*. Dans l'ensemble, les critiques ne prêtent aucune attention à ses recherches. Ne sont-ils pas tout entiers accaparés par l'affrontement qui oppose les figuratifs et les abstraits ?

Valdemar George, qui en tient pour le classicisme, dénonce les périls qui menacent l'art d'Occident. Dans *Le Littéraire*, il fustige « l'esprit préfabriqué *made in USA* et l'esprit grégaire de l'Orient slave ». Tout le monde en prend pour son grade. « Engagé sur la pente de l'art abstrait, l'art français risque de perdre à la fois son originalité et le contrôle de l'art de l'Occident. » Le critique Jean Bouret évoque pour sa part « la faillite générale de l'art abstrait ». Jean Loisy y discerne le doigt de Lucifer. Mais les hautes considérations géostratégiques ou moralisantes font aussi place à l'invective ou au mépris. Jean Valtier suggère ainsi, dans le magazine *Opéra*, de rattacher l'art abstrait « aux manufactures de papiers peints sans clientèle ». De son côté, Robert Rey se veut définitif : « Le premier pithécanthrope qui traîna ses doigts glaiseux sur la paroi de sa caverne, sans autre objet que d'en rompre la nudité, fut un grand abstrait » – tandis que Pierre Darras désigne à la vindicte les fauteurs de trouble, ses ennemis : « Toute une bande d'écrivains improvisés critiques, de politiciens mués en esthètes, de marchands aventureux, de pédérastes délirants, de snobs en mal d'intelligence, voire même d'ecclésiastiques dévoyés ont embrassé la cause du non-figuratisme comme l'on embrasse une carrière. »

Le débat pourrait ne départager que les classiques et les modernes, les tenants de la figuration et ceux de l'abstraction. Il divise aussi la famille communiste, déchirée entre les partisans du réalisme socialiste et les autres, suspectés de travailler idéologiquement pour la réaction bourgeoise. De tout son poids, Louis Aragon intervient en 1947 et classe l'affaire : il n'y aura d'art que réaliste... L'abstraction est désignée comme une tentation déviationniste qui « ne s'appuie pas sur les forces populaires ». Toute reproduction de ses toiles est interdite dans la presse du Parti. De Fougeron, Fougeron le méthodique, Fougeron le réaliste, le peintre des *Parisiennes au marché*, du *Pays des mines*, il fait un archange de son combat : « André Fougeron, dans chacun de vos dessins se joue aussi le destin de l'art figuratif, et riez si je vous dis que se joue aussi le destin du monde… » Mais Fougeron est-il homme à rire ? De tels compliments ne se refusent pas.

Ce n'est que bien plus tard qu'Aragon regrettera cette cécité volontaire. Bien plus tard qu'il rimera sur les occasions perdues : « J'ai connu Gris et je connais Chagall/ J'ai connu Miró Max Ernst André Masson Fernand Léger/J'ai passé sans le voir à côté de Nicolas de Staël/ On ne prend pas à coup sûr la modulation de fréquence qu'il faudrait… »

Pour l'heure, Staël récuse de plus en plus nettement l'opposition figuration/abstraction. Comme Bazaine ou Lanskoy, il affirme que le réalisme est une foutaise, que l'« abstraction », avec beaucoup de guillemets, est une évidence depuis *La Vierge* de Fouquet, les fresques de Fra Angelico et les toiles de Van Eyck. Et pour un peu, il imiterait Delacroix répondant à ses interlocuteurs qui le déclaraient romantique : « Moi, monsieur ? Je suis un pur classique… »

Abstrait ? L'étiquette l'irrite. Elle le heurtera encore davantage à l'avenir, comme une tentative de mettre la peinture sous tutelle, de lui interdire toute échappée ou toute révolte. La tradition ne l'effraie pourtant pas, bien au contraire. C'est au Louvre, devant la Pietà d'Avignon, qu'il revient toujours. Au Louvre qu'il entraîne la petite Anne, sa sœur Olga et ses amis pour voir et revoir Chardin et Delacroix depuis la réouverture des salles. Cette peinture-là, il entend bien l'assumer et s'inscrire dans son lit.

Se regarde-t-il dans la glace ? A-t-il seulement le temps de scruter son visage ? Jamais, semble-t-il, il n'a cru bon de se dessiner ou de se peindre. Ni de face, ni de profil. À quoi bon ? N'est-il pas insaisissable ?

Ses proches notent tous son extrême dérive dans le présent. Ses volte-face prodigieuses. « Ses colères étaient redoutables, mais, lorsqu'il était de bonne humeur, il devenait le plus séduisant des êtres, écrit son ami Denys Sutton. Sa mobilité de caractère était telle qu'il ne se présentait jamais deux fois sous le même aspect. »

Un Géricault ou un Courbet ont pu saisir leur âme au vol. Staël se dérobe. Le retour sur lui-même le glace. Ce mélancolique se fuit, assuré de se perdre à vouloir se prendre au collet. Ainsi avoue-t-il involontairement un trop-plein de blessures anciennes, un autrefois balayé de trop de violences.

Guy Dumur, critique d'art devenu son ami, a tenté de le décrire dans un récit où il le désigne sous le nom de Nicolas Lioguine :

« C'était seulement lorsqu'il se sentait particulièrement déprimé – et aussi, il faut bien le dire, après avoir bu pas mal d'alcool, qui n'opérait d'ailleurs en lui d'autres changements que d'augmenter sa sensibilité – qu'il essayait d'animer ces formes mortes qui appartenaient autant à son imagination qu'à ses souvenirs. Mais, alors, il le faisait longuement, parfois pendant toute la nuit, avec un luxe de détails surprenants chez un homme qui se méfiait tellement de la mémoire, comme si cette fonction – étrangère à sa volonté – l'amenait à franchir un seuil interdit au-delà duquel l'attendaient l'effroi et l'incertitude qui, pour d'autres, seraient le propre de l'avenir. Dans ces instants-là, Nicolas Lioguine changeait de voix et presque de visage, comme si ce qui lui était advenu, fût-ce l'année précédente, lui avait paru si lointain, si étranger qu'il devait faire effort pour se l'approprier. L'histoire de sa vie était celle d'une longue lutte pour s'assimiler la réalité et s'assimiler à elle (…). Nicolas Lioguine paraissait toujours à la recherche d'une âme et d'un corps. D'où ces tâtonnements, ce manque de précision qui rendaient ses paroles si incertaines et ses propos peu croyables si l'on s'en tenait aux normes habituelles de la conversation. Sa pensée n'obéissait à aucune logique ; ce qu'on pouvait en saisir ressemblait à des flammes jaillies de la nuit la plus profonde. »

Il déroute, intrigue. Rien de rationnel chez ce Balte. « Lorsque ma peinture devient bonne, confie-t-il, je sens toujours atrocement une grande part de hasard, comme un vertige, une chance dans la force qui garde, malgré tout, son visage de chance. Cela me met toujours dans des états lamentables de découragement… »

Cette peinture, c'est d'abord un bouillonnement, une pulsation intense, une écriture jaillie d'une faille. « Pour le comprendre, il ne faut jamais négliger son fond de sauvagerie, explique Antoine Tudal (Antek). Un côté viande rouge à vif. C'est très important. On ne peut pas le repasser comme une chemise, Nicolas. Il y aura toujours des boutons qui accrocheront. Il y a un *Rosebud* quelque part… »

Ce secret d'enfance aurait-il été déposé à la hâte au fond d'un tiroir de son buffet ? Un soir, il surgit de la nuit, revenant d'une visite le dos voûté, soudain étrangement muet. Rendez-vous lui avait été fixé par sa *niania*, la vieille Domna Trifonoff, rescapée par-delà les ans, recluse dans une maison de retraite des environs de Paris. Il tient à la main une besace qui résume toute une histoire enfouie : les reliques de sa famille. Il y a là, en vrac, un face-à-main de sa mère, le sceau familial en cristal des Staël, avec ses gueules de dragon et ses tourteaux gravés, un annuaire de la noblesse de Saint-Pétersbourg, une serviette en cuir et les arrêts du Sénat russe conférant à sa famille le titre de baron. Maigre trésor rangé en silence.

Il ne veut pas regarder au fond des malles. Il refuse de cultiver la nostalgie des exilés, préférant le rire qui efface, à la manière des ardoises magiques, les démons anciens.

Avec ses amis, il prend plaisir à fabuler. Il conte une autre vie, ni tout à fait la sienne, ni tout à fait une autre. Il jouit de cet art des mots, lui, l'ancien poète. Parfois, au retour d'une longue soirée, il dit simplement à Françoise : « Si on te raconte que j'ai fait ceci ou que j'ai dit cela, n'y crois pas ! »

Le « jeu de la vérité » que lui ont enseigné ses amis surréalistes recèle aussi ses pieux mensonges. Entre le vrai et le faux, il se faufile. « Les longs monologues dans lesquels il se lançait – rarement, il est vrai – ne dévoilaient de lui-même que cette part dévorante où achevaient de brûler ses propres souvenirs, ses admirations ou ses haines passées, toutes choses qui lui paraissaient une atteinte à la liberté de chaque instant qu'il était en train de vivre et dont il attendait une révélation extrême, écrit Guy Dumur. Jamais je ne l'ai vu apaisé. Ses bonheurs étaient faits d'exaltation et ses douleurs, de colère. Personne ne fut moins résigné que lui. Fatigué, malade même, il puisait dans cette faiblesse un surcroît d'excitation. Il haïssait le repos, le sommeil. »

Mais, au fait, était-il ceci ou cela, ce diable à double face? Noctambule ou bien réglé comme un Victor Hugo, couché à dix, levé à six? Solaire ou lunaire? Tendre ou bien violent? Ou les deux? Ses proches le décrivent heureux, en état de rire, de grâce. Les photographies de l'année 1947, elles, le fixent souvent perdu dans un rêve pénétrant. La longue arête nasale accuse un regard qui efface tout mais où se lit un sombre tourment. Son corps semble en équilibre précaire : le buste en avant, les manches de chemises retroussées, le bas du pantalon de toile relevé comme pour un bain de peinture…

Il s'enivre pourtant de sa nouvelle vie de famille. Sa fille Laurence naît le 6 avril. Anne, surnommée « Anneton », est à ses côtés. Françoise règne.

Staël se prend à croire, sinon à un bonheur durable, du moins à un air léger. Il adresse à sa belle-mère des lettres tendres et spontanées. Pour elle, il décrit une nuit dans le train Lyon-Paris :

« Toute la nuit, orage, orage sans précédent. Françoise a dormi presque tout le temps sur deux places, comme un petit amour sur ses flèches. Pépites d'or et ferblanc à plat sur les vitres, lumière fabuleuse, fabuleuse d'étranges objets surgis de toutes parts, présents impossibles à noyer. Quelle nuit, quelle nuit dans ce couloir parfumé d'urine ! La Roche, à feux croisés sur deux kilomètres piqués de sifflets. Quelle nuit ! »

Il lui écrit dans ce style syncopé, comme il écrivait à Charlotte Fricero, donnant sans réserve l'instant présent au fil de la plume :

« Dîner Lanskoy avec toute l'exaltation due au champagne, cette source de vie, ce sang de la terre sacrée, chrétien, biblique, ce vin que refusent de boire ces pourris de "Baptistes"… »

Ses lettres virevoltent, dansent. Il paraît libre, incroyablement libre et impulsif. Que l'un de ses beaux-frères, entrepreneur en bâtiment, arrive à Paris, il l'entraîne aussitôt porte de Saint-Cloud pour le présenter à Le Corbusier et lui faire connaître l'architecture contemporaine. À l'une de ses belles-sœurs, « Petit Poun », qui travaille depuis quelque temps sur des motifs pour son ami Jean Bauret, il prodigue des conseils affectueux : « La robe, le tissu ne drape pas assez pour la volute, mais c'est bien quand même. Vous pourriez d'ailleurs avoir une idée pour la finir et remplacer cette fermeture trop grosse par un tramway invisible… »

Se pourrait-il que tout ce nouveau bonheur ne soit qu'un vernis ?

Entre Renoir et Monet

On l'appelle « Ted ». Tout le monde l'appelle Ted. Du reste, beaucoup ne connaissent même pas son identité complète : Theodore Schempp. En cet automne de l'année 1947, il gravit en tâtonnant une volée de marches pour accéder au hall du premier étage de l'immeuble du 7 de la rue Gauguet. Une panne d'électricité vient de plonger tout le secteur dans le noir. Au même instant, Staël sort de chez lui, avance d'un bon pas vers l'escalier, les bras dépliés comme des antennes. Les deux ombres vont faire connaissance en se heurtant…

Theodore Schempp réprime un juron :

« *Oum, sorry !* C'est ma faute…

– Désolé… »

Staël gratte une allumette :

« Vraiment désolé. Je peux vous aider ?

245

– Oum, une allumette, miracle ! Je cherche mon maison ! »

Ainsi les deux ombres entrent-elles en discussion :

« Laissez-moi me présenter : Ted Schempp.

– Enchanté : Staël. Mais, dites-moi, votre nom me dit quelque chose. N'êtes-vous pas marchand de tableaux ?

– Hum, il arrive que je vende des tableaux.

– Cela me revient, je crois que mon ami Braque m'a parlé de vous !

– Braque, ah ! Braque, c'est un bon amitié pour moi.

– Je ne vous retiens pas, mais nous sommes voisins. J'habite ici ! Passez donc demain, nous ferons connaissance. Bonne soirée. »

Avec ses cheveux rejetés en arrière, sa grande bouche et son accent de cow-boy, Theodore Schempp, exportateur de tableaux de son état, vient de faire son entrée dans la vie de Nicolas de Staël. Et Ted ne fait rien comme les autres.

Il a découvert la France avant-guerre, à la fin des années vingt, alors qu'il rêvait encore d'une carrière de musicien et peignait pour se distraire. Paris lui a plu, et la Provence. Il y est resté une bonne dizaine d'années, achetant quelques Picasso et se familiarisant avec les mouvements de la jeune peinture. Lui-même se déplaçait toujours avec une toile et une boîte de couleurs : il excellait dans les paysages lumineux, jouant avec le blanc de la toile, posant ses touches franches dans des teintes toujours gaies.

La guerre l'a chassé. Il est revenu avec la paix.

Son génie consiste à choisir des toiles chez « ses » peintres, à franchir l'Atlantique avec, et à trouver des clients aux États-Unis. Fernand Léger, Georges Braque et Vieira da Silva lui font confiance ; Ted ne les déçoit jamais. Il les repose des grands marchands avec leurs contrats, leurs promesses, leurs exigences… Ted travaille seul : son secrétariat tient dans ses poches, sur des bouts de papier où il note tout sans jamais rien perdre. À peine est-il en relation avec quelques marchands de renom comme Pierre Matisse ou Berggruen. Il travaille aussi sans local, et cela suffit à lui tailler une réputation… Tout se passe en fait dans sa voiture, une énorme berline américaine aux chromes éblouissants. Par beau temps, les clients, français ou américains, sont priés de se présenter devant le coffre à bagages du véhicule, qui sert de galerie. Alors Ted extrait un à un les tableaux de « ses » protégés. S'il pleut, il monte quelques spécimens dans les appartements de ses acheteurs. Cette étrange méthode le conduit à privilégier au début les petits formats, plus commodes à empiler dans son grand coffre, et moins coûteux à faire transporter outre-Atlantique. Tant pis si les grands formats – le « format américain » – se sont déjà imposés à New York.

Au lendemain de leur rencontre dans la pénombre du hall de l'immeuble de la rue Gauguet, Schempp retrouve Staël dans son atelier. Les deux hommes sont directs et se plaisent mutuellement. Braque a dit le plus grand bien du peintre à l'étrange marchand. Celui-ci, sans manières, propose pour commencer de prendre un tableau et se fait fort de le vendre dans les trois mois. Car Schempp achète pour vendre !

Pour Staël, c'est une révolution. Depuis des mois, il ne décolère pas contre Louis Carré qui lui a acheté une part impressionnante de ses tableaux des années 1946 et 1947 sans jamais en exposer aucun. L'œil trop sûr du marchand, son jugement impérial, tout exaspère Staël.

La moitié de ses tableaux de l'année 1946 est partie ; les plus belles pièces, les œuvres marquantes : *Porte sans porte, La Vie dure, Sang de rouge, Le Cube*. En 1947, Louis Carré se montre encore insatiable. Non pas tel un avare discutant les prix, essayant de contester la qualité. Non, simplement possessif, certain de miser à bon escient. *Brise-Lames, Ressentiment, Tierce et noir*, il prend les grands formats, ces toiles lourdes comme des malles chargées de fonte. Il prend sans un mot, appliquant à la lettre une vieille stratégie que le marchand Ambroise Vollard, avant lui, a mise en pratique : stocker l'œuvre des jeunes peintres en attendant que leur cote s'installe durablement. Cela peut prendre dix ans…

L'impatience de Staël s'irrite de ce traitement. Il n'est plus exposé à Paris. Dans ses moments de doute, il s'imagine délaissé, dupe d'un marchand inconséquent. « En France, je ne suis apprécié que par les professeurs de philosophie de province », lui arrive-t-il de dire. Jusqu'à quand supportera-t-il la loi non dite de Carré ? Le départ de Louis Clayeux, promu directeur artistique de la galerie Maeght, le détache encore davantage de son marchand, le libérant des dernières obligations qu'il se sent à son égard.

Seuls les moments où il passe le voir pour encaisser quelques billets lui semblent agréables. Il signe alors volontiers les contremarques qu'on lui tend : « Reçu de la galerie Louis Carré et Cie, 10, avenue de Messine, Paris 8e, la somme de quinze mille francs en règlement d'une peinture *Conte*, format 25. Paris, le 21 juillet 1947. » Mais Staël, s'il a besoin d'un banquier, éprouve aussi la nécessité d'avoir à ses côtés un marchand disponible, prêt à un engagement total. Sans remplacer Louis

Carré, Ted lui semble un choix judicieux pour atteindre le marché américain, en attendant mieux. Car Staël songe à quitter définitivement Carré. Trop de silence les sépare. Trop de ces malentendus jamais vidés, de ces reproches assenés mais non éclaircis. La rupture viendra brutalement, en 1948, sans regret, laissant Carré propriétaire de toiles somptueuses et Staël libre.

Il sonne alors à la porte du marchand Pierre Loeb, qui a soutenu Matisse et tant d'autres, et demande l'asile avec hauteur. Le marchand fait la moue. Ils se toisent. « Nous ne pourrons jamais faire route ensemble, lui dit doucement Pierre Loeb. Nous serons toujours conduits à nous heurter… » Un caractère entier ne constitue pas toujours une bonne carte de visite.

La légende présente à la même époque Staël flânant boulevard Haussmann avec Lanskoy. Ils sortent du musée Jacquemart-André, discutent avec force mouvements des bras. De temps en temps, ils s'arrêtent devant la vitrine d'un antiquaire. À la hauteur du numéro 126, Staël se fige, fixe un tableau de Monet. Les deux compères entrent, discutent avec le marchand, Jacques Dubourg, et font bientôt salon. Staël se sent étrangement à l'aise dans cette boutique élégante et discrète. Le quartier, ce Paris bourgeois du XIXe siècle, cette vitrine exposant des impressionnistes, ce marchand ayant qualité d'expert, tout le séduit sur-le-champ. « Voilà ce qu'il me faut ! se dit-il. Une boutique poussiéreuse tenue par un expert. » Ainsi aurait-il jeté presque par hasard son dévolu sur cette galerie…

Sous la légende, la réalité apparaît plus complexe. En cette année 1948, Staël connaît Jacques Dubourg depuis bientôt trois ans. Ce fumeur de Gauloises, amateur de bons vins, s'était aventuré chez Jeanne Bucher pour examiner les toiles de Staël dès 1945. Il était revenu plus tard pour acheter *Casse-Lumière* (100 × 65 cm). Depuis, chaque année, il acquiert discrètement un Staël pour sa collection.

L'expert et le peintre ont eu le temps de faire le tour de leurs différences. Jacques Dubourg vient d'un autre monde. À cinquante ans, il n'a jamais vendu une seule toile d'un artiste contemporain. Fils d'un encadreur ami de Renoir et de Pissarro, il a suivi les cours de l'École du Louvre avant de se lancer comme vendeur chez Georges Petit. En ouvrant sa galerie dans l'entre-deux-guerres, il a décidé de la dédier aux impression-nistes dont il connaît la peinture depuis son enfance. Bientôt expert reconnu à l'hôtel Drouot, cela suffit à son bonheur, d'autant plus qu'il collectionne avec pas-sion sanguines et fusains, gravures et tableaux. Ses cinq aquarelles de Delacroix et son Watteau font sa fierté. Il s'aventure alors jusqu'à Seurat.

Après la Libération, sa curiosité le pousse cependant à pénétrer dans les boutiques de ses jeunes confrères. Il reste longtemps devant les toiles. Son « œil », exercé à percer les secrets des Monet et des Cézanne, tente de décrypter leurs successeurs. Il lui arrive de se retirer une matinée dans son bureau avec une toile posée sur un chevalet. Il se fait apporter une cafetière et des tar-tines pour assurer son siège. Au terme de ces face-à-face, son esprit est dégagé, rassuré. Il a compris la toile qui se dérobait. Il a traqué et surpris son secret.

L'un des premiers, Lanskoy a sympathisé avec Dubourg. Conscient de l'incompatibilité d'humeur entre Louis Carré et son ami, Lanskoy encourage Dubourg à s'intéresser à Staël, et Staël à élire Dubourg. Le miracle veut qu'il y parvienne progressivement. Alors que

Staël aurait dû logiquement forcer la porte de la galerie Maeght ou de la galerie de France, il s'en détourne et finit par choisir le plus improbable : un refuge chez ce spécialiste du XIXᵉ siècle, aux antipodes d'un marchand à la mode, d'un imprésario de l'abstraction.

Cela peut passer pour une régression. Jeanne Bucher était unanimement reconnue par ses pairs, sanctifiée de son vivant ; Louis Carré, en dépit de son arrogance, étale un talent incontesté. Tous deux ont rang de découvreurs. Leur « œil » est salué par tous. Jacques Dubourg, lui, a encore tout à prouver. Mais Staël obéit à des raisons profondes qui sont à rechercher dans son orgueil, sa certitude d'être unique, son refus des écoles. Il préfère être le seul artiste contemporain d'une « petite » galerie plutôt que le pion d'une écurie prestigieuse. À tout prendre, son amour-propre se satisfait pleinement d'être accroché entre des Renoir et des Monet, des Corot et des Sisley ! Entre le XIXᵉ et lui, rien. Plus de rivaux ! Qui rêverait mieux ?

« Français... On le verra bien après ma mort, non ? »

C'est devenu un rite. Un besoin plus fort que tout. Pas une toile ne sort désormais de son atelier sans avoir été jugée par Jean Bauret. Entre eux, une amitié aussi forte que l'amour s'est développée. La certitude d'une entière compréhension réciproque, l'assurance d'un parfait désintérêt, d'une totale pureté d'intentions.

Chaque étape, chaque évolution – et Dieu sait que cette peinture ne se répète jamais – est jaugée, évaluée, critiquée. L'œil perçant de Bauret est requis à tout instant, dans l'urgence. Il arrive à Staël de prendre le train pour rejoindre son ami dans le Nord, au siège de l'usine de tissage familiale, à Erquinghem. Alors il dispose ses dernières toiles sur le premier tas de charbon venu, dans l'arrière-cour de la fabrique. Matière contre matière. Bistres contre bitume. Noirs contre noir. Aussi vite, il repart. Fortifié.

Au printemps, Staël prend l'habitude de le retrouver à Fontenay-Mauvoisin, ce village accroché sur un plateau qui domine la Seine. Souvent, Geneviève Asse peint de grands formats dans la grange. Bauret et Staël arpentent la campagne. Et Bauret l'encourage à user de couteaux à peindre toujours plus larges, à frapper la toile toujours plus fort. Ils se persuadent l'un l'autre de la nécessité d'une matière riche posée généreusement sur des toiles de lin impeccables.

Cela n'a rien à voir avec le goût d'une matière épaisse exprimé par Jean Dubuffet, lancé dans des recherches à base de sable et de mortier fin. Non, il s'agit de la quête d'une couleur qui sonne, qui batte, tel le pouls d'un humain.

Mystère d'une relation : pudique, secret, timide, Jean Bauret en arrive à guider Staël qui jamais ne s'offusque. Chez Bauret, le besoin de peinture est vital. Peu lui importe l'acquisition d'un tableau : seule la nécessité de le voir est impérieuse. Il s'en approche avec précaution, s'en imprègne pendant quelques minutes, à s'en déchirer la rétine, puis se retire.

Voir. Il sait *voir*. Tant d'amateurs regardent sans rien discerner.

Parfois, la vision devient fusion, moment unique de grâce. Leurs regards convergent, se recoupent, s'entremêlent. Accroupi dans l'herbe devant un tableau avec Staël, il se met à parler, à frôler du pouce la pâte encore fraîche, avec la joie d'un enfant, à corriger un contour en appuyant sur l'écorce fragile qui cède, obéit…

Sa générosité et sa disponibilité sont totales. Rue d'Artois, à son domicile parisien, Jean Bauret s'entoure des peintures qu'il aime, de ces toiles qu'il achète pour soutenir des peintres misérables comme Serge Poliakoff, Bram Van Velde, Geneviève Asse, Staël. La grande *Composition en noir* de 1946 domine les salons de réception. Le visiteur qui pousse par inadvertance la porte de la salle de bains découvre dans la baignoire quelques grandes gouaches de Van Velde.

Pour eux il organise des soirées « mondaines » afin de les faire connaître, force sa nature pour créer des « événements » comme ce jour où il fait monter jusque dans son appartement un âne destiné à marquer les imaginations. Il donne des concerts, convie des interprètes, expose les cartons créés par Kandinsky, Lanskoy et Asse. Efforts méritoires. Efforts bien infructueux, aussi. Ses protégés n'en retirent dans l'immédiat aucun avantage.

Des contacts se nouent pourtant. Staël sympathise avec deux historiens de l'art, Pierre Courthion et Robert Lebel. Le sculpteur Étienne Hajdu lui fait faire la connaissance de Pierre Granville, chineur de génie, esthète émérite, qui commence sans grands moyens une collection de peintures qui ira de Delacroix à Staël. Le sculpteur Adam lui donne son amitié et l'encourage à dessiner des cartons de tapisserie. Un projet d'exposition collective s'esquisse.

Plus profondément, ce nomade, cet éternel instable paraît s'enraciner. Le 13 avril 1948, un an après la naissance de Laurence arrive Jérôme, son premier fils. Une forme d'apaisement lui permet de s'arrimer à la vie. La contrainte matérielle, toujours présente, ne l'empêche plus de se consacrer exclusivement à la peinture. Comme libéré de tourments excessifs, il rumine les questions esthétiques qui le hantent.

Durant cette même année, il demande la nationalité française. Si le cartésianisme n'est pas son fort, s'il revendique parfois hautement ses origines baltes, il espère pourtant et obtient cette reconnaissance d'un pays dont il admire la culture.

Français ? Il ne le proclame pas. Il connaît trop la violence de l'histoire pour revendiquer une pause. Mais il ne peut l'exclure désormais. À lui de se débarrasser de ses guenilles d'apatride. Aux autres de juger ! Lorsque Pierre Lecuire, dans un texte consacré à sa peinture, le distingue en tant que peintre français, il hésite encore. Par pudeur. De crainte de se parer d'un titre de gloire qu'il ne mériterait pas. « Français... On le verra bien après ma mort, non ? » répond-il à son ami.

Pour une fois, la raison se range à ses côtés. Staël ne peint pas français. Il peint. Et, de cette peinture, lui seul éprouve la douleur et la joie.

Il reste ce bohème, étrange mélange d'aristocrate russe désargenté, de rapin orgueilleux, d'amoureux de l'amitié. Ses compagnons de rêverie s'appellent Nerval, Rimbaud, Baudelaire. Il en tire une exaltation puissante, communicative, dont il ne comprend pas que tous ne la partagent pas avec la même intensité. Plus que jamais l'ennui lui semble incompréhensible. Tant de choses restent à découvrir, à faire...

Le miroir d'Hercules Seghers

Dans la création, sa solitude est pourtant accablante. Il peint beaucoup mais produit peu. Il vend, mais si mal.

L'argent file. Les travaux de réhabilitation de la rue Gauguet engloutissent tout. L'apparition de Jacques Laval, enveloppé dans sa grande robe blanche de dominicain, lui semble parfois celle d'un sauveur. Car le prêtre arrive souvent accompagné. « Ginette, je vais vous montrer les toiles d'un peintre qui va devenir célèbre ! » La collectionneuse, assurée de faire une bonne action, se laisse de temps en temps attendrir, et achète. Charles de Noailles se laisse aussi séduire. Un jour, dans l'atelier de la rue Gauguet, il choisit un grand dessin puis se tourne vers Laval et lui signe un chèque. Il ne sera pas dit qu'un comte s'est commis dans une transaction avec un peintre, fût-il baron…

Souvent, Staël se tourne vers Laval : « Mon pauvre Jacques, vous vous donnez plus de mal pour vendre mes tableaux que moi pour les peindre ! » Mais, parfois, le raidissement l'emporte, l'effroi et l'incompréhension submergent l'amateur, choqué par cette peinture, cette « boue », cette montée en puissance de la pâte…

Cependant, Jacques Laval ne se décourage jamais. Il revient un mois plus tard avec un autre amateur. Par exemple, ce jeune ingénieur de Reims, Hubert Fandre, dont Staël apprécie le goût. Il lui rend plusieurs fois visite dans son appartement avec vue sur la cathédrale. De sa terrasse, il admire les sculptures de pierre et forme le vœu d'assister à la messe avec une perspective panoramique sur la nef, en se tenant dans les hauteurs, au-dessus de l'orgue… Vœu exaucé !

Lorsque Fandre lui achète une toile puis un grand dessin, il lui demande comme un service de le payer en réglant les mensualités de l'internat où il vient de placer la petite Anne aux côtés de sa sœur Olga, au couvent de Villefranche-de-Rouergue.

Transfiguré par la passion de la peinture, Jacques Laval fait office d'ange gardien. Tant pis si la règle de son ordre lui interdit de pénétrer dans les galeries, elle l'autorise à visiter les ateliers. « Je ne m'arrête pas devant des toiles, je suis arrêté par elles », dit-il en riant. Pour ses amis peintres – Estève, Manessier, Bazaine –, il se damnerait. Désolé de constater que Staël n'arrive pas à exposer, il se démène pour monter une exposition collective (Adam, Lanskoy, Laurens, Staël) au couvent du Saulchoir.

Le fâcheux précédent de 1944 ne l'effraie pas. Cette fois, il prévient ses supérieurs. Le jour de l'accrochage, alors que Staël est accompagné de Magnelli, le père abbé s'en vient au-devant de Staël : « Bravo ! Dans vos toiles, il y a une force rare. Vous êtes ici chez vous. » Réaction courageuse devant une peinture difficile, tenue globalement pour abstraite et « dangereuse ». « Dans le brassage ethnique résultant des guerres, le goût du monde occidental fut gravement altéré par un afflux d'apatrides venus d'Europe centrale et orientale, dont les propensions aux rêves, à l'évagation, se sont développées sur notre sol, plus tolérant qu'aucun autre », pouvait alors déplorer un Robert Rey…

Un autre réconfort arrive en 1948 : son ami Hector Sgarbi, devenu conseiller culturel de l'ambassade d'Uruguay, s'emploie à monter une exposition centrée autour de quelques huiles et de ses dessins à Montevideo, capitale de son pays. Au cours de l'été, le critique Pierre Courthion accepte de rédiger la préface du catalogue. Un texte qui le situe précisément en marge du pugilat général qui ébranle les peintres : « Staël – et il a raison ! – ne veut pas qu'on lui parle d'art abstrait. Il sait, il sent qu'au risque de perdre l'appréciation des différences et la possibilité même de son évolution, le peintre aura toujours besoin d'avoir devant les yeux, de près ou de loin, la mouvante source d'inspiration qu'est l'univers sensible… »

Confirmation définitive du refus de se laisser enrôler. Confirmation d'autant plus éclatante que Staël a relu le texte avant publication, et l'a approuvé. Il récuse non seulement la notion d'« abstraction » pour caractériser sa peinture, mais aussi toute référence aux tendances en vogue. « Pense à l'absurdité du mot absurde, malgré son élégance de gant blanc jeté comme métaphore. Merci Pierre, merci », écrit-il après avoir lu le brouillon de la préface de Courthion.

Si lointaine et exotique qu'elle puisse paraître, l'exposition d'octobre 1948 à Montevideo est aussi l'occasion pour Pierre Lecuire d'écrire son premier texte sur son ami. Texte magistral par son inspiration et qui permet à Staël de se voir vraiment reconnu, fût-ce par un poète encore inconnu. Texte capital qui scelle leur amitié.

Il faut, ici, citer quelques extraits de ces pages inspirées consacrées aux immenses dessins conçus par Staël le soir, chez lui, dans l'exiguïté de la pièce commune :

« Cet art nouveau, comprenons qu'il sort à peine des catacombes, assure Pierre Lecuire. Il dégouline de nuit comme un long prisonnier, ramène dans ses filets, avec les semences et les tiges, ce phénomène tranquille qui demande un air calme et quelque abri des vents : LA MORT. Tapie ou proclamée, c'est elle qui scelle de l'étoilement d'une illumination plus noire les lignes innombrables de la vie. »

Bien sûr, il y a dans ce premier texte de l'emphase, une voix qui cherche à se poser. Mais il y a surtout une vue pénétrante de Nicolas de Staël, âgé de trente-quatre ans, perçu pour ce qu'il est : « un barbare prodigieux ». L'inlassable travail de Staël, son énergie et ses accès de dépression, tout est dit en une vingtaine de feuillets.

« Il crée, et il se trouve que cette œuvre est triste. Parce qu'elle n'est pas recherchée, pas calculée, pas utilisée à des fins de sentiment, parce qu'elle ne chante pas, cette tristesse est grande et se mue en majesté. Elle ajoute aux dimensions de l'architecture une dimension métaphysique. Mais, sous cette métaphysique, quelle physique ! Et que l'être foisonne ! Avec quelle force la main, chaque fois qu'elle frappe, s'abat ! »

Pierre Lecuire a mis longtemps à apprivoiser cette peinture et ces dessins. Mais le voilà désormais immergé, en résonance :

« Staël aime les grands formats, ils ont un "être" vertical, une immense immobilité, ils plient, ils cassent l'accessoire, ils introduisent au monumental. Staël peut dessiner fin, raffiné ; toujours l'accordé est puissant. Et qu'il se laisse aller à sa violence qui tient assise dans sa nuque : la lumière se tend, l'espace se fend et, par force, la main de l'artiste entraîne immédiatement au point d'arrivée une étrange création qu'il tient par la chevelure encore frémissante (…). La langue qu'il parle, la figure qu'il montre, cette énigme, cette chiromancie, cette graphologie, c'est la Langue, la Figure, l'Écriture qu'un décret mystérieux chargea un jour une main particulière de tracer. ».

Avec force, Pierre Lecuire dégage Staël de ses contemporains. Il fait le vide. Aucune référence. Comme si Staël émergeait des profondeurs. Il y a du météore dans cette figure esquissée. Qui, mieux que lui, sait pourtant ce qu'il doit aux anciens ? À ces génies du Nord ? Combien de fois n'a-t-il pas invoqué les

Rembrandt vénérés de son adolescence, les Frans Hals et les Vermeer de Delft? C'est à cette aune-là qu'il se mesure.

Précisément, en janvier 1949, Nicolas entraîne Françoise en Belgique et aux Pays-Bas. Voyage-pèlerinage aux allures de quête : il retrouve *La Ronde de nuit*, tout juste sortie des ateliers de restauration du musée d'Amsterdam. Il salue les régents et régentes de Frans Hals à Haarlem, analyse sa palette de noirs. Surtout, il redécouvre Hercules Seghers (1589/90-1633/38) qui lui apparaît brutalement, sans qu'il puisse autrement l'exprimer, comme un autre lui-même par-delà les siècles. Un maître du doute, à ce point happé par la peinture qu'il refusait de perdre du temps à montrer la sienne, criblé de dettes jusqu'à imprimer ses gravures sur du linge de maison, un frère désespéré dont la vie fut trop tôt brisée par une « chute », un soir d'alcool.

Rencontre décisive. Au Rijksmuseum, il scrute longtemps *La Vallée*, l'un des rares tableaux signés et sauvegardés du maître : l'œil se perd dans ce large paysage horizontal construit en plans successifs avec ses arbres moussus et délirants, cette vallée qui serpente, piquée d'édifices improbables, de chemins poudreux, ces pans de roche abrupts, ce ciel de mer. Dans le bureau du conservateur du musée, il observe minutieusement ses gravures. De chacune se dégage un étrange sentiment d'angoisse devant des paysages quasi inhabités, vaguement fantastiques, cernés de masses rocheuses sous un ciel de soufre.

Rembrandt l'appréciait au point d'avoir acheté huit de ses tableaux et de s'en inspirer pour ses paysages romantiques entre 1636 et 1648. Staël tombe instantanément amoureux de ce « paysagiste abstrait ».

259

De retour à Paris, il n'a de cesse de le faire connaître. Il lui arrive, au cours de conversations avec ses amis, de les presser de se rendre sur-le-champ à Amsterdam. Le « manque » lui semble irréparable. Des camarades lui répliquant qu'ils n'ont pas le temps, il s'indigne. Une ou deux fois, il propose de payer le voyage à tels ou tels qui ne peuvent se l'offrir. Si l'urgence est si forte, c'est bien sûr qu'il ressent à quel point Seghers lui tend un miroir profondément troublant, proche de l'autoportrait imaginaire.

Bientôt, à son instigation, son ami Pierre Lecuire écrira sur Seghers des lignes non moins troublantes et prémonitoires : « Comme un homme sur un toit aime son vertige et s'en trouve tout illuminé, il en saisit les dimensions, les chances, apprécie tous les possibles, mesure de se tuer et de ne pas se tuer et gagne à cette supputation incroyable de pouvoir se promener sur l'abîme comme s'il était tendu de cordes… »

De qui parle donc Lecuire ici ? De Seghers ? De Staël ? Les deux se confondent.

Les sortilèges du sculpteur

Au pied de son tableau, il lui arrive de tituber. Il glisse alors le long de la toile, laissant filer ses doigts sur le grain du jute ou du lin, presque en prière. Est-il encore peintre, ou pénitent ? Peintre, ou maçon ? Peintre, ou sculpteur, ce fou de peinture rompu par le travail ?

Ses tableaux deviennent énormes. Il a du mal à les faire passer par la fenêtre de la rue Gauguet. Il fait entrer des châssis de quatre à cinq mètres carrés, des panneaux d'Isorel démesurés. Il livre un combat terrible.

Depuis 1948, Staël a desserré l'emprise d'un jeu de formes (droites, courbes, cônes) étouffantes, d'entrelacs inextricables devenus totalitaires. D'abord timides, des aplats géométriques et généreux font leur apparition, aussi puissants que des coulées de lave. Et la couleur, cette couleur claire jusqu'à présent écartée, refoulée, se concentre brusquement et coule somptueusement sur la toile.

Lanskoy l'a souvent convié à ces noces enchantées. Charles Lapicque, rencontré en 1947, aussi. Ce coloriste, de quinze ans son aîné, l'entraîne dans une réflexion sur les pigments. Docteur ès sciences, spécialiste des phénomènes optiques, ce peintre lui apporte son savoir au moment voulu : « De deux taches d'inégale surface, peintes du même bleu, la plus petite paraît toujours plus sombre et plus noire, lui fait-il observer. Au contraire, de deux taches peintes du même rouge, du même orange ou du même jaune, la plus petite apparaît au moins aussi claire que la plus grande, parfois même un peu plus. »

Influence profonde…

Staël renoue ici, dans la maturité, avec la très longue réflexion amorcée au Maroc sur le jeu des couleurs, amplifiée par l'intérêt apporté à la palette d'un Delacroix et d'un Van Gogh. Charles Lapicque note avec plaisir son « frénétique besoin d'information ». Les teintes terreuses, ces teintes de bitume auxquelles il s'était voué, ces pigments nocturnes et sombres, ces témoins des temps de misère et de malheur, voilà qu'il les congédie. Pour un peu, il proclamerait, comme Cézanne, que « tout est couleur ».

Les noirs restent présents, mais comme des braises assourdies. Sa bourse l'autorise enfin à s'offrir des bleus francs, des verts céladon, des rouges rutilants qu'il écrase sur une dalle de verre ronde posée en équilibre sur la petite table de Chareau. Tel Chardin, il s'ingénie à puiser largement dans la gamme chromatique.

« Peu à peu ces fonds s'organisent, ils adoptent d'eux-mêmes une hiérarchie, note Jean Grenier. La peinture devient plus claire, un ordre s'établit, la lumière apparaît comme dans la Genèse, et baigne un monde qu'on n'avait jamais vu. De grandes bandes très claires traversent la toile, elles éblouissent et s'imposent. » Comme ces ciels de la Russie du Nord, ces horizons du plat pays qui vous fouettent à l'aube, au printemps.

Staël ose massivement le blanc, les blancs. Des blancs de soie, des blancs de zinc, des blancs crus, des blancs mats et coupants, des blancs de chaux comme dans *Jour de fête* (100 × 73 cm). Le blanc y relègue le noir au rang de simple comparse. Le blanc triomphe, exulte, s'étale, s'appuie, s'accoude sur des filets de noir.

L'année 1947 avait été dominée par les noirs de *Ressentiment* (100 × 81 cm) et de la grande *Composition* (195 × 129 cm). L'année 1949 s'affirme révolutionnaire avec la *Rue Gauguet*, une huile sur contreplaqué de 199,5 cm sur 240,5 cm où explose un besoin de liberté et de lumière.

Obsédé par l'espace et la profondeur, Staël devient coloriste. Un coloriste subtil, un coloriste qui fait « sonner » ses touches les unes contre les autres, les unes avec les autres. Un coloriste sorcier qui chauffe des pâtes de plus en plus fortes et denses, à la manière de ces vieux souffleurs de verre devenus maîtres du sable et du feu. Sa peinture prend des reflets d'émaux. Jacques Laval s'éprend de ses tons ivoire.

Car Staël reste cet amoureux des matières riches, lourdes, pétries au fond des mortiers. La couleur, chez lui, n'abolit pas la matière. Au contraire, elle s'appuie voluptueusement sur elle. Tantôt épaisse, tantôt liquide, tantôt lisse, tantôt rêche, elle s'étale, s'affiche hautement. Elle caracole, déborde de son pinceau, sature ses brosses, réclame le couteau, la truelle.

Au fond de son atelier en forme de puits, Staël s'éprouve maçon. Que viennent les briques, que viennent les pierres! Il est prêt. Il jubile même, se répète que la vraie peinture, « c'est de la peinture avec des baquets de couleur et sur des murailles de cent pieds » (Géricault). Il veut en croquer et en croque avec rage. Comme un oiseau de proie, il fond sur la couleur, juxtapose et empile couche sur couche, loge des pavés de pâte avec une jubilation suivie de longues réflexions.

Sculpteur? Pourquoi pas! N'éprouve-t-il pas une communion immédiate avec ces artistes qui s'agitent dans le froid de leurs ateliers et drapent, le soir venu, leurs œuvres en glaise dans des chiffons humides pour leur conserver leur élasticité? Les véritables sortilèges ne sont-ils pas à chercher par là?

Souvent il sonne chez Étienne Hajdu, à Bagneux, surprenant son ami roumain en train de cogner sur une matrice d'aluminium, ou encore de dessiner : « Tu vois, c'est le noir qui donne la lumière et le blanc qui donne la forme. » Il rend visite en voisin et admirateur à Henri Laurens. Il presse l'Argentin Sesostris Vitullo de s'engager avec lui dans une nouvelle aventure. Il rencontre fréquemment Adam avec lequel il a exposé au couvent du Saulchoir. Il mène campagne, sans grand résultat, en faveur du travail d'Isabelle Waldberg qu'il tient pour un grand sculpteur; il cherche à l'imposer au Salon de mai, fait pression sur Hajdu, membre du comité de sélection, tempête, menace, se brouille avec lui, puis se réconcilie.

La sculpture lui semble toute proche. Au bout des doigts. Mais il s'avoue novice, hésite, se méfie des touche-à-tout, renonce provisoirement. Retourne à son atelier. « Tout le mystère et tout le réel de la peinture résident dans le coup de pinceau », lui dit Lanskoy. Non, répond Staël : « Tout vient du rythme profond de l'homme. Ce temps et ce lieu plus grands que lui-même et qu'il porte en lui. »

Ses œuvres les plus puissantes sont toujours mûries, préparées. Avant d'attaquer la *Rue Gauguet*, il multiplie les esquisses, cherche la bonne voie, se replie sur lui-même, creuse son sillon : rescapés, deux lavis à l'encre de Chine en portent témoignage. Il ne se lance pas tête baissée sur la toile vierge. L'orgie de pâte à venir, la folle jubilation des matières épandues comme une semence, tout cela doit rendre sa part à la concentration, à la préparation, au travail. Alors seulement peut se déployer l'instinct de « perfection inconsciente ».

Encore une fois, il se lance à fonds perdu, verse généreusement ses coulis de peinture, superpose, empile, recouvre pour accoucher du tableau au cœur de la toile. Il faut l'imaginer écartant vivement une large brosse, empoignant une truelle et posant délicatement un gris soyeux exsudant l'huile. Peintre ou sculpteur ? Qu'importe. En larges plans naît la *Rue Gauguet*, chef-d'œuvre horizontal que tous les musées convoiteront bientôt.

Vertige de cette année 1949 : Staël abat ses cartes, et tombent les toiles miraculeuses, quasi méconnues. Il signe *Volume des choses* (184 × 99 cm), démonstration éblouissante de sa triple maîtrise de la profondeur, de la couleur et de la matière. Il maçonne une *Composition* verticale (200 × 100 cm) d'un hiératisme absolu, d'une sobriété jamais atteinte. Cette fois, les aplats grandioses occupent tout l'espace. Sous la sévérité de la composition, l'extrême tenue et retenue des couleurs, on peut reconnaître une manière d'autoportrait moral laissant percer une mélancolie absolue. Mais ne peut-on aussi, sous l'empilement des couches, deviner l'écho lointain de ce temps de fureur où un attelage arracha le petit Staël à la forteresse Pierre-et-Paul, un soir de révolution ? Ne peut-on retrouver, enfouie au plus profond, cette flaque écarlate fixée par sa rétine ?

« *Vive la publicité !* »

De loin, Ted veille. Ted Schempp analyse, pressent. Et Nicolas comprend Ted. Il ne suffit pas de peindre, il faut se faire connaître et reconnaître. « Oui, la publicité. Vive la publicité, si cela peut nous aider à vivre », consent Staël dans une lettre à son marchand américain.

Dans son carquois, quelques flèches peuvent toujours resservir : le critique d'art Pierre Courthion, le fidèle Roger Van Gindertael, le jeune poète Pierre Lecuire. Mais il faut frapper plus fort, viser plus large. Obtenir des articles percutants, des signatures prestigieuses. Montrer avec éclat que Staël, cet inconnu, est méconnu. À l'automne 1949, une stratégie informelle s'élabore entre Ted et Nicolas en fonction de deux objectifs encore lointains : sa première exposition chez Jacques Dubourg, programmée en juin 1950, et sa première manifestation personnelle à New York, prévue en décembre de la même année.

À Staël de jouer. Ted Schempp lui souffle que rien ne vaut le parrainage d'un illustre aîné. Une photo suffit… N'a-t-il pas un cliché sous la main? Il se souvient que Mariette Lachaud, l'assistante de Braque, les avait photographiés ensemble, l'été dernier à Varengeville, en Normandie. Ils avaient passé là quelques jours agréables entre l'atelier du maître et le logis de ferme confortable. Braque et son épouse Marcelle les avaient reçus chaleureusement. Avec son appareil photo, Mariette Lachaud les avait immortalisés le long du mur extérieur de l'atelier : Schempp cravaté, plus marchand que nature, Staël ironique et souriant, adossé au mur, en chemise blanche à col ouvert, Georges Braque à ses côtés, couvert de son éternelle casquette, le bras tendu vers le mur, et Marcelle Braque légèrement en retrait.

Le cliché fera très bien l'affaire. « J'ai de bonnes nouvelles pour vous, écrit Staël à Schempp début décembre, vous allez avoir une photo de Varengeville, elle est magnifique. Mariette ne me l'a pas encore donnée, mais cela viendra; vous êtes superbe dessus. » Reste le plus dur : mobiliser ses amis, arriver à se faire présenter aux critiques les plus influents, ceux dont un article suffit parfois à asseoir une réputation.

Là, tout reste à faire et la partie est délicate. Capacité de séduction, finesse, sens des relations : tout compte. Une revue domine alors la presse qui se pique de rendre compte de l'actualité artistique : *Les Cahiers d'art*. Son directeur, Christian Zervos, entretient non seulement des liens amicaux avec les meilleurs peintres, mais dirige sa revue avec une grande exigence. S'y trouver cité vaut Légion d'honneur. Les meilleurs poètes et essayistes signent les articles. La qualité des reproductions est particulièrement soignée. Mais comment rencontrer Zervos? Comment le convaincre de publier un article? Comment surmonter ces deux obstacles à première vue insurmontables?

En quelques semaines, Staël va démontrer l'étendue de son talent en usant de son charme. Comme dans un bulletin de victoire, dès le mois de décembre il annonce à Ted Schempp que la première étape de son plan est réalisée : « J'ai fait la connaissance de Duthuit pour arriver à atteindre Zervos, comme vous me l'avez demandé, avant le printemps. »

La suite est affaire de patience. Georges Duthuit, critique respecté et brillant, grand spécialiste de l'art byzantin et du fauvisme, accessoirement gendre de Matisse, n'est pas homme à se laisser facilement circonvenir. La peinture de Staël le désarçonne, il lui faut l'apprivoiser, la sentir longuement. Staël fait son siège avec l'énergie qui le caractérise.

Peut-on résister à Staël ? Sa voix de basse, sa présence physique, sa flamme n'ont-elles pas raison des réserves les plus fortes ? En janvier 1950, il s'emploie à séduire Zervos tout en « chauffant » Duthuit. Le 10, il note déjà des progrès sidérants à l'intention de Schempp : « Zervos, c'est fait, cela passera en fin mai, mais il voudrait un texte de Duthuit. C'est possible mais pas facile ; drôle de type, ce gars-là. »

En vérité, sans doute a-t-il trop vite poussé son avantage. Après avoir assuré à Zervos que Duthuit souhaitait publier un article sur sa peinture dans *Les Cahiers d'art*, il lui faut obtenir que le critique s'exécute ! Servi par son ascendant, Staël finit par convaincre Duthuit que Zervos n'ose pas lui demander un article… Alors, Georges Duthuit cède, prend sa plume et croque un portrait inspiré : « Nez proéminent, en biseau, aux narines fines et sensuelles et qui ont dû battre à d'étranges odeurs d'encens ou d'hôpital, on en frémit. Mains de lutteur bulgaroctone, extrémités massives, ongles courts et terrifiants ont déposé, comme l'indique son nom, la plume et la lance pour l'attaque au pinceau. » Il le place au plus haut, parmi les maîtres du Quattrocento : « Il remonte au galop le cours des siècles, il se jette au feu le torse nu, sans la moindre ceinture de protection, et c'est à même les tourbillons du jour qu'il déverse ses baumes et ses pétroles, à pleins baquets. On respire. Ni vous ni moi, enfin, je l'espère, ne sommes taillés pour les frontières et pour les plafonds bas. En tout cas, Nicolas, lui, pas. La communion approche. »

Dans un style heurté, Duthuit l'intronise. D'emblée, il convoque et cite son ami Kees Van Dongen pour le consacrer : « Quand je pense aux tableaux de Staël, je vois une ligne horizontale, un très vaste horizon. Au-dessus de cet horizon, un ciel immense ; au-dessous, une prairie, simple tapisserie de verdure et de moire dont on a secoué les tulipes et les vaches blanches et noires. La mer s'est déposée au fond des yeux de votre ami, grise et verte. J'ignore ce que sont ses colères, mais j'entends glousser, pâmer, sangloter son rire de gamin errant et géant… »

On ne peut rêver mieux. Le personnage est planté, et Dieu sait que le personnage compte quand il est si difficile de parler d'une peinture déroutante, superbe et enténébrée. Dans son étude, Duthuit évoque Giotto, le Greco, Vermeer, Uccello, Yeats, Mallarmé, Byzance… Le critique, si réservé il y a encore quelques semaines, confesse son extrême séduction : « Irons-nous encore plus loin ensemble, mon cher Nicolas de Staël, après cette halte et les très hauts plaisirs que vous m'avez donnés, vers ces bords où hésitent la mort et la vie, où n'atteignent que pour s'évanouir les sons et les couleurs ? » demande-t-il en conclusion de son long article.

Avant de se laisser aller lui-même – plus tard – à un réel élan d'amitié pour Duthuit, Staël reste circonspect. Il n'oublie pas les prémices de cet engouement : son propre plan de campagne pour arracher de la « publicité ».

Sa part de cynisme et de doute s'exprime assez bien dans une lettre à Schempp du 26 janvier 1950 : « Pour ma part, j'ai terminé la préparation d'une salade russe à ma façon pour juin : Zervos, Duthuit, Breton, Courthion, Limbour, Waldberg et Cie, bien tassés, selon l'inspiration du moment – que faire ? Personne ne voit, personne ne veut, personne ne sait vraiment regarder un tableau, de tous ces gens-là, on pourrait aussi bien les mettre sur les bancs d'une école pour leur expliquer de quoi il s'agit, ce n'est pas facile et le cas me semble plutôt désespéré, en bloc et en particulier. Tout compte fait on s'en balance, ils n'entameront jamais la peinture, c'est tout ce qu'il faut. »

La cruauté du propos choque ? Il ne renoncera jamais à cette double conviction : les mots brouillent et embrouillent le sens de la peinture et les titres que l'on donne aux toiles les mutilent souvent. « Je n'y crois pas, aux titres, vous le savez », répète-t-il toujours à ses amis.

Dans l'immédiat, il se sent bien plus proche de ce que peut écrire sur lui Pierre Lecuire, dont rien n'est publié. C'est à partir de leurs conversations et de leur correspondance qu'il se forge son propre discours. En avril 1950, définitivement conscient de la nécessité de guider les critiques qui viennent lui rendre visite, il se constitue une manière de bloc-notes prêt à servir, un carnet où puiser réflexions et formules qu'il assume totalement. Il en adresse un large échantillon à son vieux compagnon Roger Van Gindertael, avec lequel il a sympathisé en Belgique avant-guerre, pour l'aider dans la rédaction d'un livre. Citons pour mémoire quelques-uns de ces traits qui scanderont désormais ses lettres et ses déclarations :

« Alors, voilà du bleu, voilà du rouge, du vert à mille miettes broyées différemment et tout cela gagne le large, muet, bien muet. »

« On ne peint jamais ce qu'on voit ou croit voir, on peint à mille vibrations le coup reçu, à recevoir, semblable, différent. »

« Aller jusqu'au bout de soi… tour de passe-passe, acrobate et compagnie, la mort. »

« Cela ne dépend pas du talent, cela ne dépend pas de la maîtrise, cela ne dépend pas de la volonté de faire quelque chose. On se perd à jamais à partir de l'instant où quelque chose se passe, tout est là. »

« On ne peut absolument pas penser à quelque objet que ce soit, on a tellement d'objets en même temps que la possibilité d'encaissement s'évanouit. Chez Rembrandt, un turban des Indes devient brioche, Delacroix le voit comme meringue glacée, Corot tel un biscuit sec, et ce n'est ni turban ni brioche ni rien qu'un trompe-la-vie comme sera toujours la peinture pour être. »

Propos fulgurants, à la hauteur d'une peinture prête à bondir…

Le « gang de l'abstraction avant »

Bien des articles suivront, comme prévu, consacrés à la peinture et à la personnalité de Nicolas de Staël, mais ils ne feront que lui assurer une gloire limitée à un cercle de *happy few*. Ou plutôt, sa peinture connaît un succès confidentiel en France, alors même qu'elle rencontre un succès croissant aux États-Unis où l'on commence à découvrir Jackson Pollock. Pour la première fois, *Life Magazine* publie une double page sur le cow-boy de la nouvelle génération américaine qui projette la peinture sur la toile comme on lance un lasso.

1950 est marqué chez Staël par cette fébrilité commune aux artistes qui pressentent les premiers gages de la réussite. Même s'il n'y attache qu'une importance relative, l'année commence pour lui à New York où Louis Carré – « l'impossible M. Carré » – consent enfin à l'exposer en compagnie de Lanskoy, Bazaine, Estève, Hartung et Lapicque. Trois de ses toiles des années 1946-1948 *(Éclair, Musique en tête, Marathon)* sont vues et appréciées.

Lancé sur le marché américain, il séduit immédiatement. Alfred H. Barr, conservateur au Museum of Modern Art (Moma) de New York, prend contact avec Schempp et tente d'acquérir une grande composition, *Calme* (96,5 × 162,5 cm), considérée par Staël comme décisive dans sa production. Hélas pour le conservateur, la toile est déjà en possession du collectionneur new-yorkais Lee A. Ault. Le directeur du Carnegie Institute, Gordon B. Washburn, souhaite aussi acheter une œuvre. Le musée de Bâle s'est presque décidé.

Ce frémissement grise Nicolas. S'il n'est jamais complètement dupe, s'il doute plus qu'à son tour, il sait aussi s'affirmer. À l'intention de son ami Pierre Lecuire, il rédige ce formidable argumentaire :

« … Je constate

« 1) que j'accorde d'une manière qui m'est propre ;

« 2) que je manie le couteau ou la brosse de plein fouet ;

« 3) que le mélange ou la liaison des couleurs et des tons vraiment simples doublent, triplent, etc., les gris à l'infini (autre lecture : que le mélange et la liaison des couleurs et des tons mènent simple, double, triple, etc., les gris à l'infini) ;

« 4) que l'exécution tient de la force et du tour de force. »

Convaincu par Ted, il compte sur la « publicité », les articles de presse. En février 1950, il note la parution d'une reproduction d'un de ses tableaux dans la publication new-yorkaise *Art et Theatre*. En mars, il remercie Schempp pour avoir vendu *Nord* à la Phillips Collection de Washington. Six mois plus tard, il ourdit un coup de maître sur le point d'aboutir : la Tate Gallery de Londres achèterait *Rue Gauguet*, qui retient déjà l'attention du musée de Grenoble… Le jeune conservateur de Grenoble, Jean Leymarie, tente de s'opposer à cette acquisition en faisant appel à la générosité de la municipalité, avant de s'incliner, faute de crédits, devant le Museum of Fine Arts de Boston…

« Bon courage, Ted, écrit Staël à son marchand. D'ici quelques années, vous gagnerez de l'argent avec moi si je peux faire de mieux en mieux et toujours plus simple. Ils vont vous courir après, tous les musées et amateurs. »

Et, de fait, à Londres, la galerie Matthiessen envisage une exposition. Une autre s'esquisse à Genève. Projets stimulants, même s'ils prennent trop de retard à son goût.

L'année 1950 marque bien un tournant. Pour la première fois, le succès vide les réserves de son atelier. Il se retrouve à court de toiles, démuni. S'il aime encore répéter qu'il n'est guère apprécié en France que par des professeurs de philosophie de province, il reçoit les premiers signes du contraire.

L'achat d'une *Composition* (162,5 × 114 cm) par le musée national d'Art moderne, au début de l'année, suffit à le lui démontrer. Car il n'est alors guère d'usage que les musées achètent à des peintres vivants. Bien des conservateurs y sont hostiles et s'appuient sur des dispositions réglementaires tatillonnes. L'opposition violente d'un conseiller, en 1947, au cours de l'examen par la direction des Arts et Lettres du dossier d'achat de tableaux de Braque, Bonnard, Rouault et Matisse, reste encore dans les mémoires. Il fallut toute l'autorité de Georges Salles, conservateur en chef, pour retourner la situation : « Messieurs, je ne sais pas si ces peintres sont vivants ou morts. Ce que je sais, c'est qu'ils sont immortels. » Deux ans plus tard, les mœurs se sont assouplies. Bernard Dorival, conservateur au musée national d'Art moderne, dont on se rappelle peut-être l'enthousiasme dès 1945, lors de la première exposition Staël à la galerie Jeanne Bucher, parvient à convaincre ses collègues. Ses supérieurs chargés des achats, M. Cognat, prudent, et Mme Lamy, déterminée, lui donnent leur accord. Dorival acquiert la *Composition* convoitée (numéro 204 du catalogue raisonné) et prend soin de la faire accrocher en haut de l'escalier monumental qui conduit aux salles d'exposition. Ainsi le tableau se distingue-t-il des autres, comme une introduction singulière aux toiles abstraites, presque inclassable.

Cette intuition, Dorival la confirme dans un article publié par la revue *La Table ronde* en juillet 1950, dans lequel il écrit : « Nicolas de Staël est abstrait. Mais, de tous les abstraits, c'est sans doute celui qui évite le mieux le danger du décoratif et atteint le plus à l'humanité. Il ne lui faut pas moins de deux amours pour le sauver du péril qui, si volontiers, menace l'art abstrait : l'amour de la belle matière et celui des tons sourds. »

Staël saute sur l'occasion pour se dissocier clairement, aux yeux du conservateur, du mouvement abstrait. Dans une lettre, il use d'humour pour souligner sa solitude volontaire, et lui écrit : « Merci de m'avoir écarté du "gang de l'abstraction avant". » Jeu de mots cruel tiré de l'actualité qui ne cesse de relater les hold-up commis par un fameux « gang des tractions avant ». Trait visant explicitement la peinture de Pierre Soulages, de Hans Hartung ou de Georges Mathieu, que Staël fait profession de tenir pour nulle et non avenue.

Abstrait ? Le mot colle, englue, et Staël, plus que jamais, cherche à s'en défaire. Il y revient sans cesse auprès des critiques qu'il côtoie, pour éviter que le terme ne pollue la vision, ne la canalise en excluant toute liberté du regard. Mais, toujours, le mot revient : « Staël échappe donc aux classifications, écrit René de Solier au printemps dans *Les Cahiers de la Pléiade*, mais pour demander aussitôt : Est-il l'un des "abstraits" de sa génération ? »

Roger Van Gindertael ne commet pas de ces « bourdes ». Le critique le situe au plus haut, sans la moindre hésitation. Déjà, en mai 1948, il l'avait encensé : « Je ne crois pas être trop hasardeux en découvrant dans l'œuvre de Nicolas de Staël l'événement le plus important dans l'art d'aujourd'hui depuis le cas

Picasso, et l'un des faits déterminant la raison d'être actuelle de la peinture » *(Journal des poètes)*. Cette fois, il le dissocie fermement des mouvements picturaux de l'époque : « On ne s'étonnera pas que le problème de la représentation, pas plus que celui de l'abstraction, ne se pose pour Staël. » Mais sa conclusion, elle, peut surprendre : « Staël est un baroque. »

Nicolas s'étrangle. En réponse, dans une longue lettre, il lui rétorque : *« Barocco*, je veux bien, mais si tu l'évites, c'est encore mieux. »* Tout est dit, une fois de plus : Staël tient en horreur les classifications, les boîtes dans lesquelles les critiques tiennent tant à placer les artistes. Sans doute l'histoire de l'art passera-t-elle un jour avec ses étiquettes et ses fils à plomb. Sans doute. Mais, d'ici là, pourquoi ne pas vivre sans corset ?

Au-delà de ces marques d'intérêt dans les revues, de ces premiers contacts avec les plus grands musées, son exposition chez Dubourg lui vaut un article dans *Le Monde*, le 3 juin 1950. Cette fois, il ne s'agit plus d'un article de revue confidentielle, mais bien d'une critique, la première, dans un journal réputé pour son sérieux. Staël en est d'autant plus flatté qu'il apprécie ce quotidien dont il recommande souvent la lecture à Françoise.

André Chastel, jeune critique, historien d'art sorti de Normale sup, accorde d'emblée au peintre une existence autonome : « De Staël a le don fort rare chez les "abstraits" d'occuper pleinement les grands formats. Ses tableaux, hauts ou longs, obligent à se pencher sur des événements élémentaires, si simples et si lourds en même temps qu'ils en deviennent insolites (…). On ne sait quel Patrice de La Tour du Pin saurait nommer les héros et énoncer le sens de ces paysages "intérieurs" dont nous ne connaîtrons sans doute jamais que leur splendeur et leur sérieux. »

Article chaleureux qui ne doit pas nous leurrer. André Chastel présente à ses lecteurs Staël comme un « demi-inconnu ». Sans doute a-t-il raison, puisqu'en saluant son œuvre, *Le Monde* le tire de son anonymat. Mais, en réalité, Staël demeure profondément marginal. Et ce feu d'artifice de l'année 1950 restera isolé, sans suite. Seul André Chastel, dans *Le Monde*, fera preuve de constance et d'enthousiasme... L'isolement est dorénavant rompu, pas l'indifférence.

Cinquième partie

« Mais le vertige, j'aime bien cela, moi. J'y
tiens parfois à tout prix, en grand. »

NICOLAS DE STAËL, 1954
(lettre à Pierre Lecuire).

Ils se racontent des histoires à dormir debout, des
contes et légendes pour adultes, des récits merveilleux
et improbables qui valent bien la chaleur d'un bon feu.
Nicolas se penche en avant dans son fauteuil, pose son
verre. Sa voix de basse s'élève comme pour une confidence :

« Tu sais, Antek était nu. On l'avait laissé sans surveillance, à quelques mètres de la tente. C'était au Maroc,
dans le désert, aux portes de Marrakech… Il devait avoir
trois ou quatre ans, alors… Tout à coup, nous avons
entendu des hurlements. On s'est précipité hors de la
tente, juste à temps pour voir l'aigle fondre sur lui. Déjà,
ses serres se refermaient sur sa tête et ses ailes immenses
battaient l'air… il reprenait son envol. J'ai tout juste eu
la présence d'esprit de courir, de tendre le bras au plus
haut ! »

Silence. René Char s'imprègne de l'histoire, approuve
de la tête et se sert un deuxième pastis. Alors, d'une voix
profonde, il demande :

« Nicolas, t'ai-je déjà raconté mon aventure avec mon
amie la lionne ?… Pendant des années, je me suis pro-

mené au jardin des Plantes. À chaque fois, je me suis arrêté devant sa cage pour l'admirer. Un jour, j'ai tendu les bras doucement, dans un geste d'amour. La lionne m'a fixé, s'est rapprochée avec des airs timides. Je lui ai pris la tête entre les mains et elle s'est renversée pour se donner. Elle avait une manière d'écarter les pattes, de se balancer lascivement… Chaque fois que je suis repassé, nous nous sommes aimés… »

Françoise sourit à ces deux beaux menteurs. Depuis quand le peintre et le poète se sont-ils donc apprivoisés, subjugués l'un l'autre ? Dès le premier coup d'œil, en cet hiver de 1951. À quarante-trois ans, Char apparaît comme un grand frère auréolé de gloire. Staël, trente-six ans, comme son cadet lumineux. Dès le 8 février 1952, l'auteur des *Feuillets d'Hypnos* lui écrit :

« Mon cher Staël, 1) J'ai été heureux, je suis heureux de vous connaître. 2) J'aime votre œuvre qui me touche au plus haut point. J'aurai l'occasion de vous en reparler. 3) Françoise est une chic fille. Sa présence donne des vergers d'oliviers aux instants qu'elle gouverne. »

Le vouvoiement s'épuise de lui-même à la deuxième rencontre. Une passion amicale naît entre eux, singulière, dévorante. Quelques mois plus tard, Staël en dresse un premier bilan à l'intention de son marchand, Jacques Dubourg :

« Dans l'ensemble, cet homme est fait de dynamite dont les explosions seraient halées de douceur calme. Tous les pontes lui cavalent au froc sans retenue. Braque seul a de la discrétion. Il fait traîner Matisse qui lui envoie soixante aquarelles qui ne lui plaisent pas, choisit dans une liasse de plus de deux cents dessins de Miró, et ainsi de suite. Rien de tout cela ne mord efficacement sur le plan commercial bibliophile parce qu'aucun de ces maîtres n'emploie un métier sans trucage. Pour moi, c'est clair, cette histoire-là. Alors, il me met dans le bain. Pour voir... par amitié... et il espère toute la masse qui m'est possible. Mais je n'arrive absolument pas à savoir et ne puis le lui demander franchement qu'est-ce qu'il va faire, vingt poèmes ou soixante pages de prose – sur la peinture en général ou sur ma pomme en particulier. »

Un nouveau compagnonnage est né. Une fraternité artistique où se mêleront surenchère poétique, goût de la lucidité et de la brûlure, éclats de rire, en attendant les temps de cendres. « J'approche de ton napperon d'encre noire, René. Nous sommes sur la voie précieuse », lui assure Nicolas. « Staël et moi, nous ne sommes pas des yétis ! regrette doucement Char. Mais nous nous rapprochons quelquefois plus près qu'il n'est permis de l'inconnu et de l'empire des étoiles. »

Le Poème pulvérisé

Ils sont jumeaux par la taille. René Char, immense bloc de granit, gueule tourmentée et mains à vif ; Staël, physique de funambule, chevalier mélancolique aux rires d'enfant.

Le poète lui semble tomber d'un ciel de légende, tel un cyclope buriné par les premières révolutions surréalistes. N'a-t-il pas traversé la guerre dans le maquis de Céreste, à la tête du secteur Durance-Sud (atterrissage-parachutage), sous le nom de « capitaine Alexandre » ? N'est-il pas un peu empereur, ce cousin des étoiles ?

Nicolas de Staël le présume. Or, Char le nomme d'emblée son égal. Char le convie au milieu des grands maîtres de la peinture du siècle. Dans un geste sans appel, il lui demande de créer pour lui, de se ranger parmi les meilleurs qu'il a élus.

En 1945, une pointe sèche de Picasso ouvrait *Le Marteau sans maître*. En 1947, une gravure de Matisse inaugurait *Le Poème pulvérisé*. En 1948, Joan Miró lui avait confié une lithographie pour *Fêtes des arbres et du chasseur*. En 1949, quatre eaux-fortes de Braque rythmaient *Le Soleil des eaux*... Char contemple la peinture de Staël et lui offre mieux : un recueil, tout un recueil avec lui, à égalité. Non pas des illustrations, mais un dialogue inédit, une confrontation de page en page entre la poésie et le trait gravé dans le bois brut.

Ce défi, Staël le relève comme une mission sacrée, se brûlant les yeux aux éclats des copeaux. Dès le printemps 1951, il est dévoré, hanté par l'idée d'un livre parfait. Et le livre prend forme sans qu'il sache précisément quels poèmes lui donnera son ami. Épais mystère. Staël travaille d'abord en aveugle, en simple harmonie avec une poésie qu'il découvre, apprend à déguster et à réciter. Alors seulement Char lui confie douze des poèmes du *Poème pulvérisé* que Matisse avait ornés d'une gravure. Défi singulier...

Très vite, un format est décidé : 37 × 28,5 cm pour les gravures. Il est aussi entendu que les poèmes de Char et les bois de Staël ne seront pas présentés en regard, mais isolément, pour ne pas perdre de leur impact. Staël n'illustre pas Char, il établit des correspondances.

De semaine en semaine, il lui raconte son labeur en lui écrivant en Provence, à L'Isle-sur-la-Sorgue :

« Les bois ont pris le départ sans incident. Je tape dedans le plus vite possible avec cent vingt gouges » (9 juillet).

« Ci-joint des épreuves grises sur différents papiers dont une sur Japon. Les trois premières, les plus rudes, me paraissent dominer, c'est une question d'encrage et de composition dans la feuille maintenant » (fin juillet).

« J'y vais avec toute la perception du possible… » (16 octobre).

« Impossible de faire mieux. Les grands bois sont faits » (26 octobre).

« Je fais le plus simple possible et c'est cela qui est si difficile pour moi » (30 octobre).

« Pour toi, samedi, tout sera fait, un jour ou deux de séchage pour les derniers textes, et c'est tout » (5 novembre).

« Voilà. René, j'arrive au bout, un peu sur le tranchant des nerfs parce que tu devrais avoir tout le livre fait depuis hier (…). Je ne te dirai jamais assez ce que cela m'a donné de travailler pour toi. Tu m'as fait retrouver d'emblée la passion que j'avais, enfant, pour les grands ciels, les feuilles en automne et toute la nostalgie d'un langage direct, sans précédent, que cela entraîne » (8 novembre).

Ce pourrait être purs propos de complaisance, mais ce n'est pas son style. Sans préméditation, Char vient de bouleverser sa vie. Durant cette année 1951, Staël renonce presque à la peinture et au dessin. Jamais, depuis ses années de formation, il n'a aussi peu produit. Un cycle puissant s'achève.

Il peint gravement. Seulement 43 tableaux durant cette année-charnière. Deux toiles de 1949, *Sud* (65 × 100 cm) et *Calme* (96,5 × 162,5 cm), servent de matrice à ses nouvelles créations. « Tout ce que je fais à présent est parti de là », écrit-il à Ted Schempp. La *Grande Composition bleue* (200 × 150 cm), une huile sur un panneau d'Isorel de 1950-1951, brille par sa sobriété étincelante : sur fond noir se détache un immense aplat gris-bleu travaillé à la truelle, tout juste surmonté d'une masse beige-rose et de deux pavés bleu ciel en épi.

Depuis peu, sa peinture semble avoir secrètement dénoué un invisible garrot. Un air libre glisse désormais sur ces huiles vastes comme des ciels. Une inquiétude, aussi : ne pas se répéter, ne jamais recommencer la même toile, jouer avec les couleurs à l'infini. Des leitmotive ? Soit ! Mais en variant l'interprétation, en cassant la routine. Il commence aussi à dessiner avec de gros crayons-feutres que lui rapporte Theodore Schempp des États-Unis. Crayons magiques pour l'époque.

La conception d'une œuvre commune avec René Char lui sert de pause et de relais. Elle le contraint à créer sur des surfaces réduites, à renoncer à la subtilité des tons qui composent sa palette, aux « passages », interdits en gravure, aux empâtements. Sur bois, pas de nuances, mais la rupture !

Tout l'été, tout l'automne, une partie de l'hiver sont consacrés à ce travail qui l'oblige à des réglages incessants et à de longs séjours dans l'atelier de l'imprimeur Baudier, rue Falguière, derrière la gare Montparnasse.

Staël espère composer l'un des plus beaux livres de collection de l'époque, un ouvrage de bibliophilie à la hauteur du *Jazz* de Henri Matisse, avec ses vingt planches sorties des presses à 270 exemplaires en 1947. Fin novembre, le livre commence à circuler. « C'est un enthousiasme très simple et vrai qui l'accueille, écrit Staël à Char avant son arrivée à Paris. Attends-toi à un triomphe. » Son ami salue son travail : « Oui, tu as fait là une très impressionnante œuvre réelle. »

Fin décembre, le livre est présenté au public à la galerie Jacques-Dubourg. Mais le triomphe programmé se résume à un succès d'estime. En apparence, il en faut plus pour atténuer l'enthousiasme de Staël. Dans une lettre à Ted Schempp, il raconte le vernissage :

« Tous les écrivains de France étaient là, la jeune génération, Albert Camus, Michel Leiris, Bataille, un monde fou, Ted ; je ferai mon prochain livre tout en couleur, rien que de la couleur et presque pas de texte. Il faut donner aux amateurs de peinture le goût des livres de peintre – faits de bout en bout par un peintre. Fini, la décoration. De la peinture plein le livre en liberté. Mais, pour l'instant, la peinture toute seule. »

L'urgence est là. Une priorité absolue, à nouveau entière.

Une farandole de pommes

« Il est magnifique, ton cadre !

– Magnifique et inutile, répond Pierre Granville à Staël. Je viens de l'acheter à une pauvre vieille femme qui voulait me vendre des tableaux. Des horreurs ! Pour lui faire plaisir et lui donner un peu d'argent, je lui ai finalement acheté ce cadre. »

Staël prend le cadre vénitien chantourné, un cadre miniature pour un tableau de poche, le caresse :

« Tu as fait une affaire… »

Pierre Granville le reprend, fait quelques pas dans l'atelier de la rue Gauguet.

« Je pourrais peut-être en faire cadeau à ma femme, mais il faudrait quelque chose de particulier. Par exemple… Dis, ça ne t'embêterait pas de me faire un bouquet de violettes pour Kathleen, pour son anniversaire ?

– Des violettes… Tiens! Des violettes. Mais non, ça ne m'embête pas. Je te ferai ça. C'est quand, son anniversaire?

– Le 19 novembre.

– C'est bon, on a encore le temps. »

Ce n'est rien, un bouquet de fleurs. Ce n'est rien, mais là, Staël doit peindre sur quelques centimètres carrés. Le cadre vénitien ne laisse pas davantage de place au peintre. Staël cherche, retourne dans tous les sens cette équation et finit par écraser sur un fond violet quelques pétales épais.

« Ça ira comme ça. C'est impossible, son histoire. On ne peut pas peindre sur une vignette! »

C'est son premier bouquet de fleurs.

« Tu sais, Pierre, je l'ai recommencé trois fois! dit-il à Pierre Granville lorsque ce dernier vient rechercher sa commande. Trois fois!… »

Pierre Granville enfouit le tableautin dans l'une des poches de son manteau et s'en va, ravi. Staël, son ami Staël, à qui il achète de temps en temps un tableau, a confectionné pour lui une pochade. Mais se doute-t-il seulement que ces violettes, ces quelques grammes de peinture pressés à la va-vite sur le bois, annoncent bien d'autres bouquets : une nouvelle période de la peinture de Nicolas de Staël?

Depuis plusieurs mois, Staël rêve de sujets très simples. Ayant provisoirement délaissé ses pinceaux et ses couteaux pour des gouges et des ciseaux de sculpteur, il rumine une autre manière de peindre. Sa longue diète durant l'été et l'automne 1951 aiguise son appétit pour des thèmes éternels. Un jour, croisant boulevard Haussmann Daniel Cordier, il lui avoue son besoin de changer, d'aborder les motifs les plus humbles, les plus quotidiens. Le jeune peintre venu lui demander conseil après l'Occupation fronce les sourcils. Staël coupe court :

« Eh oui, Cordier, j'ai envie de peindre des pommes, maintenant. Des pommes toutes bêtes. Essayez, vous aussi ! Je trouve cela formidable. »

Des pommes à la Cézanne, des pommes de vrai peintre. Des pommes interdites, défendues bien sûr, en cette période d'abstraction forcenée. Sur des toiles de petites dimensions, il inaugure en ce début d'année 1952 un retour insolent à des formes immédiatement identifiables. Et quoi de plus identifiable qu'une pomme ? Dix tableaux marquent cette étape au cours de laquelle Staël ose, à pleine pâte, risquer une pomme cubique, puis *Trois Pommes en gris*. Ce sont, bien sûr, des pommes de Staël, irréductibles à tout autre style. Des pommes de maçon, rugueuses, solides et ironiques, esquissées au couteau sur des toiles exiguës.

Cinq fois il s'offre le luxe de natures mortes où n'apparaît qu'une pomme isolée. Trois fois, il compose avec trois pommes. Deux fois, ce sont des cortèges de pommes qui prennent forme. Pommes en rang d'oignons, pommes en farandole. À chaque fois, la composition se répète, stricte, sobre : une ligne d'horizon basse autour de laquelle s'organise la nature morte.

Plus qu'une audace, ces dix toiles représentent la nouvelle maturité du peintre, bien décidé à ne pas s'interdire le plaisir de peindre la vie telle qu'elle s'offre à sa vue. Un champ immense de possibles s'ouvre devant lui. « Moi aussi, je ferai des fleurs ! » s'exclame-t-il après s'être plongé dans un livre sur Van Gogh. Il « fera » aussi des bouteilles, des dizaines de vieilles bouteilles en verre coloré comme autant de gigues.

En février 1952, il expose à Londres, galerie Matthiessen, cette nouvelle étape de son travail. Sur vingt-six tableaux, sept offrent une nette parenté avec des formes empruntées à la réalité. On peut notamment découvrir *Une Pomme* (24 × 35 cm) et trois toiles de la série des *Petites Bouteilles*. La critique britannique applaudit avec réserve. En contrepoint de John Russel qui le qualifie, dans le *Sunday Times*, de « nouveau peintre le plus intéressant de ces quatre ou cinq dernières années », *The Listener* donne la tonalité générale en regrettant sa « communion spontanée avec le monde visible ».

L'exposition réunit pourtant quelques-unes des toiles majeures des années 1949-1952. Au centre éclate l'immense *Composition grise* de 1950 (200 × 400 cm), succession de larges aplats qui donnent au tableau la densité et le poids d'une fresque. La *Composition fond rouge* de 1951 (100 × 150 cm), symphonie de petits pavés gris, noirs et bordeaux sur fond rouge carmin, est aussi du voyage. Sans compter *Les Toits* (200 × 150 cm), aboutissement de dix années de fureur de peindre. Le public anglais mérite bien cette toile longuement méditée lors des traversées de la Manche. À plusieurs reprises, Staël s'est arrêté à Dieppe, ces deux dernières années, avant de rejoindre Londres pour préparer cette exposition. À chaque fois, la luminosité des paysages, tant du côté de Varengeville, chez Georges Braque, que du côté anglais, l'a touché. Un travail en profondeur s'est opéré.

« Je pense pouvoir évoluer, Dieu sait comment, vers plus de clarté en peinture, et (…) cela me met dans un état désagréable de trouble permanent », écrit-il à son nouvel ami Denys Sutton, amateur et collectionneur britannique.

À Londres, il s'arrête longuement devant les Constable, les Bonington et les Turner. Denys Sutton l'entraîne devant les paysages à l'huile de Whistler et Sickert. C'est de cette méditation que vont naître *Les*

Toits, primitivement titrés *Ciel de Dieppe*, que Staël appelle d'ailleurs ainsi dans sa correspondance. Double titre pour une double lecture. Sommes-nous devant un tableau figurant le ciel et les galets, ou le ciel et les toits de Paris ? Seule certitude : il dégage une force cosmique. L'immense ciel composé d'une matière épaisse, dans les gris, verts et blancs, matière mille fois retravaillée, froissée, poncée, recousue, donne son ampleur à une toile majestueuse qui s'affirme d'un coup. Sous la ligne d'horizon, bien basse, on retrouve les pavés gris de Staël, discrètement rehaussés d'un mince filet rose ici, d'un bleu roi sous-jacent là.

On peut y voir une lointaine réminiscence de *La Mer à Dieppe* (1852) de Delacroix, ou de *Vue de Paris* (1886) de Vincent Van Gogh, où l'on note précisément ce partage abrupt de la toile par une ligne d'horizon basse et coupante. Mais, ici encore, Staël ouvre une nouvelle voie, à la lisière de l'abstrait et du figuratif. « Je n'oppose pas la peinture abstraite à la peinture figurative, confie-t-il alors. Une peinture devrait être à la fois abstraite et figurative. Abstraite en tant que mur, figurative en tant que représentation d'un espace. »

Exposés à Londres, remballés, *Les Toits* reviennent rue Gauguet. Bernard Dorival ne peut s'en détacher :

« C'est votre chef-d'œuvre, Staël.

– …

– Jamais vous n'êtes allé aussi loin. Et jamais je n'aurai les fonds pour l'acheter ! »

Nicolas de Staël sourit :

« Dorival, elle vous plaît ! Eh bien, je l'offre à votre musée. À vous de lui trouver sa juste place. À vous de voir si vous pouvez vous en encombrer. »

Cette fois, les formalités administratives sont promptement bouclées. Quelques jours plus tard, le musée

national d'Art moderne valide la donation et vient chercher le tableau.

Staël adresse alors au conservateur ces quelques
lignes d'un grand seigneur :

« Très cher Dorival, vous êtes bien gentil d'avoir
accepté mon ciel pour votre musée. Je tiens à vous en
remercier. J'espère vous voir à mon retour à Paris. Au
cas où le châssis jouerait trop sous la charge, vous avez
un jeu de vis pour tendre ou détendre l'Isorel de ce
tableau. Bien amicalement. »

Le Parc des Princes

Dieu, qu'il fait froid ! Le vent du nord balaie les gra-
dins. Plus de trente-cinq mille supporters soutiennent la
France qui joue contre la Suède et les trois cents Suédois
qui ont fait le voyage sont eux-mêmes gelés. C'est le premier match international en nocturne à Paris et le spectacle est tout simplement féerique. Serrés l'un contre
l'autre, Françoise et Nicolas sont radieux, comme deux
enfants au milieu d'une foule en liesse. C'est tout juste
s'ils connaissent les règles du jeu, mais qu'importe : il
suffit d'aimer le mouvement et la couleur. La France est
assurée de gagner, selon la presse du jour, et le public
compte les yeux fermés sur son gardien de but René
Vignal, le numéro 10, en maillot rouge.

La première mi-temps se termine pourtant par un
résultat nul : 0-0. Les supporters de l'équipe tricolore
grondent et les Suédois sont contraints, sous la pression,
de modérer leurs encouragements. Lors de la deuxième
mi-temps, l'incapacité des tricolores à construire une
attaque devient patente, la domination suédoise acquise.

À la quatre-vingt-sixième minute, Westerberg marque. Mais Nicolas a depuis longtemps oublié l'enjeu sportif pour ne capter que les masses et les volumes, les maillots bleus et blancs, si précis sous la lumière crue des projecteurs. Son œil enregistre les dribbles, les touches, les longues passes transversales et les tentatives de tirs au but.

Cette nuit du 26 mars 1952, Nicolas ressort du parc des Princes transformé, habité par des couleurs et des figures qu'il lui faut immédiatement porter sur la toile. Dans l'urgence. Sitôt rentré rue Gauguet, il commence une série de petites toiles qui sont autant d'études, d'instantanés de ce qu'il vient de voir. Dans la fièvre, il pose au couteau des blocs de blanc, de bleu, de rouge, de noir, de jaune ; il reconstruit les corps des footballeurs dans leur course, ballon au pied, bustes en extension, avant-bras en déséquilibre, jambes tendues dans l'effort ; il brosse à la va-vite, pour mémoire, les tribunes, le ciel rejeté dans la pénombre, la pelouse devenue rouge dans la tension des projecteurs. Toute la nuit il peint comme on boxe, tentant de préserver son émotion, sa vision, ce chaos de couleurs en fusion. Toute la nuit il revient à ses sensations.

À l'aube, il regarde sa première série de *Footballeurs*. Des huiles sur toile, des huiles sur carton. Ce sont les premières notes, des gammes pour se lancer dans un travail autrement plus fort. Il avise dans un coin de l'atelier une grande toile inachevée posée en équilibre contre un mur : on peut y distinguer, pour la première fois depuis dix ans chez Staël, un corps adossé à un arbre. Il soulève le tableau avec peine, le dépose au sol, le tire vers le milieu et le recouvre. Ce sera le premier grand format de la série.

Durant plusieurs semaines, Staël campe dans son atelier. Il compose une vingtaine de toiles, le plus souvent dans des formats horizontaux qui lui permettent de brosser en une ou deux lignes de force le « décor » : ciel, tribune, pelouse. Dans ce cas, il joue volontiers avec le bleu-blanc-rouge, les trois couleurs françaises. Mais, au fil du temps, il se contente d'une ligne d'horizon : le ciel noir vient buter sur la pelouse. Surtout, les formes déliées du début se solidifient, se simplifient encore davantage, deviennent des blocs imposants. Les tableaux semblent fouettés par la couleur, surnourris d'énergie, de grand air.

En apothéose, il commence un tableau de 7 mètres carrés (200 × 350 cm) dont il a tendu lui-même la toile sur le châssis. Cela tient bien, comme il dit, du « tour de force ». Sa taille et l'envergure de ses bras dépliés l'aident à dominer un tel chantier. Il déverse ses couleurs directement sur une table en verre qu'il a disposée près de lui. Il se sert de spatules de plus en plus larges pour coucher la peinture sur la toile. Avec un morceau de tôle de 50 centimètres, il maçonne vigoureusement ce champ d'espoir avec des blancs, des gris, des vert amande, des bleu ciel, des blancs rosés. Le noir, les noirs sont de retour, en majesté, qui font saillir la lumière. *Le Parc des Princes*, avec ses diagonales multiples, fait penser à une bataille de Paolo Uccello revisitée.

Sa fièvre ne retombe pas. Elle ne peut retomber. À travers elle, Staël cristallise son passage à une peinture située au point extrême de la raison et de la passion, aux marges du ressenti et du vu. À la mi-avril, il reste encore dans cet état de tension et de ravissement et écrit à René Char, qui passe l'hiver à L'Isle-sur-la-Sorgue :

« Je pense beaucoup à toi, quand tu reviendras on ira voir des matches ensemble, c'est absolument merveilleux, personne là-bas ne joue pour gagner si ce n'est à de rares moments de nerfs où l'on se blesse. Entre ciel et terre, sur l'herbe rouge ou bleue, une tonne de muscles voltige en plein oubli de soi avec toute la présence que cela requiert en toute invraisemblance. Quelle joie ! René, quelle joie ! Alors j'ai mis en chantier toute l'équipe de France, de Suède, et cela commence à se mouvoir un tant soit peu ; si je trouvais un local grand comme la rue Gauguet, je mettrais deux cents petits tableaux en route pour que la couleur sonne comme sur les affiches sur la Nationale au départ de Paris. »

Un mois plus tard, il expose au Salon de mai son grand *Parc des Princes*. Le tableau est ressenti comme une gifle par ses confrères et par la critique qui lui était acquise. Ni le format américain ni le sujet ne sont en cause. Le football et le rugby ont déjà été magnifiés avant lui : Robert Delaunay a brossé dès 1913 une *Équipe de Cardiff* de grande ampleur (326 × 208 cm), puis Gleizes des *Joueurs de football*. Non, ce qui est en cause, ce qui suscite une émotion irraisonnée réside dans ces formes « lisibles » qui occupent la toile. Le choc est d'autant plus violent que personne, à Paris, n'a encore vu les *Pommes, Les Indes Galantes* qui représentent une ballerine stylisée, ni la première série des *Bouteilles*. D'un coup, *Le Parc des Princes* apparaît comme le manifeste d'une révolte du figuratif, et les partisans de l'abstraction se raidissent.

Les mieux intentionnés parlent d'impuissance, de reniement. On instruit son procès pour apostasie. Étrange climat : subitement, des amis se détournent dans une atmosphère de guerre froide. Comme Jean Arp, dont les sculptures laissent entrevoir le souvenir de ses modèles, comme Hélion, déclaré coupable d'avoir abandonné ses recherches abstraites, Staël est pourfendu, vilipendé, excommunié, traité comme un « contrevenant politique » selon l'expression d'André Lhote qui prend sa défense.

André Breton, qui connaît à la perfection les arcanes du marché de l'art, constate alors que « le novateur authentique, à qui marchands et critiques défendent aujourd'hui, pour des raisons de vogue, toute autre voie que celle du "non-figuratif", n'a pas grande chance de s'imposer ». Mais Staël en impose. Si quelques amis lui tournent le dos, d'autres le soutiennent. Jean Bauret, Georges Duthuit, André Chastel, Pierre Lecuire l'accompagnent dans sa transition. René Char le canonise en quelques lignes :

« Nicolas de Staël nous met en chemise et au vent la pierre fracassée./ Dans l'aven des couleurs, il la trempe, il la baigne, il l'agite, il la fronce./ Les toiliers de l'espace lui offrent un orchestre. »

Lorsque s'apaise la méchante clameur du Salon de mai, il s'est déjà lancé à fond dans l'étude de paysages autour de Paris, dans cette « zone » entre fortifs et banlieue, du côté de Gentilly, de Châtillon et de Fontenay – « un étroit désert accidenté, chaotique et boueux abandonné aux clochards, aux chiffonniers, aux bandes de gamins », ainsi que le raconte Jacques Dupin, jeune poète que lui a présenté René Char. Staël part à l'aube avec un sac à dos bourré de petits cartons, de brosses, de couteaux et de tubes de couleur, pour ne revenir que le soir. Ce travail sur le motif lui devient nécessaire. Il en tire des dizaines d'études sur carton ou sur toile où il épure en quelques traits, en quelques coups de couteau à peindre, ce qu'il a vu.

« Je fais pour toi, écrit-il à René Char, des petits paysages des environs de Paris pour t'apporter un peu de mes ciels d'ici et calmer mon inquiétude à ton sujet; ce n'est pas que je croie que cela puisse t'être efficace, mais cela me rassure un peu en pensant à toi, des couleurs plein les mains à ciel ouvert. »

Il lui expédie une huile sur carton (12 × 22 cm), *Fontenay*.

« Ton tableau, lui répond Char le 8 avril, a l'odeur d'un bouquet d'étoiles de chaleur. Tout s'y passe dedans comme le cœur et l'exigence, la difficulté de notre esprit et la simplicité de notre sensibilité ardemment le demandent. Il est beau et je le regarderai longtemps. »

Puis Staël s'éloigne vers Chevreuse, Mantes-la-Jolie, en route vers Fontenay-Mauvoisin, chez les Bauret. Il s'aventure à Varengeville, Dieppe et Le Havre. Ses tableautins, tracés d'une huile claire et fraîche, sonnent admirablement. Ses gris, ses verts rappellent discrètement Corot. La sobriété de la composition fait songer aux marines de Braque de cette même année 1952.

Année explosive au cours de laquelle Staël va aligner 242 tableaux, passant des petites études aux grands formats. Déjà, en cette fin de mai, il fuit Paris pour la Provence – Bormes, La Ciotat, Le Lavandou –, la lumière du Sud. René Char ne met pas longtemps à découvrir son refuge :

« Bon, cher Nicolas, je sais maintenant où tu te trouves ! Auprès de la lumière, auprès du cassé-bleu. Vis et à bientôt. Tu me manques. C'est certain. Fraternellement. »

« Évident et presque impalpable à l'aube, quelle joie, ton pays », répond Staël, enivré de lumière.

Mais la joie se laisse si vite recouvrir ! Il oscille en permanence entre déprime et exaltation, épuisement et sursaut de vitalité. « Je suis mort de fatigue et compte faire l'impossible pour dormir au soleil quinze jours, trois semaines », écrit-il à Ted Schempp. Rêve pieux ! Il fuit le sommeil qui lui échappe, enchaîne les jours sans profiter des nuits. « Dors pas. Trop de thé », résume-t-il dans une lettre à Françoise.

On l'imagine insubmersible, il s'avoue fragile. Plus jeune, il lui arrivait de se réveiller brisé, au milieu de la nuit, par de violentes douleurs dans les os. Il se plaint désormais de son dos. Ce géant avance, souffrant, hiératique, légèrement voûté :

« J'ai des contractions musculaires à faire hurler et les pompes qui se grippent, espèce de troubles cardio-vasculaires, confie-t-il à Guy Dumur. Alors, piqûres, massages, une pharmacie de méchanceté... »

Il confesse à ses proches sa « nervosité » et son « inquiétude ». Il se laisse brutalement emporter par l'ivresse du travail, puis envahir par le vertige du doute.

« Très cher René, il faut que tu me pardonnes, je suis à fond de cale avec le tout en question, à chaque instant. »

Char lui reproche sa pudeur et lui fait grief de ne pas savoir se confier :

« Je croyais t'avoir prouvé, en faisant notre livre, mes sentiments fraternels à ton égard. Tu n'as pas l'air de t'en souvenir lorsque tu cuves tes ennuis tout seul... Quand je suis "à fond de cale avec le tout en question", je n'hésite pas à aller voir quelqu'un que je sais avoir une vraie, une désintéressée amitié pour moi, et *ensemble* nous trouvons une solution, *toujours*. Excuse-moi de te dire cela. Drôle d'époque! Merde de pudeur! Tristesse de tout! »

Mais, déjà, Staël a oublié ses tourments, recouvré son enthousiasme! Jusqu'à la rechute… Il consulte alors des médecins, n'hésite pas lui-même à prescrire des ordonnances : «… Je vous prierai de prendre tous les jours sans exception de l'hépacholine en trois ampoules buvables; mangez des poissons blancs, des viandes rouges et beaucoup de citron. Je crois sérieusement que vous avez besoin d'un régime », enjoint-il à Pierre Lecuire. Il dirige Braque sur un médecin de ses amis, fait appel pour lui-même et ses enfants au jeune docteur Alexandre Minkowski.

Plus encore que ses petites misères (palpitations, fièvres, rages de dents, courbatures), sa cyclothymie le soumet à de rudes épreuves. Ses phases d'exaltation connaissent des pics aigus et des chutes foudroyantes. Ses volte-face impressionnent. Une mélancolie sournoise peut l'envahir subitement pour laisser place au bout de cinq minutes à l'euphorie – il étreint alors Françoise dans une danse passionnée au milieu de la cuisine – ou à une mémorable colère.

Un beau matin, il va se sentir mal à l'aise en France, rêver à voix haute de se rendre en Union soviétique pour s'y fixer avec sa famille, puis se raviser à tout jamais lorsque Françoise lui objecte que sa peinture l'enverrait directement au goulag.

En juillet-août 1950, un séjour à Londres le transporte : « Ville immense, très assise sur des bases qui paraissent totalement indéracinables, mais alors totalement. Ils ont déménagé toute l'Égypte dans un musée que j'ai vu ce matin (…). Presque tout le monde a des instincts de dignité dans les vêtements – unique ! » écrit-il à Françoise.

Mais, en février 1952, déçu par l'échec relatif de son exposition chez Matthiessen, dont il attendait beaucoup, il déclasse la capitale anglaise qui, désormais, ne vaut guère mieux qu'un cloaque :

« Tu sais, Londres, c'est les égouts de Paris en plein ciel avec la majeure partie des maisons construites en poussière marine, pierres à coquillages, noires près de la terre et blanches là où le vent de la mer les lave suffisamment, raconte-t-il à sa fille Anne. Tout y est bizarre pour nous, parce que rien n'a quatre faces, quatre murs, quatre fenêtres, quatre temps : tu vois, il faut que tu saches un peu de géométrie, c'est très important, l'équilibre. »

Le sien, précisément, est précaire. Tout le brûle : l'obsession picturale, la lumière, la passion, les amitiés. Il s'embrase et se consume. Seule compte l'amitié présente, sorte de foyer incandescent, entretenu sans relâche. Mais cette fusion finit toujours par révéler ses défauts. Les fraternités revendiquées s'érodent trop vite. Les gémellités proclamées se fragmentent. René Char lui-même, chantre de son amitié pour Staël, ne le fuit-il pas, par moments, inquiet de ses assauts, de ses envahissements, de ses exaltations ? Ne feint-il pas d'être en Provence alors qu'il se trouve à Paris ? Ne se préserve-t-il pas, mot si incongru pour Staël qui ne vit que dans la dépense, l'excès ?

Quand Char proteste de son attachement – bien réel – pour son ami, le peintre considère que c'est encore trop peu. Pour lui, l'amitié participe de l'amour et de la démesure. C'est un *à la vie, à la mort.* Nulle protec-

298

tion, nulle raison ne doivent pouvoir s'immiscer dans ce « couple », ni en altérer la pureté. Tout le reste s'apparente à une duperie.

Mais sa manière de tourner la page laisse tout autant rêveur : ses oublis sont cassants ; ses silences, des violences. Le « quitte ou double » demeure son élément. « … Je pense souvent à l'équilibre qui me manque toujours en amitié et me manquera probablement toujours. Tout compte fait, je ne sais même pas ce que c'est », confie-t-il en février 1952. Rien ne peut fixer durablement ses sentiments. Les grands vents déchaînés de ses passions se font un devoir de bousculer sans cesse l'ordre le mieux établi.

L'amitié le dévore dans l'instant. Ces précieux instants qui composent les longues rencontres, les déjeuners sans fin rue Gauguet. « Tu me manques fort », « Il me tarde de te voir », « Je t'aime », écrit Staël avec impatience à Char. Le poète préfère la mise en perspective, la distance de la poésie. « Tu étais frais comme le cresson de ma rivière natale et dispos comme un chardonneret sur la branche du cyprès, cher Nicolas, ce midi. J'ai été content de t'entrevoir. Je t'aime bien, durablement. »

Mais la durée existe-t-elle pour Staël ?

Char vante la « modestie », le « défini », le « perpétuel ». Staël vit dans l'orgueil du présent et de l'intensité. Le poète résume cette dichotomie en parlant d'une nouvelle toile que Nicolas lui envoie :

« J'ai placé ta mer face à mon lit, cet étang stagnant et bizarre. Bonne fin de soirée, nuit d'huile grâce à tes tempêtes. Tête aérienne. »

Staël exige aussi la vérité, entend ne pas la taire lorsqu'il croit la détenir. « Ah ! Jaeger, allez voir les Matisse, quelle révélation ! » s'exclame-t-il devant le successeur de Jeanne Bucher. Mais il peut aussi trancher devant les tableaux d'un « maître » du moment : « C'est de la merde intégrale et sans discussion. » Il porte aux nues ou descend en flammes avec le même emportement. Ses propos choquent certains de ses amis qui le lui disent. Il s'en explique : « … Si cela m'arrive de traiter tel ou tel peintre de nullité, je me demande toujours si je n'en suis pas une au même titre. »

Tourmenté, il demande comme un service un jugement lucide et dur. Il invite ses marchands à faire leur office :

« Dites, Ted, pas de bienveillance pour la toile Adler (numéro 216 du catalogue raisonné), si vous n'êtes pas sévère, on n'arrivera jamais à rien. La feriez-vous rester là-bas si c'était un Renoir et si Renoir vous proposait de la retoucher ? Faites attention, c'est grave. »

Avec sa placidité, sa sérénité souriante, Jacques Dubourg le rassure. Son appui lui devient indispensable. Staël l'en remercie à sa manière directe :

« Je pense souvent à vous, à votre vie, votre goût, et l'œil que vous jetez sur la peinture instinctivement ou bien au plus haut carrefour de votre radiation. Tout compte fait, je crois que nous ferons tous les deux un parcours peu banal dans cette drôle d'existence si les choses se mettent un tant soit peu à tourner. Et j'avoue que cela me donne vraiment du courage, votre rythme lent à mon égard, je veux dire : cela prend figure de nécessité dont je ne pense plus pouvoir me passer. »

Jacques Dubourg l'assure de son amitié exclusive :

« Je suis certain que nous ferons des choses très étonnantes ; quant à mon cœur, il est à vous. Pour les autres, les écrous sont toujours bien serrés. »

Dubourg le réconforte. Il lui apporte les petites nouvelles du marché de l'art, le tient au courant de l'intérêt grandissant pour ses tableaux d'un marchand installé à New York, Paul Rosenberg :

« Le tableau du Salon de mai lui plaît beaucoup, mais la dimension lui fait peur. Les *Footballeurs* lui plaisaient aussi, mais ils sont vendus. La difficulté est un excitant et nous l'avons laissé sur son excitation. L'argent ne doit pas tout permettre, un délai est toujours de bon augure et nous nous retrouverons dans quelque temps. »

Lui, si impatient, aime cette idée qu'on lui donne du temps. Dubourg apaise ses angoisses. Dubourg le libère en lui servant de banquier. Installé au Lavandou, puis à La Ciotat durant l'été 1952, Staël multiplie les petits formats qui s'accumulent par dizaines, où l'on discerne nettement des barques de pêcheurs et même des parasols multicolores.

« Je rapporterai une bonne quantité d'études, mais pas de tableaux au sens où je l'entends, des tableaux à faire, oui, chez moi, à Paris, écrit-il à Dubourg. Il me faut du recul, tous les reculs, celui de mon atelier, celui des rideaux à Matisse ouverts, fermés, à chaque instant, et le calme. »

Et encore :

« Mon rêve, c'est de faire le moins de tableaux possible et de plus en plus complets ; pour l'instant, tout ce qui me passe par la tête trotte comme une conversation mondaine et je bombarde sans sourciller dès que je sens quelque chose au bout des doigts qui veut bien porter ce que je ressens à l'intérieur. »

Là où Derain discernait une « douceur de tons, d'odeur, d'atmosphère », il perçoit des contrastes violents, une lumière suraiguë. Sa mue définitive s'opère au contact de cette nature brute, de ce soleil qui coupe et blesse. Il passe sans retour, ainsi que le dit Jean Bauret, du « biscuit abstrait à la lune concrète ». C'est ainsi que la mer devient rouge, le ciel jaune et le sable violet.

La petite musique de Suzanne Tézenas

Dans l'après-midi, il loue faubourg Saint-Antoine une tenue de soirée à sa taille. À vingt et une heures, le voilà dans le salon très parisien de Suzanne Tézenas, revêtu d'un smoking bleu marine... Il avance avec nonchalance et naturel parmi les cercles d'habitués, s'arrête, passe d'un groupe à l'autre. Il est là comme chez lui, comme s'il avait toujours fréquenté les salons huppés de la capitale, échange deux mots avec Cioran, deux autres avec Pierre Boulez, engage la conversation avec Balthus. Son insolence affleure parfois. N'est-ce pas lui qui demande à Jean Paulhan, l'éminence grise des éditions Gallimard dont il connaît la passion pour la peinture et l'amitié pour Braque :

« Vous aimez la peinture ? »

Manière d'en douter...

Rarement autant d'écrivains, de musiciens et de peintres se sont retrouvés au 29 de la rue Octave-Feuillet. Les compositeurs et les interprètes sont à l'honneur avec Messiaen, Stravinsky, Nono, Stockhausen, Pierre Stouvchinsky. Les poètes et les écrivains font partie de la maison : on reconnaît Jules Supervielle, Henri Michaux, Jean Genet, André Pieyre de Mandiargues. Les peintres et les sculpteurs sont au rendez-vous avec Miró, Vieira da Silva et Arpad Snezes, André Masson,

Serge Poliakoff, Luce et Étienne Hajdu, Geneviève Asse, les Stahli.

Près de l'entrée, Guy Dumur et Pierre David accueillent les invités, les guident si nécessaire. Ce sont eux qui ont préparé la soirée, lancé les invitations, proposé à Suzanne Tézenas de nouveaux noms de jeunes talents… Tous les deux mois, ils officient ainsi à la préparation d'une des soirées les plus courues. Parfois, lorsque vous avez plu, l'invitation devient plus régulière encore et vous vous retrouvez convié à des dîners d'une vingtaine de couverts.

L'intendance est immuable. Pour les réceptions, de grands buffets sont dressés dans les salons où se pressent par grappes quelque cent cinquante artistes ravis de la qualité des champagnes et des canapés. Pour les dîners plus intimes, le cérémonial impose tout de même un valet de pied en gants blancs derrière chaque femme. Muets, des bustes d'empereurs romains en marbre, perchés sur des colonnes, jugent de la qualité des invités.

Suzanne Tézenas serait-elle l'héritière d'une grande lignée ? La dernière mondaine de Paris ? En la voyant, la question paraît déplacée. C'est sa simplicité qui frappe, sa réserve, la générosité de son sourire. Elle possède ce don secret de communiquer avec les autres d'une simple poignée de main. Comme personne, elle sait présenter ses amis, les faire valoir, les lancer dans de nouvelles aventures.

« Venez, Nicolas ! Allons voir votre tableau. Vous me direz s'il "sonne" bien là où je l'ai mis. »

Staël lui tend son bras, l'accompagne. Sa *Composition*, une huile sur toile (100 × 73 cm), trône dans le plus grand salon, au-dessus d'un marbre de cheminée. Les larges aplats de couleurs, rehaussés par un noir intense sur le bord extérieur droit, vibrent.

« Êtes-vous content ? »

Nicolas ne répond pas, s'éloigne de quelques pas, plisse légèrement les yeux, et lui sourit. Pourquoi parler ? Il lui semble que cette femme le comprend, le sonde sans effort. Depuis quelques mois, il lui voue une sorte de révérence mystique.

Dans son style inimitable, alors qu'il se trouve en juin 1952 au Lavandou, il lui adresse ce message :

« De l'intimité mentale où nous nous trouvons à l'éclat des sables de la Méditerranée, il y a mille chemins sans ambages malgré toute la versatilité insupportable de cette lumière où résistent seuls quelques blocs de marbre blanc. À bientôt. Nicolas. »

Sous le vernis de la poésie transparaît une rencontre tout à la fois parisienne, philosophique et spirituelle.

Depuis combien de temps Suzanne Tézenas magnétise-t-elle ainsi les créateurs ? Elle a été l'une des plus proches confidentes de l'écrivain Pierre Drieu La Rochelle. Jusqu'aux derniers jours de mars 1945, prélude à son suicide. Avec elle, il pouvait s'éloigner des rives occidentales pour aborder les terres lointaines de l'hindouisme, du syncrétisme, de la méditation. Lumineuse et terrible amitié : « Je lui ai fait payer ses années de frivolité. Punition bien injuste. Elle a été ma seule amie femme », écrit Drieu avant de mourir. Elle fut l'une des très rares, avec Olesia Sienkiewicz, sa deuxième femme, et Kissia Laffon, sa belle-sœur, à être autorisées à préparer sa dernière demeure. « Elles seules doivent s'occuper de l'enterrement et veiller. »

De sa douleur on connaît peu de chose. Elle a repris sa vie mondaine après-guerre. Une fortune d'origine familiale lui épargne tout tracas financier. Son mari, Léon Tézenas, polytechnicien, la laisse libre d'organiser les soirées qui lui semblent nécessaires. Il y paraît parfois discrètement, en visiteur. Strictement littéraire, avec une dominante *NRF*, son salon s'est progressivement ouvert à la peinture, puis à la musique contemporaine. Mais, alors que le salon de Florence Gould sert de tremplin aux prétendants à l'Académie française, que celui de Louise de Vilmorin s'ouvre aux cinéastes, aux acteurs et aux romanciers, le sien devient le centre des peintres de l'École de Paris, puis des compositeurs du Domaine musical. Elle s'est initiée à la musique en fréquentant le salon de la princesse de Polignac avant-guerre et en côtoyant Francis Poulenc, Henri Sauguet et Manuel de Falla. En 1949, John Cage donne chez elle son premier concert parisien ; à sa grande surprise, l'Américain plonge tête et bras dans le ventre de son Bechstein pour y préparer un récital de sa façon. Elle devient peu après le mécène de Pierre Boulez en prenant avec détermination le relais de Madeleine et Jean-Louis Barrault, qui accueillent les concerts du Domaine musical au théâtre Marigny, quand ils lui demandent de patronner ces soirées.

Simple coïncidence ? L'engouement de Staël pour la musique vire alors à la passion. Classique, moderne, jazz : il ne dédaigne aucune de ses déclinaisons et l'on retrouvera dans son œuvre aussi bien des pianos que des trompettes, comme dans son hommage à Sidney Bechet (*Les Musiciens*, 1953).

Au rythme de sa fièvre, il commence à peindre en écoutant Stravinsky et Bartok, mais pour renoncer rapidement. La peinture ne requiert-elle pas concentration et recueillement ? La musique ne doit-elle pas s'écouter religieusement, comme une prière ? Sa passion pour la première, son attirance pour la seconde le conduisent cependant à vouloir les lier dans une œuvre commune. Au cours d'une soirée exaltée, René Char et lui échafaudent le projet d'un ballet inédit autour de la « figure légendaire du yéti », cet ancêtre de l'homme survivant dans le froid himalayen. Les rôles sont presque distribués : texte de René Char, décor de Staël, musique à venir…

Tandis que Char écrit *L'Abominable des neiges*, Nicolas se charge de trouver un compositeur. Suzanne Tézenas lui parle de Luigi Dallapiccola et lui donne son adresse à Florence. Le surlendemain, Staël saute dans le premier train avec sa femme et Pierre Lecuire. Voyage éclair dans une Italie du Nord recouverte de neige et de givre. À peine arrivés en gare de Florence, ils appellent le maître, arrachent un rendez-vous et se présentent. Rencontre historique : ni Staël, ni Françoise, ni Pierre Lecuire ne parlent l'italien. Luigi Dallapiccola ne brille pas en français. La conversation s'engage, irréelle. Le compositeur, en plein quiproquo, croit deviser avec son homologue Nicolas Nabokov, tout juste nommé pour organiser le Festival de musique du XXᵉ siècle, et fait comprendre qu'il veut bien composer à condition d'être payé. Staël croit convaincre son interlocuteur de l'urgence de son projet. Après une bonne heure d'échanges à grand renfort de gestes, on se sépare, convaincu de s'être compris.

Déjà, Nicolas croit entendre la musique. Il poste à l'adresse de Suzanne Tézenas un mot rapide : « Voulez-vous suggérer à Messiaen de jouer quelque chose de Luigi Dallapiccola chez vous, au mois de mai ? En toute intimité. » Le concert donné en privé, lors de son retour à Paris, le fait changer d'avis. *Exit* Dallapiccola. Il lui faut Messiaen en personne.

Dans une lettre à Char, il développe ses impressions et tente de faire évoluer son ami pour qu'il reprenne son argument poétique :

« Voilà ce qui est possible de réaliser de suite. Bien entendu, en admettant que Messiaen est le seul musicien capable de tenir le volume de l'Opéra avec des chœurs, des pianos, des cuivres et tout ce que l'on voudra, en possédant en même temps suffisamment d'humilité en face de tes poèmes. Parce que trois choses plaident pour lui – indiscutablement :

« – le sens vrai de la masse musicale en plein volume ;

« – une excellente attaque du piano ;

« – la joie des cuivres, tambours et flûtes, sans heurts.

« Mais il parle d'amour à la Massenet, donc besoin de toi pour hausser le ton ; ne sépare pas assez les différents instruments dans leur modulation ; recherche l'originalité des rythmes intelligemment, mais sans assez de naturel. Il faut que tu lui donnes le ton plus précisément, plus évidemment. Alors, alors seulement ce sera possible. »

Vraiment ? Une dizaine de jours plus tard, Staël retire tout ce qu'il a dit jusqu'à présent :

« Très cher René, dernière investigation musicale hier soir. Lorsque Boulez donne trois notes, ce pauvre Messiaen n'existe plus malgré la pyramide d'œufs blancs qui porte son lustre. À bientôt. De tout cœur. »

Entendue chez Suzanne Tézenas, la musique de Pierre Boulez le bouleverse. « C'est foncier ! c'est foncier ! » s'exclame-t-il.

Igor Stravinsky, auquel il a songé, est déjà oublié. Le maître et sa femme lui ont fait mauvaise impression :

« ... Ils sont entourés d'une véritable armée de musico-
logues, librettistes, danseurs, musiciens, poètes, milliar-
daires, pédérastes, et ne sont que pour très peu de temps
ici, totalement ivres de l'encens répandu autour d'eux. »

Reporté, amendé, ballotté, le projet ne verra finalement pas le jour. Char se retire sur la pointe des pieds :

« Cher Nicolas, lui écrit-il, merci de te donner du mal
pour ce ballet qui, je le crains, restera un "poème", car
je me sens incapable de l'adapter pour le mettre à la portée d'un musicien. Je ne sais pas travailler sur le détail,
et tu comprends et tu sens cela, toi, aussi bien que moi.
Aussi laissons cet enfant de l'Himalaya sur les crêtes de
l'Himalaya poétique. Il s'y trouve fort bien ! »

Voyage à « Babylone »

Au large de Terre-Neuve, il se sent le visage « picoté
d'aiguilles salines ». Par grand vent, au milieu d'une
mer lourde et agitée, il découvre l'Atlantique à bord de
L'Île-de-France. Les vagues cognent contre la coque,
les embruns meurent en cascade sur le pont, et lui-même
se ferait volontiers attacher au mât de misaine pour ne
rien perdre du spectacle des tempêtes, de l'effroi que
suscitent toujours les éléments déchaînés.

Retiré dans sa cabine, il retrouve son style de narra-
teur pour raconter son périple vers les États-Unis :

« Ce voyage fait partie des livres d'enfants où un
vapeur couvert de neige, de verglas avance péniblement
par gros temps à la recherche de quelque mystérieux
rivage. Il y a du givre sur chaque hublot, des marins pati-
bulaires donnent l'impression d'entendre le tonnerre des
vagues qui sonnent les tôles pour la première fois. Tout

le monde titube, à l'exception de trois Mexicains dont l'axe de gravité se trouve dans le tabac noir d'énormes cigares qu'ils fument sans interruption. »

D'abord logés à fond de cale, sans le moindre hublot, Françoise et lui obtiennent d'être installés dans une cabine de seconde classe plus agréable.

« Françoise a très bien supporté tout cela malgré la musique de poubelles dont la "Transat" nous gratifie, le décor intérieur immonde et sans espoir à jamais, écrit Staël à Dubourg. Il faudrait conseiller à ces messieurs de relire ne fût-ce que Jules Verne, attentivement ! »

Il ne reste plus qu'à dessiner, dévorer les volumes de Valéry Larbaud trouvés à bord, et dormir.

Dormir pour récupérer. Dormir pour évacuer la tension accumulée ces derniers mois. Dormir pour affronter New York où il va exposer pour la première fois, chez Knoedler, une grande galerie. À nouveau il a vidé son atelier. À nouveau il a tenté de tout superviser à distance, comme l'année passée à l'occasion de son exposition à Londres. Mais, cette fois, une angoisse sourde le travaille. La préface demandée pour son catalogue n'est pas arrivée à temps et le texte, « d'une vulgarité sans nom », lui a déplu. *Le Parc des Princes*, à peine pris en charge par le transporteur, a été endommagé :

« Les ouvriers de Haas ont donné des coups de pied ou je ne sais quoi au grand *Parc des Princes*. Impossible de retoucher ici (…). La partie des aplats bleu-noir de droite en a pris un bon trou dans la pâte. »

Surtout, son inquiétude grandit pour l'accrochage. Il ne cesse de réfléchir à la meilleure manière de disposer ses tableaux à partir du croquis que lui a envoyé Schempp. Il redoute une erreur, craint que la presse ne découvre avant le vernissage des toiles en vrac :

« Attention à la presse. Faites la gamme pour moi, si je ne suis pas là, vous savez ce que cela veut dire dans tous les sens – je l'ai fait mille fois pour vous à l'atelier. Accordez bleu, bleu, bleu, blanc, noir, jaune, etc. La distance, Ted, entre chaque chose avec un maximum de questions en suspens à l'horizon. »

À peine arrivé, le 25 février 1953, ses mauvais pressentiments se confirment. Sur le quai de débarquement, Ted Schempp n'apparaît pas. Françoise et lui piétinent des heures dans le froid devant la guérite des douaniers qui fouillent leurs valises à même le sol. Le lendemain, il constate avec rage qu'il ne peut retoucher ses toiles endommagées par le transport. Les bonnes couleurs font défaut, et l'espace, et le temps. Il se heurte à la mauvaise volonté des manutentionnaires syndiqués qui maugréent contre la lourdeur des tableaux. Ses relations avec Schempp se tendent. Il découvre les États-Unis et le poids de l'argent, cette jauge absolue de tout et de chacun. Il songe déjà à repartir, organise son retour – sa fuite ? – et commande deux billets d'avion pour le lendemain du vernissage, fixé au 10 mars.

Son entrée dans « Babylone » le laisse indifférent. Les gratte-ciel, l'architecture new-yorkaise, rien ne trouve grâce à ses yeux, hormis les concerts et les musées. « On a tous les livres hébraïques, toutes les tables de la Loi en carton-pâte sur le crâne, en forme de gratte-je-ne-sais-quoi, et tous les hurlements des arènes de l'Empire romain à la fois sur deux mille mètres carrés, sans un instant de silence », écrit-il à une amie. Le spectacle de *« New York by night »* le glace : « Quelle tristesse ! Quel trou ! » conclut-il à l'intention de Jacques Dubourg.

Son marchand accuse réception :

« Mon cher Nicolas, merci de vos deux lettres. Elles ne respirent pas l'enthousiasme, mais il faut s'habituer à ce pays remuant. Vous deviez vous en être fait une idée qui ne pouvait concorder avec vos réactions premières. J'attends les secondes (réactions). Laissez-vous fêter et remuer, c'est fatigant mais ils adorent cela… »

En attendant le vernissage, Nicolas fréquente assidûment les musées. Il visite avec Françoise la collection privée de Stephen Clark et admire les Seurat : le portrait d'Aman-Jean et *La Parade*, devant laquelle il s'arrête longuement, sans commenter, enregistrant la fixité de l'univers du jeune peintre mort à l'âge de trente-deux ans. Au musée d'Art moderne, il découvre *L'Atelier rouge* de Matisse, entré en 1949, et rencontre le sculpteur Calder. Il file à Merion, près de Philadelphie, admirer la collection Barnes, notamment *Les Grandes Baigneuses* de Cézanne et *Le Bonheur de vivre* de Matisse. Françoise et lui gagnent Washington pour visiter la Phillips Collection qui lui a acheté, aux États-Unis, sa première toile. Ils en profitent pour retrouver Pierre Wrangel, ancien compagnon d'enfance de Nicolas à Bruxelles, et déjeuner avec lui.

Il est alors temps de revenir à New York, de tenter d'ultimes pourparlers afin d'accrocher au mieux les tableaux et d'encaisser la tension du vernissage. Sa déclaration d'intentions, écrite pour l'occasion, tient en quelques lignes :

« Toute ma vie, j'ai eu besoin de penser peinture, de voir des tableaux, de faire de la peinture pour m'aider à vivre, me libérer de toutes les impressions, toutes les sensations, toutes les inquiétudes auxquelles je n'ai jamais trouvé d'autres issues que la peinture. Aujourd'hui, je montre à New York un ensemble auquel je suis très attaché comme je ne l'ai encore jamais été en toute modestie. »

La presse américaine applaudit. L'hebdomadaire *Time* attire l'attention sur « les couleurs somptueuses » de Staël et note son physique de géant polaire. Dans le *New York Times*, Stewart Preston salue « l'un des peintres abstraits les plus importants depuis la fin de la guerre ». Carlyle Burrows, dans l'*International Herald Tribune*, admire *Les Toits*. Dans le magazine *Art Digest*, James Fitzsimmons commente *Le Parc des Princes*, qualifié de toile postcubiste, et *Les Indes galantes*. « Sa vision est globale, monumentale en réalité », conclut-il.

Mais, surtout, les amateurs plébiscitent l'exposition. « La difficulté ne rebute pas le public de New York, écrit André Chastel dans *Le Monde*. La grandeur des travaux de Nicolas de Staël l'a fasciné ; la foule a défilé. »

Le phénomène a commencé avant même le vernissage. Staël, sidéré, constate à l'intention de Dubourg : « Ils vendent chaque jour mes tableaux avec plusieurs types sur chaque toile à la fois. »

Mais cet engouement ne lui plaît qu'à moitié. Il ressent fortement que les amateurs deviennent des clients : beaucoup ont préempté ses tableaux par téléphone, à l'aveugle. Il se rappelle l'un des préceptes de Jeanne Bucher : « Ce n'est pas intéressant de vendre à n'importe qui. Il faut vendre cher et à des personnes dont le rayonnement vous fera connaître. »

Ce brusque flot d'argent le déstabilise. Lui qui flambe si naturellement dès qu'il en a la possibilité se rétracte. Que valent les dollars contre un seul vrai compliment ?

Il quitte New York désespéré, non sans avoir dû participer avec Françoise à un cocktail, activité mondaine qu'il compare à une séance de natation dans « des bassines à whisky ». « Je ne peux pas avouer combien je reste terrifié », confie-t-il à Pierre Lecuire. « Maudits soient, cher poète, tous les chemins qui mènent à Wall Street, quels qu'ils soient, même bibliques et surtout ceux-là ! »

Le voilà célébré outre-Atlantique par un public qui l'insupporte, et méconnu en Europe dont il se sent le peintre le plus prometteur. Mais se doute-t-il seulement que son succès américain est déjà connu des critiques d'art à Londres et à Paris ? De retour en France, les plus grands marchands le complimentent. Staël a désormais une cote. Riche ? Pas encore. Mais aisé, pouvant compter sur des rentrées régulières.

Georges et Marcelle Braque lui font du bien en le traitant comme si de rien n'était, avec leur simplicité coutumière. « Je ne supporte pas ce mercantilisme, leur dit-il. – Vous avez raison, Staël, faites attention ! le prévient Marcelle. Vous avez résisté à la pauvreté, soyez assez fort pour résister à la richesse. »

Les fantômes de Sicile

Début mars, à peine de retour rue Gauguet, il reprend et finit *Bouteilles dans l'atelier* (200 × 350 cm), qu'il veut exposer au Salon de mai 1953 : devant la puissance et la majesté du tableau, Georges Limbour parlera d'un « couronnement d'empereur ». Il termine *L'Orchestre* (200 × 350 cm) et *Ballet* (200 × 350 cm). Toiles immenses, toiles majeures qui dissipent ses doutes et ses déceptions. Avec des couleurs subtiles maçonnées dans l'ardeur, il écrase un monde sur la toile. Plus rien ne lui fait peur. Au sommet de son art, il joue des volumes, des valeurs et on l'imagine, tel Vulcain, soufflant sur ses pâtes comme sur une forge.

Puis, brusquement, le voilà penché sur une œuvre miniature… À la demande de René Char, il entreprend son portrait en tâtonnant : son ami ne veut pas poser et Staël ne veut pas de séances, alors qu'ils se rencontrent deux ou trois fois par semaine pour des discussions sans fin. Ce sera un portrait de mémoire, un portrait elliptique, un portrait anonyme, sorte de profil perdu conçu avec des papiers découpés. « Attention, avait prévenu Staël. N'oublie jamais que je suis lent en tout (…) Pense à cela. Je ne suis pas Picasso. Éprouve ta patience ! »

Lent ? L'autodéfinition laisse rêveur : Staël, c'est la flamme. Une épée qui fend l'air. N'est-ce pas lui, quelques semaines plus tard, qui résume ainsi son credo à Pierre Lecuire : « Il n'y a que deux choses valables en art : 1) la fulgurance de l'autorité ; 2) la fulgurance de l'hésitation. C'est tout. L'un est fait de l'autre, mais, au sommet, les deux se distinguent très clairement. Matisse à quatre-vingt-quatre ans arrive à tenir la fulgurance, même avec des bouts de papier. »

Avec Pierre Lecuire, il s'engage dans la composition d'un nouveau livre, *Le Tombeau d'Hercules Seghers*. D'avril à juin, il grave sur cuivre des paysages épurés, hommage explicite au maître des Pays-Bas. Retour douloureux sur un peintre désespéré tout entier dans sa peinture : « On ne peut faire ce qu'il a fait sans se voir dans chaque nuage, chaque griffe du ciel », écrit-il.

Il trime et sue. Le texte de Lecuire le laisse insatisfait ; ses propres eaux-fortes, perplexe. Arrêter ? L'hypothèse est évoquée. « Mais je suis tout à fait incapable d'abandonner un travail commencé et j'irai jusqu'au bout de mes ressources sur le fil, tel qu'il s'est tendu au départ de ces eaux-fortes vagues », répond-il à son ami. Et pourtant, le projet sera abandonné…

314

Il songe à fuir Paris, à s'isoler. Comme Flaubert, il aurait pu écrire : « J'ai au fond de l'âme le brouillard du Nord que j'ai respiré à ma naissance. Je porte en moi la mélancolie des races barbares, avec ses instincts de migrations et ses dégoûts innés de la vie, qui leur faisait quitter leur pays comme pour se quitter eux-mêmes. Ils ont aimé le soleil, tous les Barbares qui sont venus mourir en Italie, ils avaient une aspiration frénétique vers la lumière, vers le ciel bleu… »

Fin juin, il transhume en famille vers la Provence, installe Françoise, Anne, définitivement retirée de pension, Laurence et Jérôme à Lagnes, non loin d'Avignon, sur la route d'Apt, dans une magnanerie au nom qui chante : « Lou Roucas ». Les grandes vacances commencent. La maison est grande, sans confort excessif mais accueillante. Nicolas dispose de trois ateliers. À la cave, le vin ne demande qu'à être bu. Le propriétaire des lieux invite spontanément la famille à soulager les arbres fruitiers du jardin.

Cette pause au Paradis n'est pas improvisée. René Char lui avait souvent parlé de ce village perdu, accroché dans les blés, protégé par des rideaux de cyprès, dominant les plantations de pêchers. On se trouve là au beau milieu du légendaire terroir du poète. Il en connaît chaque pierre, chaque homme, chaque femme, chaque enfant, et tous les coins du ciel. Ici on l'apprécie ; mieux, on le vénère. La famille des Mathieu, qui exploite le domaine agricole des Grands Camphoux, lui voue un culte né pendant la guerre : le « capitaine Alexandre » l'emporte sur le poète.

La figure de Marcelle Mathieu, maîtresse femme vieillie sous le dur soleil du Midi, paysanne douée d'un sixième sens, domine tout son monde. Sa blouse cache un cœur de philosophe, le ressort tragique d'une Clytemnestre moderne. Son mari, ses quatre enfants majeurs, dont Henri, le poète, et Jeanne, la femme-fleur, s'inclinent devant ses diktats. Char a longuement parlé à Staël de chacun.

Dans ce paysage où chantent les cigales et les grillons, il reste à peindre, à aimer et à souffrir. Staël découvre « la richesse du pays au point de vue formel », ses « horizons sans limites ». Dans un style poético-télégraphique, il raconte à Pierre Lecuire ses journées et son cadre de vie : « Me suis mis aux paysages de marché et aux fleurs du marché à l'usine. Peins dans une odeur unique de fumier sec agrémenté d'herbages. Pays vert à vaches avec de beaux "Mantegna" d'aplomb futile. »

Le soir, Françoise et lui enfourchent de vieilles motocyclettes pour rejoindre les Mathieu et boire un verre au village. Mais, déjà, Nicolas piaffe. Il rêve d'une expédition italienne, envoie l'un de ses beaux-frères en éclaireur à Rome pour louer un grand appartement, projette de passer son permis de conduire. Fin juillet, quelques belles ventes lui permettent de commander une camionnette Citroën dans laquelle il demande l'installation d'une banquette Pullman. Il monte à Paris, début août, pour passer son permis.

Encore une fois, le temps s'accélère. Il renonce à Rome, met sur pied une longue traversée de la botte italienne jusqu'à la Sicile. Paradoxe : pour cette équipée familiale, il convoque deux figures féminines tout droit sorties du panthéon de René Char – Ciska Grillet et Jeanne. La première l'enlace de son rire ; peintre, nimbée de son passé de résistante dans le réseau Buckmaster, vivant à Briançon où son mari est sous-préfet, elle accepte l'invitation. La seconde consent aussi à l'aventure ; fille de

Marcelle Mathieu, elle s'inscrit avec un naturel hermétique dans la poésie de Char, qui la place au plus haut : « Je te découvrirai à ceux que j'aime, comme un long éclair de chaleur, aussi inexplicablement que tu t'es montrée à moi, Jeanne, quand, un matin s'astreignant à ton dessein, tu nous menas de roc en roc jusqu'à cette fin de soi qu'on appelle un sommet… »

Après l'avoir rencontrée fin juillet à Lagnes, Nicolas en perdra son style : « Jeanne est venue vers nous avec des qualités d'harmonie d'une telle vigueur que nous en sommes encore tout éblouis. Quelle fille, la terre en tremble d'émoi, quelle cadence dans l'ordre souverain. Là-haut, au cabanon, chaque mouvement de pierre, chaque brin d'herbe vacillaient (…) à son pas. Quel lieu, quelle fille ! »

Staël commet là une singulière erreur d'appréciation : cette fille est une femme, et cette femme a un mari et deux enfants. Mais, avant même de la voir, Nicolas était saisi à vif. Les descriptions que lui en avait faites Char ne lui autorisaient plus la moindre distance. La fraternité lui commandait d'être aveuglément conquis.

À la mi-août, les Staël s'entassent donc dans le « tube » Citroën avec Jeanne et filent vers Briançon pour prendre Ciska. Puis, chahutés par les tressautements de la camionnette et les à-coups de la conduite de Nicolas, ils mettent aussitôt le cap sur Gênes et Naples. Le régime observé oscille entre luxe et simplicité. Tantôt, tous descendent dans le meilleur palace où le « panier à salade » de Nicolas détonne singulièrement parmi les voitures de maître ; tantôt les enfants et Françoise (enceinte de quelques mois) dorment dans la camionnette et les autres à la belle étoile. Tous grignotent des pastèques sur le bord de la route ou se régalent dans des trattorias.

Le vrai et ultime but de cette équipée a pour nom la Sicile. Staël va chercher là, parmi le chaos des ruines de Sélinonte et d'Agrigente, la formule secrète de l'art grec, la clef des lumières ordonnées, des formes stylisées et pures. Sur de larges carnets à spirale, il note en quelques traits, au crayon-feutre, les paysages saturés de soleil, les colonnes antiques dressées vers les dieux. Sa main grave les collines, épuise l'arbre, la ligne de fuite. Il hante les musées – « Tous les Grecs des mers diverses dansent aux galbes des vases noir et ocre » – et scrute les mosaïques des églises byzantines. Il s'endort le regard tourné vers les étoiles.

Au retour, Paestum, revu après quinze ans, lui paraît sous un jour plus favorable : « J'ai dit bonjour à Paestum de tout cœur en pensant à vous, écrit-il à Jacques Dubourg. Hier à l'aube les frontons étaient déjà couverts de corneilles comme au couchant... » Rome le séduit, le Vatican lui fait horreur : « Jérôme se familiarise avec l'art grec et trouve le Vatican atroce. Je partage son goût, comme vous le savez. La lumière est toujours d'une opacité rayonnante à Rome. » Puis il remonte encore vers le Nord par Assise et Florence.

Sent-il déjà en lui cette modification profonde qu'il appellera à la fin du mois les « brusqueries de son inconscient » ? Alors qu'il devrait être apaisé, sinon reposé, sa tension est extrême, ses colères irraisonnées : il lui arrive de corriger sévèrement Jérôme. Sa nervosité et son inattention lui font percuter, heureusement sans gravité, le conducteur d'une Vespa. À Naples, tandis qu'il roule dans la zone portuaire, il pile de justesse au bout d'un quai... Quand le gardien du site antique de Sélinonte refuse malencontreusement de le laisser entrer en raison de l'heure tardive, il libère sa fureur jusqu'à obtenir gain de cause. « Nous avions pénétré et marché dans la tempête des ruines », se souvient Anne de Staël.

C'est que le périple « familial » se révèle plus tourmenté que prévu. Ciska le laisse entrevoir dans une carte à René Char : « Ah ! ce voyage, René, si tu savais ! Quel mélange d'horreurs et de merveilles, de ciel étoilé sur nos têtes endormies, de Raphaël et de Vatican, de Sixtine et de tressautements de camionnette. Nous pensons sans cesse à toi que nous aimons. » « Oui, tu nous manques », ajoute Jeanne. Françoise, elle, se contente de signer.

La fin de cette équipée italienne ressemble en fait à une débâcle. À Fiesole, Nicolas part se promener seul à plusieurs reprises avec Jeanne, abandonnant Françoise, Ciska et les enfants. La petite troupe baigne alternativement dans un climat de tension et de tristesse. Une retraite s'impose très vite. La camionnette franchit les Alpes, dépose Ciska à Briançon et Jeanne en Provence, chez son mari. Les Staël se retrouvent face à face et regagnent Lagnes à petite vitesse.

L'été finissant semble se tramer. Nicolas impose à sa famille une séparation qu'il annonce provisoire : il veut rester seul à Lagnes, peindre seul, vivre seul, retrouver un souffle qui lui échappe. « Je crois que quelque chose se passe en moi de nouveau, et parfois cela se greffe à mon inévitable besoin de tout casser quand la machine semble tourner trop rond. Que faire ? » demande-t-il à Jacques Dubourg. Mais s'agit-il d'une vraie question ?

En cet automne 1953, à trente-neuf ans, Staël fonce et s'enfonce dans un cycle qui alterne désespoir mélancolique et vaillance exceptionnelle. Il règne seul sur les pièces vides de « Lou Roucas ». À Guy Dumur il décrit son isolement volontaire : « J'ai choisi une solitude minable au retour de mon voyage chez les fantômes de la mer des Grecs, mais cela me va bien parce que j'ai maintes facilités à devenir moi-même un fantôme avec ou sans obsessions. »

Fantôme hanté par les couleurs pures et violentes des paysages siciliens qu'il commence à peindre dans une grange-atelier. Fantôme obsédé par le corps de Jeanne qu'il couche anonymement sur la toile. Jeanne devient son « inconnue », son secret – et son ravage. À René Char il confie son malaise en se gardant d'en révéler l'origine : « … Je suis devenu corps et âme un fantôme qui peint des temples grecs et un nu si adorablement obsédant, sans modèle, qu'il se répète et finit par se brouiller de larmes. Ce n'est pas vraiment atroce, mais on touche souvent sa limite. Quand je pense à la Sicile qui est elle-même un pays de vrais fantômes où les conquérants seuls ont laissé quelques traces, je me dis que je suis dans un cercle d'étrangetés dont on ne sort jamais. »

« Il ne reste plus que moi »

La frappe de la machine à écrire s'arrête juste un instant. Paul Rosenberg donne machinalement une légère tape à la pochette qui orne sa veste et reprend à haute voix :

« J'ai le plaisir de vous informer que nous avons vendu quatre toiles de vous depuis hier, et que la demande devient de plus en plus grande. En conséquence, mais sans vouloir vous pousser à la production de nouvelles œuvres, je serais très content d'en recevoir, car je crains que je ne pourrai pas suppléer à la demande. » Le marchand new-yorkais s'arrête devant sa secrétaire, s'assoit et reprend : « Vous voyez que j'avais raison et que l'augmentation de prix n'arrête pas les acheteurs ; cela les stimule, au contraire. »

Ce 21 octobre 1953, Paul Rosenberg adresse son premier communiqué de victoire à Staël. Depuis le Salon de mai 1952 où il s'était arrêté devant *Le Parc des Princes*, sidéré par l'aplomb et la force de la toile, il s'était juré de devenir le principal marchand de ce jeune peintre intransigeant. Le voilà parvenu à ses fins, contrat signé en accord avec Jacques Dubourg, mais à la grande fureur de Theodore Schempp, jeté aux oubliettes.

En fin de journée, Rosenberg relit et signe son courrier. Au bas de sa lettre à Staël, il rajoute non sans plaisir : « Je viens de vendre une cinquième toile !!! » Dans sa galerie du 20 East 79th Street, sa clientèle lui fait aveuglément confiance. La demande de tableaux signés Staël ne faiblit pas.

Le 27 octobre, Paul Rosenberg se révèle boulimique : « … Si la part réservée à M. Dubourg lui semble trop lourde, je suis tout disposé à la reprendre pour mon compte, vous laissant le soin de juger de la qualité de vos œuvres. Je ne voudrais pas que les tableaux invendus traînent dans votre atelier. »

Avec ce marchand-là, Nicolas de Staël franchit une frontière invisible qui le classe parmi les très grands peintres. Car Rosenberg appartient à cette caste de professionnels qui ne se trompent pas dans leurs choix. Les connaisseurs le savent, qui situent son nom dans la lignée des Paul Durand-Ruel, Ambroise Vollard, Daniel Henry Kahnweiler et Pierre Loeb. Dans les années vingt, le jeune Paul Rosenberg pouvait déjà s'enorgueillir d'avoir enlevé Picasso à Kahnweiler qui, de dépit, le traitait de « petit brocanteur ».

Sa galerie du 21 rue La Boétie, à Paris, et sa succursale, à Londres, proposaient aussi les meilleurs Braque, des Léger et des Matisse. À la fin des années trente, ses collections rassemblent tous les grands noms de la peinture du XIXe et du début du siècle : Géricault, Delacroix, Ingres, Courbet, Cézanne, Manet, Renoir, Van Gogh, Lautrec, Bonnard, Modigliani, Braque, Picasso, Matisse, etc. Il cultive avec soin une élégance naturelle, des allures de grand seigneur, une théorie du marché toute personnelle, dont la provocation n'est pas absente : « Pour moi, un tableau est beau quand il se vend… En fait, je ne les vends pas : ce sont les clients qui me les achètent. » Au hasard de son incursion chez les marchands, l'écrivain Maurice Sachs se laisse séduire : « Vous entriez chez Rosenberg comme dans un temple : les profonds fauteuils de cuir, les murs gainés de soie rouge vous amenaient à penser que vous vous trouviez dans un musée bien tenu… » Ses meilleures toiles reposent sagement dans ses réserves. Il accueille les jeunes amateurs sans fortune avec la même égalité d'humeur que ses clients les plus prestigieux. Sa férocité avec ses confrères fond en amitié pour certains de ses peintres : Picasso l'appelle « Rosi », et lui l'appelle « Pic » ; ils se connaissent depuis 1918 et « Rosi » a bien vite convaincu « Pic » d'emménager à côté de chez lui, au 23 rue La Boétie.

De ce passé glorieux Staël n'ignore rien. Comment ne serait-il pas heureux de voir le vieux marchand, exilé aux États-Unis depuis la dernière guerre, s'intéresser à lui ? Si Staël reste distant, s'il lui donne du « cher monsieur », c'est tout à la fois par respect et parce qu'il entend n'être jamais dupe des engouements dont il est l'objet. Il ressent pourtant comme un honneur d'être exposé chez Rosenberg.

Le marchand passe régulièrement à Paris où Micheline Sinclair gère ses intérêts : « Ma fille m'écrit que vous êtes ahuri du succès que je vous fais à New York. J'ai toujours beaucoup de demandes pour vos œuvres que je garantis à tous mes acheteurs et qui suivent mes conseils. » Ahuri ? « Je ne suis pas ahuri, lui répond Staël. J'ai simplement essayé de dire à votre fille mon admiration pour votre énergie en général et à mon sujet en particulier, toutes proportions gardées bien entendu. »

Mais les « proportions » sont pulvérisées. Staël commence à découvrir les vertiges du succès. Devant une camarade de jeunesse, il esquisse une explication : « Si je suis devenu célèbre aux États-Unis, c'est que toute une génération de grands peintres a disparu pendant la guerre… Il ne reste plus que moi ! » L'argent qu'il commence à recevoir le rassure et l'embarrasse. Pour un peu, il dirait comme Picasso : « Je voudrais vivre comme un pauvre avec beaucoup d'argent. » Il demande à René Char : « Est-ce que tu n'as pas besoin de moi, je suis toujours en passe de devenir très riche ? » À ses proches il lui arrive de confier avec exaltation : « Ça y est. Je suis sauvé ! »

Sauvé ou damné ? D'instinct, il comprend le risque de cet argent soudain trop facile. Ce danger le hante : « … Ma peinture commence à devenir une grosse affaire d'argent, quelle horreur, Denys [Sutton], et comment faire ? » Il cherche l'apaisement auprès de Jacques Dubourg : « Ne vous en faites pas pour les prix, les critiques et ce qu'on en dit. Je ne ferai jamais la carrière jusqu'à l'Institut ou les photos dans *Match* ou *Vogue*, ce qui revient au même, comptez sur moi à ce sujet. (…) Je n'entraînerai jamais l'admiration de tous, pas question de cela, rien que d'y penser m'écœure, mais j'arriverai peu à peu, peut-être, à me regarder dans une glace sans voir ma gueule de travers. Les prix, croyez-moi, ce n'est rien du tout pour moi, je veux dire que, n'ayant jamais eu d'argent et ne sachant rien en faire à part quelques tableaux, je ne sais pas ce que cela veut dire. »

Le tourbillon le happe néanmoins. Inconnu en France, reconnu aux États-Unis, il s'engage auprès de Rosenberg à fournir de nouvelles toiles pour une exposition prévue en février 1954. Une tension sauvage s'empare de lui. Il augmente la cadence. Reclus à Lagnes, il exécute toile sur toile – des paysages de Provence, des fleurs, des nus, des natures mortes, des vues siciliennes acérées – qu'il expédie aussitôt à New York. Des incompréhensions surgissent. Paul Rosenberg tente de le freiner par un télégramme, début janvier : « Vous pressez pas expédier toiles. Avons assez pour exposition. Autrement clients effrayés trop grande rapidité production. Amitiés. » Staël se cabre : « Au reçu de votre télégramme, je n'ai qu'une chose à vous dire : vous faites ce que vous voulez. Mais ne me parlez plus d'exposition si vous ne voulez pas voir ces toiles-ci. On aurait très bien pu ne pas en parler du tout. Mais une exposition, pour moi, est ou n'est pas une nécessité plastique, pour vous c'est peut-être autre chose. »

Rosenberg aplanit le différend, mais reste cependant incisif : « J'ai bien reçu votre dernier envoi que je trouve très beau, sauf le paysage avec ciel orange et la nature morte avec bouteilles. Cette dernière, surtout ; l'épaisseur de peinture est si grande que je crains que dans un avenir très prochain la peinture craquera. Cette toile pèse un poids énorme, et avec les différences de température qui existent en Amérique, des éclats de peinture sont forcés de se produire. » Staël, la stupeur passée, répond : « Pour la nature morte aux bouteilles, ramenez-la-moi en avril dans vos bagages si elle ne vous plaît pas, j'y tiens beaucoup ; le ciel orange aussi, de moindre souvenir. »

Il garde désormais ses remarques pour lui et pour Dubourg : « Pour *Les Bouteilles* de 60 P de votre cave, je crois que vous m'avez toujours dit que c'était trop grand et on n'en a jamais plus parlé. Je les ai regardées l'autre jour en me disant que c'est un âne, Rosi, de préférer les premières fleurs qu'il a eues à ce tableau-là, mais ça, c'est éternel, il a toujours demandé des fleurs à tout le monde avant tout autre chose. Des fleurs pour les dames… »

Cette fois, Staël n'envisage même pas d'assister au vernissage. Paul Rosenberg lui adresse un télex au soir du 9 février 1954 : « Votre exposition ouverte avec 25 toiles. Vous félicite. Effet magnifique sur murs et accueil général très favorable. Amitiés. »

Dans la galerie new-yorkaise, Romain Gary, jeune diplomate membre de la délégation française aux Nations unies, arpente religieusement les différentes salles. Bouleversé par cette peinture, il se procure l'adresse de la rue Gauguet et écrit à Staël :

« Cher Monsieur, Je viens de voir, chez Rosenberg, vos toiles admirables et je tiens à vous dire le plaisir incessant que je prends à les regarder. Ce qu'une telle simplicité trompeuse peut cacher de finesse et de profondeur, sans parler d'années de travail, ce n'est pas à moi de vous le dire, mais c'est une peinture, en quelque sorte, illimitée, qui vous donne de l'imagination et vous force, vous, simple spectateur, à avoir du génie. Vous êtes le seul peintre moderne qui donne du génie au spectateur. Chaque toile ouvre des possibilités de rêve absolument étonnantes. »

Le Castelet de Ménerbes

Le jour n'arrive pas à se lever. Les nuages, lourds de neige, stagnent sur le Luberon. Dans le froid et le vent, Staël soulève en cadence un énorme maillet qui s'abat sur les créneaux en ciment du Castelet de Ménerbes. Derrière lui, la haute et sévère masse de l'ancienne maison d'été des évêques de Carpentras veille, étonnée de ce vacarme et du désordre ambiant.

Né en juillet 1953 lors de son séjour à Lagnes, le rêve d'acheter une demeure s'est concrétisé. En septembre, Nicolas prévenait impérieusement Jacques Dubourg : « … Préparez-vous à me fournir du viatique sérieusement. Je veux acheter une baraque dans le Vaucluse. » En novembre, il apprend qu'une maison fortifiée est à vendre à Ménerbes, à une dizaine de kilomètres de Lagnes. Il fonce, découvre un village du Luberon aux pierres sèches et dorées, sur le tranchant d'un couteau rocheux en surplomb de la vallée. De là, l'œil domine la plaine, défie à l'horizon les figuiers et les vignes. Nicolas s'entend immédiatement avec Marcel Berthon, le vendeur, sur la somme de 30 000 francs, et emménage fin novembre avec ses tableaux.

Le Castelet est alors une bâtisse trapue, à la dérive, mal éclairée, froide. Le seul point d'eau se trouve dans la cour, au fond d'un puits régulièrement ensablé. Mais, pour Françoise et lui, cette ancienne demeure, avec ses deux tourelles décapitées, ses dépendances à flanc de rocher, ses terrasses princières, son jardin clos et sa pinède qui épouse la proue de l'éperon de Ménerbes, représente la « maison idéale ». « Je n'ai pas discuté le prix, votre prix, parce que je payais du rêve et qu'on ne paye jamais assez cher le rêve lorsqu'il peut être beau... », écrira plus tard Staël à l'ancien propriétaire.

Fin décembre, Françoise s'installe avec les enfants pour quelques semaines en campant dans la salle à manger du rez-de-chaussée. Pierre Lecuire les rejoint en janvier. Entre la préparation de l'exposition de New York et la restauration du Castelet, Nicolas n'arrête plus. Il s'attaque aux marbres des cheminées du XIXe – « Ils ne sont pas dans l'esprit du château ! » – et vide les grandes pièces voûtées encombrées de vieilleries. Il commande des meubles espagnols, sévères et sombres, qu'il dispose avec soin dans les pièces nues. Il pose lui-même des dalles de terre cuite d'Apt dans le hall du premier étage, accroche quelques toiles.

Il renoue confusément avec des impressions enfouies, des souvenirs d'enfance où se télescopent des images de vastes demeures campagnardes et des enfilades de salons déserts. À l'abri des fortifications du Castelet, il retrouve ce sentiment singulier autrefois éprouvé derrière les épaisses murailles de brique rouge de la forteresse Pierre-et-Paul. Il recherche un nouvel équilibre alors qu'il vit en pleine confusion et lutte contre sa passion pour Jeanne. « Mon cœur est à l'arraché en plein ciel de force par instants », confie-t-il à Pierre Lecuire.

Ses amis le surprennent à évoquer des complots. « On » chercherait à le faire revenir à Paris... À René Char il écrit que les terres où vivent leurs amis les Mathieu sont l'objet d'intrigues dirigées contre lui. Il parle dans une lettre des « complots des Camphoux ». Il est toujours et encore ce fantôme malheureux, brisé de fatigue, épuisé d'énergie. « Ne t'étonne pas si tu me vois agir en absent aux Camphoux, je n'ai pas d'autres moyens pour l'instant », confie-t-il à Char.

Dans le même temps, un autre Staël ne cesse d'être présent au monde. Tantôt à Paris pour voir son marchand Jacques Dubourg et son ami Jean Bauret. Tantôt à Cannes, Martigues ou Marseille pour aiguiser son regard contre la lumière des vagues. Tantôt sur la route d'Uzès pour rendre visite au grand collectionneur anglais Douglas Cooper. Car Staël ne renonce pas à se faire reconnaître en Angleterre. Mieux, il ambitionne toujours de convaincre la Tate Gallery d'acquérir un de ses tableaux.

Ainsi va-t-il au-devant de Cooper, richissime et puissant, dans son château de Castille. Étrange rencontre : tout sépare cet amateur monomaniaque, entiché de cubisme, et Staël. Les plus grands marchands citent spontanément sa collection comme l'une des plus belles du monde. Dans ce sanctuaire, Cooper a réuni les meilleurs Picasso, les meilleurs Juan Gris, les meilleurs Braque… Avec l'orgueil de ceux qui ne doutent pas, il entraîne Staël dans ses collections disposées avec soin dans les dix grandes pièces de son château.

Le lendemain, Staël remercie son ami Denys Sutton de lui avoir signalé la présence de Douglas Cooper dans la région et lui rend compte de sa visite :

« Dans l'ensemble, ses tableaux sont admirablement choisis pour une certaine époque de Braque, Picasso et Léger, un petit musée Gris, etc., etc. Mais là où l'histoire devient passionnante, mais alors tout à fait passionnante, c'est au moment précis où l'on saisit les Braque dans la lumière où ils ont été peints, cette espèce de lumière diffuse et violente que le tableau reçoit d'autant mieux qu'il a tout fait pour y résister avec toute l'abnégation que cela comporte. Dans ce cadre de folâtrerie Louis XV parsemé de colonnes palladiennes avec ou sans gorges, ces Braque-là font grande peinture comme Uccello fait grande peinture, et acquièrent un mystère, une simplicité, une force sans précédent avec toute la parenté de Corot à Cézanne si naturellement libre. (…) Picasso fait peintre du dimanche irréalisé mais courageux, là, et puis… sans fin… C'est un homme charmant, Cooper. »

« C'est un homme charmant, Staël », renchérit le collectionneur à l'adresse de son jeune ami John Richardson. Cooper le truculent, Cooper le Britannique amoureux d'Uzès, Cooper le cruel a apprécié le mordant aristocratique de Staël. En se quittant, ils se promettent de se revoir, de châtelain à châtelain.

Pour Staël, l'objectif est désormais double : bénéficier de l'influence de Cooper sur le marché de l'art londonien et obtenir de figurer dans sa collection. Pour parvenir à ses fins, il endosse la tunique des mondains. Lui, si jaloux de sa solitude, rompt son isolement, accapare l'attention de Douglas Cooper. Les deux hommes ne se perdent plus de vue. À table, Staël révèle son appétit pantagruélique, sa capacité de boire et de rire. Convive éblouissant, il disserte sur les sujets les plus divers et les plus surprenants comme l'art équestre de l'École de Vienne, les cathares. Ses formules à l'emporte-pièce et ses associations d'idées dignes de Malraux subjuguent Cooper. À le considérer en ces instants, on songe aux lignes de Baudelaire : « Il y avait dans Eugène Delacroix beaucoup du sauvage ; c'était là la plus précieuse partie de son âme, la partie vouée tout entière à la peinture de ses rêves et au culte de son art. Il y avait en lui beaucoup de l'homme du monde ; cette partie-là était destinée à voiler la première et à la faire pardonner. » Mais le mondain, chez Staël, ne masque jamais complètement la violence de son tempérament.

Précisément, une série de paysages siciliens sèche dans son atelier. Des rouges, des jaunes, des violets, des noirs qui cinglent les yeux. Des pigments purs accolés en aplats les uns aux autres, à faire trembler la toile. Il y a là, comme posés au fouet, le paroxysme d'un Van Gogh et l'audace sereine du Matisse des papiers découpés. Cooper reste en arrêt. Le fou de cubisme regarde, jauge, lutte et jette l'éponge : « Staël, vous êtes bien le premier aristocrate que je rencontre et qui sache peindre ! »

Aussitôt transporté au château de Castille, *Agrigente* (54 × 81 cm) est accroché dans le hall d'entrée, en concurrence avec un Fernand Léger monumental. Quelques jours plus tard, *Agrigente* soutient toujours le choc : le Staël est définitivement adopté.

C'est au cours de ces allées et venues entre le château de Castille et Ménerbes que Staël freine un soir, au crépuscule, sur le bord de la route d'Uzès. Là, d'un regard, il embrasse l'horizon, des terres encore vierges de toute culture, des jeux de lignes qui montent vers le ciel, avec, au loin, un bouquet de cyprès sauvage et précieux. Si étrange que cela paraisse, il retrouve la même « géométrie » qu'en Sicile.

Mais que lui arrive-t-il ? Ce paysage de fête, cet hymne tremblant à la vie, il va le dénuder jusqu'à l'os, le fixer dans son éternité. Des neuf tableaux qu'il consacre à ce thème, un seul préserve les cyprès. Sur la toile, il n'y a plus âme qui vive, les ciels sont lavés du regard des hommes. Son pinceau laisse sa marque dans un espace piégé et un temps immobile. Le froid qui le glace soudain emporte tout. Sur ces toiles poignantes, on cherche en vain des ombres, des clairs-obscurs. La toile saturée est nue. Staël touche du bout des doigts sa vérité. Il rejoint inconsciemment l'univers pictural de Seghers : ce silence de la nature avant l'homme, du paysage dépeuplé.

Son monde, ici, nous parle d'un avant-monde.

« *Je deviens aveugle* »

Le 3 avril 1954, Françoise lui donne leur troisième enfant : Gustave. Staël croit deviner sa réplique au travers de ce petit d'homme : « Ma femme a terminé mon portrait en miniature, écrit-il sur-le-champ à Pierre Lecuire ; c'est un objet très vivant, le teint basané, l'œil qui monte à cheval et les nerfs à fleur de peau. Un nez impossible, une dentelle à l'oreille droite, la tête triste des penseurs dans le vide. »

Cette « tête triste des penseurs dans le vide », c'est la sienne, bien sûr. Mais qui le voit ? Qui devine son désarroi derrière son apparence insouciante ? Pour ses proches, ses familiers, il reste le même.

L'objectif des appareils photo fixe pourtant un visage devenu grave. Sous les sourcils bien dessinés, les yeux gris se font rêveurs, ou vagues. Il échappe. Ses lèvres sont comme scellées. Dans quelques mois, il demandera à Denise Colomb de venir le photographier rue Gauguet, en souvenir de la série de portraits d'Antonin Artaud qu'elle a réalisée en 1947. Série terrible où l'écrivain, rongé par la vie, le visage raviné, contemple l'objectif, l'air hagard.

Rue Gauguet, Denise Colomb découvre un peintre perdu parmi ses toiles. Elle le fait poser debout devant ses tableaux, puis assis dans un fauteuil en rotin. Comme absent à lui-même et au reste du monde, il contemple la fumée de sa cigarette. À ses pieds, une bouteille d'essence ouverte, un sac à dos ; derrière lui, des paysages siciliens. Assez vite, Denise Colomb interrompt la séance, range son Leica et prend congé. Ce n'est que durant la nuit que la bonne photo lui apparaît. Il lui faut Staël debout, de front, sur un fond nu.

Dès le lendemain, elle le rappelle et revient rue Gauguet. Staël l'accueille en chemise noire, col ouvert, manches retroussées, la coiffure en bataille. Elle ne prend que deux ou trois clichés : Staël de tout son haut, devant un mur blanc ; Staël en léger déséquilibre, comme tiré vers bâbord ; Staël perdu parmi les flots, impassible, défiant le monde les bras croisés. Staël égaré.

Pour la première fois, il aime davantage qu'il n'est aimé. Sa passion pour Jeanne le submerge. Il l'éternise dans des tableaux puissants peints à Ménerbes. De mémoire, il campe Jeanne dans un *Nu debout* (146 × 97,8 cm) massif, frontal, jambes écartées, tête de côté à l'abri du coude et de l'avant-bras droit. Geste familier de Jeanne. Il exécute dans son atelier le *Grand Nu orange* (97 × 146 cm), si saisissant avec ses aplats crus, ses formes dépouillées, stylisées à l'extrême. Il réinvente un art limite, ni abstrait ni figuratif, mais allusif, abréviatif, où la couleur donne l'espace. Une tête repose sur un simple rectangle blanc qui vaut oreiller. Il commence un *Adam et Eve* dont il ne reste nulle trace.

Dès l'origine, cet amour violent, physique, s'est dérobé, rebellé. Staël le vit comme un absolu, cherche à se déprendre, succombe. Il veut peindre, ne se consacrer qu'à la peinture, et se retrouve otage de sa passion. Dans une lettre à Guy Dumur, il joue les bourrus : « Les femmes, il faut en faire quelque chose qui ne bouge pas, mais vraiment pas, vraiment plus, dans les livres comme dans les tableaux ; elles nous empêchent bien assez de dormir dans la vie comme cela. Il faut les figer sans les figer. » Avec Pierre Lecuire, ami et spectateur-juge de son désarroi, il se fâche : « Ne me dites pas que vous savez ce que c'est que les femmes. On en sera encore au même point à notre mort. En attendant, que Dieu et saint Georges nous aident ! »

Dans le creux de cette déréliction, il se multiplie. Avec Pierre Lecuire, il entreprend des gravures pour deux livres : *Ballets-minute* et *Maximes*. À bord de sa camionnette, il parcourt le Sud-Est, aimanté par « la mer et l'éclat du Sud, de Marseille à Montpellier, de Grasse à Avignon ». Partout il dessine, peint. Il retrouve Jean Bauret à Spéracèdes, pour lui montrer ses tableaux.

De quel nouveau tourment est-il la proie ? Quel vertige le possède désormais ? Une houle terrible se lève, qui vient bouleverser son œuvre… Depuis quelques mois, il sent que sa peinture change de l'intérieur, comme si une mystérieuse alchimie opérait. Déjà, ses paysages siciliens en portaient la trace. Insensiblement, sa matière se fluidifie… Il n'éprouve plus comme avant le besoin de peindre aussi souvent au couteau.

Cela ne se joue pas en une nuit, mais le résultat est foudroyant. Sa pâte, jusqu'à présent si riche, si lourde, si puissamment travaillée, couturée, chargée de tant de cicatrices, s'épure et s'allège. Sa truelle, qui charriait des pigments denses, laisse la place à une large brosse. Il ne maçonne plus, mais renoue avec des couleurs lisses, étalées du bout de pinceaux souples aux soies légères.

Le monde de Staël, ce monde bâti à coup d'épaisseurs de mémoire, de couches écrasées les unes sur les autres, disparaît telle une Atlantide. Plus de ces balafres de peinture venant recouvrir la pâte encore fraîche, plus de ces repentirs avoués, affichés dans le grain de la couleur. Plus de superpositions transformant le tableau en millefeuille géant, écumant de lave.

À quarante ans, Staël récuse sa grammaire si douloureusement acquise à partir de 1942, sous les auspices de Magnelli, Goetz et Domela. Il renonce à son alphabet inventé dans l'ardeur de ses premiers combats de peintre. Il détruit une à une les fondations de sa peinture, élevée comme une muraille protectrice. Mesure-t-il bien la violence qu'il s'impose ? Pour ne jamais se répéter, ne jamais peindre deux fois le même tableau, faut-il défier à ce point son style, amputer sa chair ?

Désormais, Staël racle parfois sa toile au point d'en laisser entrevoir le grain. « Je n'ai plus de fond, dit-il. J'ai juste un fond de calicot. » Il dilue largement ses couleurs à l'essence de térébenthine, prend l'habitude d'appliquer ses pigments avec des bandes de gaze ou des paquets de coton. Maçon devenu maître verrier, il réinvente son univers. Il pose en magicien des bateaux légers sur le sable, des barques fines sur la mer. Ses natures mortes bouleversent par leur audace et leur sobriété. Lumière et transparence percent ses tableaux. Jusqu'à l'éblouissement. Jusqu'à frôler le vide.

Il peint comme jamais. Cette année 1954 voit la naissance de 266 tableaux, alors qu'il n'arrête pas de voyager et donne l'impression de se disperser. « Je me suis mis sur dix tableaux neufs tout d'un coup, écrit-il à Françoise en mai. C'est si triste sans tableaux la vie, que je fonce tant que je peux. Il y a un mistral à tout casser depuis hier. Il fait froid. Beaucoup de tendresse pour toi avec les enfants et la façon dont ça tourne sans moi. » Il lui confie son angoisse : « Je travaille, l'esprit déchiré comme le reste. Que c'est dur, tous ces tableaux à descendre et pourtant, si je ne les fais pas maintenant, je ne les ferai jamais, ceux-là. »

Une visite vient parfois le tirer de sa solitude. Ainsi reçoit-il quelques jours Emmanuel Fricero avec lequel il n'a jamais tout à fait perdu le contact. Le respect et l'incompréhension restent entiers entre l'ingénieur et le peintre. À Staël qui lui offre ses meilleurs tableaux, Emmanuel Fricero exprime son aversion définitive pour sa peinture. Il lui demande sérieusement de retourner face aux murs toutes les toiles qui se trouvent sur son passage avant de rejoindre sa chambre.

« Quand donc aurai-je l'occasion de le toucher ? » se demande Nicolas qui masque son désappointement par un sourire.

En juin, il expose chez Jacques Dubourg douze toiles récentes, dont les *Routes d'Uzès*, les *Bateaux* et le *Grand Nu orange*. La critique se divise. Le fidèle Dorival le soutient et le place sous le haut patronage de Manet. Il devine dans le *Grand Nu orange* le tableau primordial, « l'*Olympia* de la peinture du xxe siècle » : « Trois placards de tons purs, d'un éclat lumineux, qui s'équilibrent de part et d'autre de frontières qui déterminent le contour de la forme et sa masse, – et c'est assez (apparemment, du moins) pour qu'une figure de femme s'impose à nous dans sa lumière, dans sa plasticité, avec une présence humaine et artistique d'une telle intensité que ce *Nu* en prend je ne sais quelle allure sacrée. »

Staël entraîne Dorival à déjeuner avenue Matignon, au « Berkeley », la cantine la plus luxueuse de Paris, où l'on est sûr de croiser Gaston Gallimard. Il distribue les pourboires par poignées de billets. Le doute l'habite pourtant comme jamais : « Ils achètent maintenant mes tableaux comme ils ont acheté Miró », maugrée-t-il. Un jour, il lance abruptement au conservateur Jean Leymarie, rencontré par hasard : « Ça ne va pas du tout, je suis trop riche. »

L'exposition chez Dubourg n'est pas encore terminée que s'ouvre la XXVIIᵉ Biennale de Venise qui lui consacre une salle du pavillon français. Plutôt que de recevoir l'hommage attendu, il file vers la lumière du Nord pour rompre l'éclat du Sud. Il retrouve sa gamme de gris, arpente la côte de la Manche et celle de la mer du Nord. *Cap Blanc-Nez, Cap Gris-Nez, Calais*, toutes ces marines se superposent dans leur nudité et leur solitude aux paysages de Sicile et de Provence. Où qu'il aille, il se heurte au désespoir d'un monde inhabité et froid. Hostile.

Il s'attarde longuement à Gravelines, étudie au dessin le chenal et le phare. Une dizaine de toiles suivront. Se souvient-il seulement que Seurat, quelques mois avant sa mort prématurée, s'était comme lui escrimé sur ces motifs ?

Il fait un saut dans le Midi, puis s'installe à Paris pour l'été alors que Françoise et les enfants s'apprêtent à partir en vacances. Elle le trouve bronzé, resplendissant, mais il dément : « Je vis un enfer ! » Dans quel dédale s'égare-t-il ?

Il veut concilier l'inconciliable et vivre conjointement avec Françoise et Jeanne. Françoise refuse. Jeanne semble y croire quelque temps et demande à Françoise : « Laisse-moi être la marraine de tes enfants. »

Pour échapper à cette situation, Staël s'abrutit de travail, ne dort plus. En quelques semaines, il peint près d'une centaine de toiles : des coins d'atelier, la boîte d'aquarelles que lui a offerte Pierre Granville, trois poires en file indienne sur une table, quelques fleurs.

Surtout, il revient sur ses premiers pas de jeune étudiant en peinture. Comme en 1939, il longe les quais de la Seine, éprouve un vrai plaisir à dessiner les berges, de jour et de nuit. Sous son pinceau surgissent le pont de Bezons, le pont d'Auteuil, le pont Marie, le pont des Arts, le pont Neuf. La tour Eiffel s'installe en reine comme dans les toiles de Delaunay. Que veut-il démontrer ? Quel aveu risque-t-il au faîte de sa maîtrise ? Quel mouvement profond l'incline ainsi à ce retour ?

Il avance sur un fil, incompris. « Je vis un enfer ! » Qui le croit ? Qui l'écoute ? Il lui arrive d'évoquer la mort sans que ses proches y prêtent vraiment attention.

De même qu'il revient sur les quais de la Seine, il retourne en pensée vers ses années bruxelloises dans de longs monologues intérieurs. Terrible auto-examen. Combien d'illusions perdues ? Un soir d'immense lassitude et de nostalgie, il griffonne une longue lettre à un double lointain, une très ancienne camarade de l'Académie royale des beaux-arts, oubliée depuis vingt ans. Les phrases s'enchaînent dans un long aveu de défaite :

« Chère Madeleine Haupert…
« En souvenir de nos questions, de nos problèmes, de nos angoisses de peintres débutants, de nos espoirs aussi, je vous dis… travaillez pour vous, rien que pour vous. C'est le meilleur de nous-mêmes… Depuis que "cela" se vend – qu'on me prend en considération – qu'on me dit sur la route de la célébrité, c'est foutu, mon amie… Il n'y a plus rien. Cela se vide… J'ai perdu mon univers et mon silence. Je deviens aveugle. Ah, Dieu…

revenir en arrière ! N'être personne pour les autres et tout pour moi-même… Si vous n'avez pas encore perdu votre monde, gardez-le jalousement, défendez-le contre l'envahissement ; moi, j'en crève… »

Sous son hâle d'été, Staël vit bel et bien un enfer.

L'atelier d'Antibes

Dans les environs de Ménerbes, sa camionnette Citroën a mauvaise réputation. Staël conduit comme un fou, le pied au plancher, déporté à gauche dans les virages, avec l'inconscience d'un Jackson Pollock ou le goût du vertige de Louis Lachenal. « Les gens qui ralentissent dans les tournants se laissent impressionner stupidement », déclare l'alpiniste. Pour son compte, au volant de son « tube » couvert de bosses, Staël en arrive à bloquer l'accélérateur au maximum. Il lui faudra même, un jour, se pencher pour parvenir à le décoincer…

À la fin du mois d'août 1954, le véhicule glisse sur une route fraîchement gravillonnée et finit sa course dans un fossé, l'arbre de direction brisé. Staël en sort indemne, sans émotion apparente. Tant de choses se bousculent… Jeanne et son mari quittent le Luberon pour s'installer à Grasse. Lui-même cherche aussitôt un atelier du côté de Grasse, Cannes ou Mougins, finit par trouver quelque chose à Antibes.

Il espère pouvoir partir quinze jours aux Pays-Bas avec Pierre Lecuire pour revoir les tableaux et les gravures de Seghers. Et puis, il se décide pour l'Espagne… Lecuire passe prendre Staël au volant de sa 4 CV. Ils descendent tous deux vers Barcelone, Valence, Grenade, Cadix, remontent sur Tolède et Madrid. Comme autrefois, comme en 1935, Staël arpente à grands pas les musées, s'arrête brusquement, fixant avec intensité un détail, scrutant de près la manière dont il est peint. Au musée du Prado, il plie genoux devant Vélasquez. *Les Ménines* sont alors exposées à part, dans une salle réservée. Un grand miroir est accroché sur la droite du tableau, amplifiant la construction en abîme. Devant cette peinture, il retrouve son exaltation, sa fièvre, ce souffle qui le porte à admirer. Le soir, il livre à Jacques Dubourg ses impressions :

« Ici, la salle Vélasquez.

« Tellement de génie qu'il ne le montre même pas, disant tout simplement au monde : je n'ai que du talent, mais j'en ai sérieusement. Quelle joie ! Quelle joie ! Solide, calme, inébranlablement enraciné, peintre des peintres, à égale distance des rois et des nains, à égale distance de lui-même et des autres. Maniant le miracle à chaque touche, sans hésiter en hésitant, immense de simplicité, de sobriété, sans cesse au maximum de la couleur, toutes réserves à lui, hors de lui et là sur la toile.

« Donne l'impression claire d'être le premier pilier inébranlable de la peinture libre, libre.

« Le Roi des rois.

« Et tout cela fonctionne comme les nuages qui passent les uns dans les autres avant que le ciel ne soit ciel et terre, terre.

« Merveilleux, Jacques, absolument merveilleux. Il y a exactement vingt-cinq ans que je n'avais vu ces tableaux, j'y suis allé tout droit, mais je ne les ai vus que pour la première fois aujourd'hui.

« Nom de Dieu, quelle histoire ! »

Mais Vélasquez ne peut le retenir en Espagne. Soudain éperdu d'angoisse, ne supportant plus l'éloignement de Jeanne, il prend un billet d'avion pour Nice et part le lendemain. Dans la soirée, Pierre Lecuire tente de le retenir, de le convaincre que sa passion est sans espoir, que Jeanne est trop attachée à sa famille pour la quitter. Staël élude ces arguments. Il veut Jeanne pour lui.

Dans des bouffées de colère et de délire, il envisage de la séquestrer et achète un couteau à forte lame. Un instant plus tard, il parle de la mort comme d'une délivrance, un repos souverain. « Que veux-tu, Ciska ? écrit-il à son amie. Pas assez d'orgueil, pas assez de vanité, pas assez de cœur pour aller jusqu'au bout de cet enfer… »

Il pourrait murmurer ces vers de René Char : « Ce qui miroite, là, c'est toi, / Ma chute, mon amour, mon saccage. » Mais, précisément, sa passion pour Jeanne vient de le priver de l'amitié du poète. Char s'est détourné en apprenant l'intensité de leur liaison. Il lui avait « offert » une amie, il ne la lui avait pas « donnée »… La rupture est consommée entre ces deux étoiles qui se méprenaient l'une sur l'autre. Char, ce frère jumeau aux « sabots étincelants de je ne sais plus quelle impatience d'archange », selon la formule de Staël, s'éloigne.

Au début de l'automne, Nicolas se sépare définitivement de Françoise et quitte ses enfants. Pierre Lecuire et Jacques Dubourg serviront désormais de messagers entre eux. Il s'installe à Antibes. Sur les remparts. Son appartement-atelier, un coffrage de ciment rêche au deuxième étage de la maison Ardouin, tourne le dos à la ville et domine la baie. Au loin, sur la gauche, se découpe le Fort-Carré.

Il semble provisoirement apaisé. « C'est bon de se sentir en France, il y a toujours quelqu'un qui porte des fleurs et un oiseau se lève toujours », écrit-il à Jacques Dubourg.

Il s'organise, délègue la cuisine à une voisine, se lève à six heures du matin, peint jusqu'à midi, déjeune, s'accorde une demi-heure de sieste et se remet au travail jusqu'au coucher du soleil. L'odeur entêtante de la térébenthine lui prend la tête. Vingt-cinq tableaux dansent devant ses yeux dans une débauche de lumière. Il possède « une envie fantastique de peindre des personnages, des portraits, des hommes à cheval, des marchés plein de monde ». Son atelier ronfle comme une forge. « Toutes ces toiles qui claquent, je ne sais comment faire, ce qu'il y a d'évident, c'est qu'elles sortent trop vite de mon atelier, mais comme il n'y a rien à faire pour le moment, je les regarderai à Paris, ne les montrez pas d'ici là… », demande-t-il à Dubourg.

La peinture le brûle. Ses pâtes se font encore plus fines, délicates, ajourées. Son rythme s'emballe. Il commande ses couleurs par dizaines de milliers de francs chez Lefebvre-Foinet, à Paris, au carrefour Vavin-Bréa. Entre les quatre murs de béton triste de son appartement, il s'absente de toute vie sociale. Ses natures mortes, pour lesquelles il utilise des pichets ramenés d'Espagne, et ses marines lui tiennent lieu de compagnie. Il se remet à des grands formats, réutilise sa gamme de noirs, réempâte légèrement sa matière, joue alternativement d'une dominante bleue et d'une dominante rouge.

Il passe d'une grande confiance en lui (« Vous avez, boulevard Haussmann, à mes yeux, aujourd'hui, des toiles majeures ») au doute : « Je ne maîtrise pas dans le sens vrai du mot, s'il a un sens, et je voudrais passer ce cap-là… » Mais il conserve cette capacité d'étonnement, d'engouement qui le porte au plus haut. Lors d'un passage à Lyon, fin 1954, il visite une exposition Courbet et rend compte de son émotion à Dubourg : « C'est un immense bonhomme, on mettra encore quelques siècles à le reconnaître. Je dis immense parce que sans esthétique, sans pompiérisme, sans préambule il descend à jet continu des tableaux uniques, avec la même sûreté qu'un fleuve qui coule vers la mer, dense, radiant à larges sonorités et toujours sobre. Cézanne est un gamin à côté. »

Il n'entretient de dialogues qu'avec les « grands ». Le spectre de Goya, sourd et solitaire, le hante aussi : « Ne vous tourmentez pas à mon sujet, écrit-il à Pierre Lecuire. Des bas-fonds on rebondit si la houle le permet. J'y reste parce que je vais aller sans espoir jusqu'au bout de mes déchirements, jusqu'à leur tendresse. Vous m'avez beaucoup aidé. J'irai jusqu'à la *sourdité*, jusqu'au silence, et cela mettra du temps. Je pleure tout seul face aux tableaux. Ils s'humanisent doucement, très doucement à l'envers. »

En cette fin d'année, Staël se retrouve seul. La lumière de la Méditerranée elle-même le trahit. Tantôt trop violente, trop crue, avec des transparences à rendre fou, des bleus qui virent au violet. Tantôt éteinte par des nuages lourds de pluie. Antibes ressemble alors à un tombeau antique. Il se calfeutre dans son atelier mordu par le mistral, attaqué par une mer démontée.

Du fond de sa douleur, il éprouve son vertige. Pour la seconde fois, une force mystérieuse le conduit à écrire à son ancienne amie de jeunesse, Madeleine Haupert. Il lui parle comme à un miroir, comme on raconte à un inconnu ce qu'on ne dirait jamais à l'un de ses familiers. Il lui laisse entrevoir son total désespoir de peintre :

« Entre la réalité et moi, il s'est bâti un mur opaque, lourd, pesant. Il faut que je vous décrive ce mur. À droite, plus d'ouverture. À gauche, un peu de lumière. Pour arriver à passer par là, pour trouver la grande lumière, je dois me débarrasser de ma carcasse d'homme… Peignez ce mur, mon obsession. Peignez-le si vous pouvez. »

Mais c'est le même, quelques heures plus tard, qui écrit : « Antibes, c'est un paradis. » Le même qui envoie à Évelyne Dubourg, l'une des filles de son marchand de tableaux, un télégramme plein d'entrain pour lui souhaiter bonne chance à la veille d'un concours de piano : « Allez-y ! Les moustiques vous écoutent ! »

Le Diable, l'Hermite et la Force

Betty Bouthoul est parvenue à le convaincre. Pour cette nouvelle amie d'Antibes, écrivain et portraitiste, qui l'aide à dissiper son cafard, il accepte de poser. Ensemble, pendant la séance, ils parlent de Borges, de peinture, de Hassan Sabbath, fondateur de la secte des haschischin auxquels elle consacre un ouvrage. Elle lui expose son plan, lui lit des passages. « C'est tellement étrange, observe-t-il. Il y a là un mystère, une vérité, quelque chose de rare à percevoir. L'assassinat, ombre portée du suicide, se confondant sans cesse comme deux nuages immatériels et atrocement vivants… »

Il se confie à elle comme il se confie par lettres à une nouvelle amie, Herta Haussmann, qui lui sert parfois de messager avec Jeanne. Car Jeanne vient, repart, ne lui accorde au total que des heures volées. Il lui offre ses plus belles toiles : « Tiens, prends, c'est pour toi. Tout est à toi, ici ! » Elle refuse. Il lui demande comme une prière de vivre avec lui ; elle se dérobe. Il la traque, la suit en voiture, revient à son atelier, désespéré.

S'il lui fallait encore apprendre à se connaître, il aurait là une belle matière. Mais il se connaît à la perfection. Il semble avoir depuis longtemps fait le tour de sa personne, sondé ses failles. Il se connaît avec sa part de mysticisme, sa tendresse et son âpreté, sa lucidité comme une blessure. Il se connaît trop bien.

En décembre 1954, il confie à Pierre Lecuire : « ... j'ai trois cartes : le Diable, l'Hermite, la Force. Au cas où l'Hermite serait inattendu pour le monde, je couvrirais l'Hermite par le Bateleur. »

Tout est dit à demi-mot, à demi-signe. Pour se décrire, Staël recourt aux représentations des lames du jeu de Tarot. Il s'avoue ainsi à sa manière, dans un jeu de miroirs qui emprunte autant à la Kabbale, aux alchimistes qu'aux symboles chrétiens :

Le Diable s'impose, premier cité. Est-ce une simple tentation ? Une demande de protection contre le feu et la flamme ? Il se garde bien de répondre.

L'Hermite s'affiche, inattendu. Du reste, ce philosophe, vêtu d'un long manteau bleu et d'un capuchon rouge, hésite à se maintenir. Il laisse volontiers place au Bateleur, maître d'un monde illusoire dont la main tient fermement une baguette, partagé entre la recherche de la matière et la quête de l'esprit. Bateleur ? Pourquoi pas ! Qui peut douter que sous ses cheveux blancs ourlés de boucles d'or se cache un mage, le représentant des plus hautes aspirations de l'homme ?

La Force ne se conteste pas. Elle complète la carte du Bateleur. Cette vertu théologale redouble la recherche d'infini du Sage.

Ainsi découvre-t-il les atouts de son monde intérieur : « Hors de mes trois cartes, lorsqu'elles sont là à bon escient, je pourrai me livrer à mesurer, à peser, à analyser ma merde à l'infini. »

Il préfère de loin analyser et commenter ses efforts de peintre. À Pierre Lecuire, il confie :

« Mais le vertige, j'aime bien cela, moi. J'y tiens parfois à tout prix, en grand. (…) La continuité dans le renouvellement, c'est pas croyable, mais il faut le faire. Chaque chose importante est un événement, doit en être un, il n'y a pas à sortir de là, c'est cela qui est impossible et vrai. Cela doit tomber hors de toutes lois connues, comme cela, en vrac, en ordre, mais cela doit tomber. »

Le Bateleur tel qu'en lui-même… Qui peut, mieux que lui, traduire le sens de son travail ? Comme toujours, il y revient à l'intention de Jacques Dubourg, comme pour lui donner un mode d'emploi :

« Ce que j'essaie, c'est un renouvellement continu, vraiment continu, et ce n'est pas facile. Ma peinture, je sais ce qu'elle est sous ses apparences, sa violence, ses perpétuels jeux de forces ; c'est une chose fragile dans le sens du bon, du sublime. C'est fragile comme l'amour. »

Il multiplie les explications car ses dernières séries de tableaux essuient de sérieuses critiques. La transparence de ses nouvelles toiles surprend, déplaît parfois. Le fils de Paul Rosenberg le lui dit élégamment, sans y attacher trop d'importance : « Il y a (…) des gens pour regretter vos empâtements, trouvant la matière lisse du dernier lot moins frappante. Mais vous savez qu'un artiste est toujours préféré dans ce qu'il a fait avant. Vous commencez à être classé par périodes. Vous voyez qu'ici l'histoire se fait vite. »

Douglas Cooper se montre plus rude. Staël passe le réveillon du Nouvel An au château de Castille et le collectionneur lui rend sa visite, début janvier, avec John Richardson. À Antibes, Cooper l'excentrique ne cherche pas à cacher son dépit : il critique la manière de Staël, ses changements, son lyrisme, ses « inachèvements ». Comme un général passe ses troupes en revue, il arpente l'atelier empli d'une lumière terne et grise, souffle devant chaque toile. La nouvelle série des ateliers, avec son chevalet esquissé, ses pots et ses pinceaux, le laisse de mauvaise humeur ; il parle de reddition. Il reste insensible aux nus, soupire devant *Les Mouettes*, cette toile de 195 × 130 cm d'où s'échappe le vol lourd des oiseaux. Tous trois se quittent déçus. « Vous voulez que je joue du clairon en face de la mer, mais, pour l'instant, je ne peux jouer que du tambour », résume Staël.

Fin janvier, il écrit longuement à Cooper pour tenter de lui faire comprendre son évolution :

« Le contact avec la toile, je le perds à chaque instant et le retrouve et le perds… Il le faut bien parce que je crois à l'accident, je ne peux avancer que d'accident en accident ; dès que je sens une logique trop logique, cela m'énerve et vais naturellement à l'illogisme. Tout cela bien sûr n'est pas facile à dire, n'est pas facile à voir, il n'y a pas de vocabulaire et, si vous voulez, le système métrique de cela restera à inventer lorsque j'aurai fini de peindre. Il y a très peu de tableaux que je vois dans leurs dimensions exactes, que ce soit de souvenir ou face à face, et mes dimensions à moi, c'est franchement du hasard parce que je crois au hasard et non à la dimension exacte. Je crois au hasard exactement comme je vois au hasard, avec une obstination constante, c'est même cela qui fait que, lorsque je vois, je vois comme personne d'autre. »

La certitude et le doute, les deux inextricablement mêlés.

« Je peins comme je peux, et j'essaie chaque fois d'ajouter quelque chose en enlevant ce qui m'encombre, écrit-il encore. Je ne suis pas Jean-Baptiste Corot, je ne vois que de loin ; avoir le nez sur le tableau m'est impossible ; évidemment, parfois, c'est trop esquisse sans être esquisse, surtout de près, c'est rien, comme un calicot ; il faut s'habituer à finir plus sans finir, ce n'est pas facile. Bon. »

Il écarte les remarques de Pierre Lecuire dans une lettre à Jacques Dubourg :

« Jugement superficiel de Lecuire sur les derniers tableaux, ce matin. Ne tenez pas compte de cela. »

Quelques jours plus tard, il persiste :

« … Je garderai l'inconnue du lendemain jusqu'à ma mort, tant que ça ira. »

Le 17 février 1955, il reprend :

« Plus vous saisirez que l'explosion, c'est tout chez moi comme on ouvre une fenêtre, plus vous comprendrez que je ne peux pas l'arrêter en finissant plus les choses, et plus vous aurez d'arguments vrais pour défendre ce que je fais. (…) Je ne suis unique que par ce bond que j'arrive à mettre sur la toile avec plus ou moins de contact. »

L'inquiétude est pourtant réelle. À Louttre B. qui lui rend visite, il montre une marine sur laquelle il travaille.

« Qu'en penses-tu ? » Louttre B. hésite, puis se lance :
« Le ciel, là, je ne sais pas… J'ai l'impression… » Staël
recule, prend un chiffon, l'imbibe d'essence et dissout
le ciel.

Mais son énergie le porte toujours. Il expédie des
toiles à New York, des toiles à Paris chez Dubourg. Il
travaille comme jamais, mobilisé par son exposition
annuelle prévue pour juin, boulevard Haussmann, par
un projet à Zurich, par un autre à Antibes, soutenu par
Romuald Dor de La Souchère, conservateur du musée
Grimaldi. Il rêve là d'une exposition grandiose. « Au
musée d'Antibes, il y a soixante-dix mètres de cimaise
au mois d'août. On fait le grand, grand déploiement. »
Il veut exposer ses *Bouteilles* et quelques grands
formats. Il veut que cela « sonne » comme tous les
diables.

Il songe déjà à des toiles immenses sur le thème de
l'orchestre et du concert. Par ses relations, il entre en
contact avec le directeur de l'hôtel du Cap d'Antibes
qui lui prête une vieille tour désaffectée dans laquelle
il commence à installer son matériel et des châssis de
grandes dimensions. À Nice, il reprend contact avec
Suzanne et Charles Bistesi, anciens amis de 1942-1943 ;
tous deux sont violonistes. Il dessine chez eux des instruments de musique, place et replace un violon sur le
piano. C'est là qu'il esquisse pour la première fois *Le
Piano* (160 × 220 cm), avec ce quart de queue noir posé
sur un fond jaune, un violoncelle rouge à terre, un violon sur le piano et un fauteuil de face.

Il commande d'énormes quantités de peinture. Il
attaque dans son nouvel atelier une toile de près de deux
mètres de haut. Une toile à sa mesure. Une toile qu'il
toise du regard, caresse de la paume de la main. Ce sera
La Cathédrale.

Sa cathédrale.

Une cathédrale-silhouette aux transparences silencieuses. Tantôt il pose des pavés de blancs, des bleus. Tantôt son couteau racle le jute et l'on peut entendre des prières, toute une souffrance d'homme qui n'est ni Dieu ni Diable.

« Merci pour tout »

Avec Pierre Lecuire, il discute âprement les derniers réglages typographiques de leur livre, *Maximes*.

Les éditions du Musée de Poche envisagent la publication d'un ouvrage qui lui serait consacré ; il s'arrange pour qu'Antoine Tudal écrive le texte.

Il continue d'ordonner à distance les travaux de rénovation de Ménerbes. Louttre B. et son camarade Walter Lewino achèvent de peindre les chambres d'enfants en rouge de cadmium et en bleu de céruléum. Une ou deux fois, il les entraîne dîner au champagne à Avignon.

Tous les jeudis, il accueille Hélène et Jean Bauret à Antibes. Ensemble ils déjeunent « Chez Félix », sur le boulevard d'Aiguillon, où il a ses habitudes dans la petite salle aux boiseries blondes et aux tables recouvertes de nappes vichy. Auparavant, Jean Bauret étudie son travail pendant une demi-heure, l'œil tendu, aux aguets. Souvent, dans la semaine, Staël le rejoint pour une heure, avec sous le bras des études, dans sa maison de Spéracèdes où il s'est retiré.

Les mois passent.

Insensiblement, il renoue avec ses anciennes relations niçoises. Il rend visite à Jacques Matarasso dans sa librairie. Retrouve Georgette Cauvin, une amie des années quarante. Il invite Jane et Félix Aublet à découvrir son atelier.

Le 4 mars 1955, il confirme à Suzanne Tézenas son arrivée à Paris le lendemain : « Je pars ce soir en voiture parce qu'il faut que je passe par Ménerbes à l'aller ou au retour. » Betty Bouthoul l'accompagne. Toute la nuit, il remonte la nationale 7 au volant de sa nouvelle 203.

Durant le week-end, il assiste aux deux concerts donnés dans la grande salle du théâtre Marigny. Le samedi, à dix-sept heures trente, il entend l'œuvre orchestral et choral d'Anton von Webern sous la direction de Hermann Scherchen. Sur le programme, il griffonne : « violons rouges rouges / ocre feux transp. ». Lors de la réception qui suit, chez Suzanne Tézenas, il croise Geneviève Asse et Pierre Lecuire, mais ne s'attarde pas. À Françoise David-Supervielle qui le félicite sur sa bonne mine il répond : « Mais je n'ai jamais été aussi fatigué ! Le bruit de la mer me brise les nerfs. Cela bat, cela cogne nuit et jour ! » Le lendemain dimanche à onze heures, il écoute, toujours au théâtre Marigny, l'exposé de Pierre Boulez, puis la *Sérénade pour sept instruments et voix de basse* d'Arnold Schönberg. Il discute longuement avec Suzanne Tézenas.

Son séjour parisien ressemble à une cérémonie des adieux. Il revoit quelques amis. Ses rares, très rares confidences ne sont pas comprises. À Jean-François Jaeger qui a repris la galerie Bucher, il avoue : « Je suis perdu. »

Il se rend à Sèvres pour voir Antoine Tudal et Simon de Cardaillac. Simon commence à peindre. Il regarde ses lavis noir, blanc et gris, ses essais de bande dessinée, et l'encourage : « Quoi qu'on fasse, il faut le faire bien. »

Il embarque Antoine Tudal pour la soirée. Il fait encore froid, mais ils déambulent toute la nuit dans Paris.

« Tu sais, je ne sais pas si je vais vivre longtemps, dit Staël à son beau-fils alors que l'aube se lève. Je crois que j'ai assez peint. Je suis arrivé à ce que je voulais… Les gosses sont à l'abri du besoin. Il y a Ménerbes… »

Les deux flâneurs évoquent des projets, des rêves communs. Partir à la pointe de l'Espagne, suivre la côte, longer le golfe du Lion, descendre la botte italienne.

« On le fait ? demande Staël.

– Oui.

– Toi, tu écris. Moi, je ferai des aquarelles. Ça donnera un album.

– Laisse-moi juste quelques jours pour me retourner. J'ai ma femme.

– Mais divorce ! Largue tout… »

Il part pour Freneuse à la rencontre de Jacques Dubourg, revient à Paris, regarde longuement ses tableaux dans la réserve de la galerie, boulevard Haussmann.

Mercredi 9 mars, il passe chez Pierre Baudier et Marthe Fequet, ses « typographes », pour juger de l'avancement de *Maximes*. Il rassure Pierre Lecuire par un mot apparemment décousu :

« Je n'y arriverai pas. Le livre est fait, j'ai passé une bonne heure chez Baudier. Dégagez-vous. Tout ira bien. Envoyez-moi les épreuves définitives, mais c'est fait à présent. Marthe a tout compris. Il n'y a pas assez d'heures à Paris. Bonne chance. Portez-vous bien. Nicolas. »

Il redescend vers le sud, s'arrête à Ménerbes, repart sur Antibes. Le jeudi 10 mars, il parle avec exaltation à Jean Bauret des impressions reçues lors des concerts au théâtre Marigny. Il réceptionne deux immenses châssis (350 × 600 cm) et cloue lui-même la toile sur les cadres dans la vieille tour désaffectée qu'il occupe pour travailler.

Il retrouve Jeanne en fin de semaine. Ils prévoient de se revoir le lundi ou le mardi.

Tout le week-end, il dessine pour son ultime tableau, *Le Concert*. Il cherche le rythme, l'espace où poser le piano à queue, la contrebasse, la fosse d'orchestre avec sa forêt de partitions.

Le lundi 14 mars, il file à Spéracèdes montrer à Jean Bauret les principales esquisses sur papier du *Concert*. Il repart presque aussitôt vers son nouvel atelier. Ses doigts, ses mains, ses bras ont besoin du contact de la peinture. La toile tendue sur le châssis l'aveugle. Du haut de son mètre quatre-vingt-seize, il recule dans la lumière, cligne des yeux devant cette immense page blanche, et puis la couche au sol. Il prépare une profusion de couleur, un rouge triomphant, un rouge écarlate qu'il applique en fond à larges coups de brosse inégaux.

Rien ne le distrait. Comme toujours, il contemple sévèrement son travail, uniquement préoccupé de tenir la couleur. Quand le soir tombe, le grain de la toile est tout juste couvert. Il commence à poser une gamme de noirs pour brosser le piano. À peine assourdie, il croit réentendre une ballade que lui jouait autrefois sa mère à Saint-Pétersbourg.

Il passe à la librairie « Aux arts réunis » prendre le tome VII des *Œuvres complètes* de Tchekhov, commandé quelques jours auparavant et dîne machinalement d'un bol de soupe. Au cours d'une conversation téléphonique, Jeanne refuse finalement de passer le voir.

Le mardi 15 mars, il longe la corniche et rejoint très tôt son atelier. Il prépare un ocre transparent et dresse en majesté une énorme contrebasse qui verrouille son tableau dans la partie droite. Alors il commence à monter des blancs riches, rutilants, crémeux, qu'il pose entre le piano et la contrebasse.

Jeanne emprunte le chemin des remparts en voiture, longe la maison Ardouin, regarde une seconde vers les fenêtres de l'appartement, mais ne s'arrête pas. Les volets sont clos. Nicolas se rend chez un ami juriste et lui demande en termes vagues quelles sont les précautions à prendre pour parer aux conséquences d'un décès accidentel. De retour dans son appartement d'Antibes, il commence à brûler des lettres.

Il met de côté celles que Jeanne lui a adressées, en fait un paquet et va l'offrir à son mari en lui disant : « Vous avez gagné ! »

Il marche dans la campagne de l'arrière-pays.

De retour à Antibes, il absorbe un flacon de Véronal, mais vomit le médicament.

Le Concert repose dans le fortin d'Antibes, à l'ombre des hautes voûtes. Staël, lui, contemple, épuisé, ses derniers tableaux, sa *Cathédrale*, ses *Mouettes*, sa série de *Bateaux, L'Atelier fond orangé* et ses dessins de Jeanne, nue, qu'il a éparpillés sur le sol.

Au matin du mercredi 16 mars, reclus dans son appartement de béton triste, il attend.

Rien ne vient. Sa volonté d'en finir est intacte.

La journée passe comme une froide veillée d'armes. Il ne tient plus à la vie ; il tient à son œuvre. Elle est derrière lui, pense-t-il. Il continue de brûler des correspondances. Il établit le vide, puis prend son stylo et écrit trois lettres.

La première à Dubourg, son marchand :

« Jacques, j'ai commandé chez un petit menuisier ébéniste près des remparts deux chaises longues en bois dont j'ai payé une, cela pour Ménerbes.

« Aux soins de la douane il reste toujours, les papiers sont à la Compagnie générale qui transporta mes tableaux la dernière fois, tous les papiers concernant ces petites chaises et tabourets que j'ai achetés en Espagne, aussi pour Ménerbes.

« Je n'ai pas la force de parachever mes tableaux.

« Merci pour tout ce que vous avez fait pour moi.

« De tout cœur. Nicolas. »

La deuxième est pour Jean Bauret, son ami et conseiller depuis leur rencontre en 1945 chez Jeanne Bucher :

« Cher Jean, si vous avez le temps, voulez-vous au cas où l'on organise quelque exposition que ce soit de mes tableaux, dire ce qu'il faut faire pour qu'on les voie ? Merci pour tout. »

La troisième pour sauvegarder les intérêts de sa première fille, Anne, âgée de treize ans, née de son union avec Jeannine Guillou.

Après avoir glissé les trois lettres dans des enveloppes, il les laisse sur sa table.

Il ne se relit pas. Il ne relit jamais son courrier.

Il sort vers vingt-deux heures de son atelier, ferme la porte, gravit l'escalier qui conduit à la terrasse de l'immeuble. Devant lui, la nuit jette un voile sur la mer ; le Fort-Carré d'Antibes se distingue à peine. De loin en loin, un fanal jette sa lueur.

Sans vertige, Staël se précipite alors dans le vide. Sa « carcasse d'homme » s'écrase en contrebas, rue du Revely, à peine éclairée par un faible réverbère.

*
* *

Cinq jours plus tard, le 21 mars 1955, sa femme Françoise et toute sa famille, Olga de Staël, Antoine Tudal (Antek), Jacques et Noémie Dubourg, Marcelle Braque, Pierre Lecuire, André Lanskoy et bien d'autres formèrent bloc autour du cercueil. Puis le corbillard prit la route du cimetière de Montrouge, à la lisière de Paris.

Moins de dix ans après la mort de Jeannine Guillou, la dalle de sa tombe fut repoussée, la fosse à nouveau creusée. Les employés des pompes funèbres firent lentement glisser la bière de Nicolas de Staël à son côté. Sans épitaphe.

Quelques jours passèrent. Une messe chantée fut célébrée le 26 mars à dix heures en l'église-cathédrale russe de la rue Daru, à Paris. Anne, Laurence et Jérôme de Staël y assistèrent. Suzanne Tézenas, Guy Dumur, Serge Charchoune, Pierre et Françoise David, Roger Van Gindertael, Geneviève Asse et tous les amis fidèles honorèrent cet ultime rendez-vous.

Plus tard, bien plus tard, René Char, cet ami perdu puis retrouvé après la mort, écrira : « ... Nicolas de Staël, nous laissant entrevoir son bateau imprécis et bleu, repartit pour les mers froides, celles dont il s'était approché, enfant de l'étoile polaire. »

REMERCIEMENTS

Qu'il me soit permis ici de remercier la famille de Nicolas de Staël. Marina Ujlavki et Olga de Staël, ses deux sœurs, ont accepté de me raconter leurs souvenirs d'enfance. Sans elles, bien des blancs auraient parsemé les premiers chapitres de cette biographie. Françoise de Staël, sa femme, et Anne, sa première fille, m'ont ouvert leurs archives et beaucoup aidé grâce à leurs souvenirs et à leur remarquable connaissance de l'œuvre du peintre. Gustave, son dernier fils, m'a souvent permis de reprendre courage.

Merci à Claude Durand, mon éditeur, d'avoir cru à cette aventure.

Merci aux conservateurs des archives de Saint-Pétersbourg, à Zina Ida Elmééva, qui fut bien davantage qu'une traductrice en acceptant de procéder à de patientes recherches, à Sylvie Braibant, à Tania et Gaël Moullec, historiens, qui m'ont piloté en Russie, à Myriam Rouveyre, écrivain et germaniste, qui m'a beaucoup aidé à comprendre les origines de la famille Staël, et à Denis Parini, pour sa maîtrise de l'histoire des pays Baltes.

Merci à toutes celles et à tous ceux qui m'ont reçu avec tant de chaleur et de générosité pour me livrer leur témoignage. Rien n'eût été possible sans Geneviève Asse, Jane Aublet, Hélène Bauret, Suzanne Bistesi (†), Élisabeth de Brouwer, Cécile

357

Cacoub, Jeanne de Cardaillac-Lavanchy, Denise Colomb, Françoise David-Supervielle, Ruth Domela (†), Évelyne Dubourg, Colette Dumur, Nicole Fenosa, Marguerite Goupy-d'Hooghvorst, Ciska Grillet, Luce Hajdu, Madeleine Haupert, Jandeline (†), Nelly Kartencewicz, Marianne Madelin née de Brouwer, Pascaline Magnard, Anne Maisonnier, Angèle Mauxion de Renesse, Aurélie Nemours, Danièle Olivier De Vlamynck, Simone Robin, Anne de Staël, Françoise de Staël, Olga de Staël, Marina Ujlavki de Staël, Dina Vierny, Jean-François Bauret, Gabriel Bauret, Jean Bazaine, Marc-Antoine Bissière dit « Louttre B. », André du Bouchet, Pierre Boulez, Michel Butor, Simon de Cardaillac, Paul Caso, Daniel Cordier, Pierre Courtin, Marcel Daloze, Jean Dewasne, Bernard Dorival, Jacques Dupin, Hubert Fandre, Pierre Granville (†), Emmanuel Van der Linden d'Hooghvorst, Jean-François Jaeger, Gérard ten Kate, Ladislas Kijno, Jacques Laval, Michel Laval, Pierre Lecuire, Walter Lewino, Jean Leymarie, Jules Lismonde, Jacques Matarasso, Jean Mercure (†), Wilfrid Moser (†), Jacques Polge, Michel de Potestat, Georges Richar, Pascal de Sadeleer, Marcel Salinas, Antonio Sapone, Jorge Semprun, Carlos Sgarbi, Gustave de Staël, Antek Teslar dit « Antoine Tudal », Germain Viatte, Michel Waldberg et Marc Yver.

Merci aussi à ces « gardiens de la mémoire » qui m'ont permis de progresser dans mon enquête, parfois en me donnant accès à des archives ou à des témoignages inédits, comme Marie-Claude Char, Colette Dumur, Anne Maisonnier, Claire Paulhan, Daniel Abadie, Yves de Chaisemartin, Marcel Daloze, Philippe Jacques et Marc Yver.

Merci à tous mes proches et amis, Geneviève Méheut, Francine et Marcel Greilsamer, Pierre et Isabelle Loeb, Annick Colybes, Pierre Assouline, Stanislas Pierret, Daniel Schneidermann et Michel Kajman de m'avoir si patiemment écouté et conseillé.

Merci aux conservateurs et documentalistes de l'Institut Mémoire de l'édition contemporaine (IMEC), de la Bibliothèque littéraire Jacques-Doucet, de la Bibliothèque nationale, de la Bibliothèque des arts décoratifs, de la bibliothèque municipale de Marseille, de la Bibliothèque royale Albert-Ier à Bruxelles, du Centre d'études russe de Meudon (Hauts-de-Seine), de l'Institut de l'histoire slave à Paris, de la documentation de *L'Équipe* et de la documentation du *Monde*.

Merci, enfin, à Claire et à mes trois fils – Jean-David, François et Tristan – d'avoir vaillamment supporté cette longue épreuve.

L. G.

DICTIONNAIRE
DES PRINCIPAUX ARTISTES
ET PERSONNAGES CITÉS

ADAM Henri-Georges (1904-1967). Sculpteur et graveur, cofondateur dans la clandestinité, en 1943, du Salon de mai. Il réalise les décors et les costumes pour la première mise en scène des *Mouches* de Jean-Paul Sartre en 1944. D'abord influencée par Henri Laurens, sa sculpture évolue ensuite vers l'abstraction.

ARP Jean ou Hans (1887-1966). Sculpteur, peintre et poète associé aux mouvements dadaïste, surréaliste et abstrait, il entretient des liens avec Kandinsky, Klee, Delaunay, Picasso et Magnelli. Son œuvre multiforme est marquée du sceau d'une spiritualité profonde, à la recherche d'un langage universel. Il passe le début de la Deuxième Guerre mondiale à Grasse. Sa première femme, l'artiste Sophie Taeuber, trouve la mort en 1943 alors que tous deux séjournent clandestinement en Suisse.

ASSE Geneviève (née en 1923). Peintre dont l'œuvre est parcourue par une recherche sur la lumière et l'espace. Partie de la figuration, elle se dirige résolument vers l'abstraction dans les années cinquante, privilégiant la gamme des bleus. Beaucoup de ses tableaux présentent deux plans, seulement séparés par un rai de couleur qui les dissocie. Amie de Samuel Beckett Pierre Lecuire et Nicolas de Staël.

AUBLET Tahar Félix (1903-1978). Peintre, architecte et décorateur, il assure la maîtrise de plusieurs Expositions universelles dont, en 1937, la réalisation du palais de l'Air et du palais des Chemins de fer pour l'Exposition internationale de Paris. Parmi ses nombreux chantiers, signalons la conception de la salle des fêtes d'Issy-les-Moulineaux. À partir de 1948, il révolutionne la publicité de la caravane du Tour de France en inventant « la pub qui roule ». Il dessine des voitures et des cars futuristes pour les marques Cinzano, Bottin, Astra, Perrier, etc. Ces véhicules pouvaient se transformer, le soir venu, en salle de concert de cent places ou en podium.

BAURET Jean (1907-1990). Industriel passionné par l'art contemporain, il sympathise avec Geneviève Asse, Bram Van Velde, Nicolas de Staël, Serge Poliakoff et bien d'autres dans les années quarante. Il sera l'un des rares en qui Nicolas de Staël aura toute confiance.

BAZAINE Jean René (né en 1904). Peintre reconnu par Pierre Bonnard dès sa première exposition personnelle en 1932. Inspirée par le réel, sa peinture le transfigure bientôt, ainsi que ses nombreuses aquarelles. Il apparaît tantôt comme le représentant d'un « humanisme abstrait », tantôt comme celui d'un « réalisme non figuratif ». Il dessine de nombreux cartons de vitraux et de tapisseries et réalise de grandes mosaïques.

BELMONDO Paul (1898-1982). Sculpteur, élève et ami de Charles Despiau qui lui communique l'esprit de Rodin.

BISSIÈRE Roger (1886-1964). Peintre, ami d'André Lhote et de Georges Braque, il étudie de près le cubisme avant de s'orienter vers une peinture abstraite très libre, qui fait penser parfois à l'art océanien.

BOUMEESTER Christine Annie (1904-1971). Peintre hollandaise née à Batavia (Java), elle arrive en France en 1935, rencontre et épouse le peintre Henri Goetz. Elle opte alors pour l'art non figuratif. Elle assure la traduction en français de *Point-ligne-surface* de Kandinsky.

BRAQUE Georges (1882-1963). Peintre dont l'œuvre domine le xxᵉ siècle, il commence dans une veine fauve pour évoluer, en compagnie de Picasso, vers un cubisme analytique puis synthétique, et finalement s'orienter vers des tableaux « figuratifs » qui allient une rare sobriété à une palette somptueuse.

BREKER Arno (1900-1990). Sculpteur allemand, élève et assistant de Charles Despiau. Son œuvre monumentale est remarquée par les nazis et Hitler qui en font un artiste officiel.

BUCHER Jeanne (1872-1946). Marchande de tableaux. Avant-gardiste, elle ouvre sa première galerie-librairie dans le magasin de Pierre Chareau, en 1925, et présente des œuvres sur papier et des sculptures de Lipchitz. Le collectionneur Daniel Cordier l'a définie comme « la Jeanne d'Arc de l'art contemporain ».

CALDER Alexander (1898-1976). Sculpteur américain qui, à partir de 1932, dote ses sculptures de petits moteurs et expose ses premiers mobiles, rompant ainsi avec le principe de stabilité de la sculpture classique. Par la suite, seul l'air fera bouger ses mobiles.

CHAR René (1907-1988). Poète majeur du xxᵉ siècle, surréaliste de 1929 à 1934. Son intérêt pour la peinture et son amitié avec les grands peintres contemporains l'ont conduit à publier avec eux plusieurs livres rares.

CHARCHOUNE Serge (1888-1975). Peintre et poète russe né à Kazan, il émigre à Paris en 1912. Dadaïste, cubiste « ornemental » puis abstrait, il se fonde alors sur une rythmique linéaire de plus en plus monochrome.

CHAREAU Pierre (1883-1950). Architecte-meublier. Il crée et aménage les bureaux de la Société des lignes télégraphiques et téléphoniques en 1932 et renoue avec audace, à Paris la maison du docteur Dalsace. Il choisit l'exil aux États-Unis pendant la Seconde Guerre mondiale. Il dessinera la maison-atelier du peintre Robert Motherwell à East Hampton, en 1947, et l'aménagement intérieur du Centre culturel français à New York.

COURTIN Pierre (né en 1921). Graveur qui travaille ses plaques au burin, en taille profonde. L'une de ses particularités est de tirer ses gravures à très peu d'exemplaires, parfois même en épreuve unique.

DELAUNAY Robert (1885-1941). Peintre dont l'œuvre exprime la modernité par le dynamisme et la couleur. Ses compositions, après des périodes néo-impressionniste et néo-cubiste, se tournent vers l'« art inobjectif ».

DELAUNAY Sonia (1885-1979). Peintre d'origine ukrainienne qui se fixe à Paris en 1906. Elle épouse Robert Delaunay en 1910 et s'intéresse à la couleur pure en pionnière de l'abstraction géométrique.

DEWASNE Jean (né en 1921). Peintre très vite attiré par l'abstraction géométrique. Lauréat du prix Kandinsky en 1946, il écarte tout ce qui peut donner l'illusion d'une troisième dimension et adopte finalement la technique de la peinture au pistolet en s'orientant vers la réalisation de véritables fresques colorées.

DEYROLLE Jean (1911-1967). Peintre originaire de Bretagne, il séjourne au Maroc de 1932 à 1937, en revenant en France chaque été. Il expose notamment en 1935, à Fès, avec sa cousine Jeannine Teslar (née Guillou). Rentré définitivement en France, il subit l'influence de Paul Sérusier. Il s'installe à Paris en 1942 où il voit fréquemment sa cousine et

Nicolas de Staël. Il rencontre alors Georges Braque et César Domela et s'oriente vers l'abstraction à partir de 1943.

DOMELA César (1900-1992). Peintre hollandais installé à Berlin, puis à Paris à partir de 1933. Son aventure esthétique, qui s'oriente très vite vers l'abstraction, accompagne celle de Mondrian, Klee, Kandinsky, Magnelli et Arp. Beaucoup de ses tableaux se présentent comme des « tableaux-objets » réalisés avec des morceaux de bois et de fer, etc.

DOMINGUEZ Oscar (1906-1958). Peintre espagnol installé à Paris, il se lie à Picasso, Dali et Tanguy. Son œuvre s'inscrit dans le mouvement surréaliste. Il invente le procédé de la décalcomanie.

DORIVAL Bernard (né en 1914). Normalien, agrégé de lettres, conservateur, spécialiste de Champaigne, de Rouault et de l'École de Paris.

DUBOURG Jacques (1898-1981). Marchand de tableaux qui fait ses classes comme vendeur à la galerie Georges-Petit avant d'ouvrir sa galerie à Paris, 11 *bis*, rue du Cirque, puis 126, boulevard Haussmann. Spécialiste des impressionnistes, expert auprès de l'hôtel Drouot, il s'intéresse à l'École de Paris après la Seconde Guerre mondiale. Il s'occupe alors de Nicolas de Staël, puis de Lanskoy, de Hartung, de Sam Francis, de Riopelle et de sculpteurs comme Fenosa.

FONTANAROSA Lucien (1912-1975). Peintre et graveur, grand prix de Rome 1936.

GLAZOUNOV Alexandre Konstantinovitch (1865-1936). Compositeur et chef d'orchestre, il est le directeur du Conservatoire de Saint-Pétersbourg de 1905 à 1928, date à laquelle il émigre en France à la faveur d'une tournée internationale. Il fut l'ami de Tchaïkovsky et de Rimski-Korsakov.

GOETZ Henri (1909-1989). Peintre français d'origine américaine, il s'installe en France en 1930. Spécialiste de la gravure, il invente une nouvelle technique au carborundum. Vers

1936, il délaisse, comme sa femme Christine Boumeester, la figuration. Le *Dictionnaire universel de la peinture* (Robert) précise : « Il s'inspire cependant de ses souvenirs de voyages dans des compositions abstraites, très travaillées, faites de plans distincts et de larges empâtements, comme suspendus dans le vide, sur lesquels il pratique le grattage, le repeint, le semis de touches. L'harmonie de ses couleurs, parfois heurtées, jamais agressives, et l'impression d'équilibre de ses formes créent une profondeur qui tient du rêve. » Usé, déprimé à la fin de sa vie, il se donne la mort par défenestration.

GRANVILLE Pierre (1908-1996). Amateur de peinture classique, moderne et contemporaine, ce collectionneur a notamment fréquenté les ateliers de Vieira da Silva et Arpad Szenes, d'Étienne Hajdu et de Nicolas de Staël. Cultivé, curieux, sans fortune, il a réuni de superbes ensembles comprenant aussi bien des Delacroix et des Millet que des masques africains. Il a fait don de sa collection au musée des Beaux-Arts de Dijon qui possède ainsi un lot de tableaux de Nicolas de Staël.

GUILLOU Jeannine (1909-1946). Peintre également connue sous le nom de Jeannine Teslar, elle est la compagne de Nicolas de Staël jusqu'à sa mort.

HAJDU Étienne (1907-1996). Sculpteur roumain naturalisé français en 1930, il se forme en fréquentant l'atelier de Bourdelle à la Grande Chaumière. En 1947, il présente ses premiers reliefs en métal repoussé et commence à travailler le cuivre, le plomb, l'aluminium. Le peintre Luce Ferry, son épouse, accompagne son aventure.

HAUSTRATE Alain (1915-1967). Peintre de l'École belge. Ancien élève de l'Académie royale des beaux-arts de Bruxelles, il séjourne au Maroc en 1936-1937 avec Nicolas de Staël.

Hérold Jacques (1910-1987). Peintre roumain installé à Paris, il participe aux combats du groupe surréaliste jusqu'en 1951. Il expose au Salon de mai et se lie entre autres avec Nicolas de Staël. Son œuvre de graveur et d'illustrateur est considérable.

Hillaireau Georges (1884-1954). Peintre dont l'œuvre est composée de tableaux à la pâte généreuse et aux plans enchevêtrés. Il expose tardivement, à partir de 1940.

Kandinsky Vassili (1866-1944). Peintre d'origine russe, nationalisé allemand puis français, il est l'accoucheur de l'abstraction après une période impressionniste puis fauve. Il joue des couleurs en vertu de leur pouvoir symbolique et veut exprimer l'intériorité de l'artiste. Son œuvre et ses livres théoriques en font l'un des peintres majeurs du XXe siècle.

Kate Jan ten (1914-1996). Peintre hollandais issu d'une famille de La Haye. Un amiral et plusieurs artistes figurent parmi ses ancêtres dont les peintres Hermann ten Kate (1822-1891), Marit ten Kate et Jean Jacques Louis ten Kate, son père. Après des études à l'Académie royale des beaux-arts de Bruxelles et un séjour au Maroc entre 1936 et 1939, Jan ten Kate s'engage dans la Légion étrangère, puis se fixe à Paris durant la guerre. Il reste finalement en France où il opte pour le métier de restaurateur de tableaux.

Kikoïne Michel (1892-1968). Peintre russe installé à Paris et grand ami de Soutine, son œuvre est classée dans le courant expressionniste. Nombreux paysages, portraits et compositions.

Klee Paul (1879-1940). Peintre suisse dont l'œuvre originale et poétique domine le siècle.

Klein Fred (1898-1989). Peintre hollandais, il s'installe en France et peint dans une lumière irréelle des chevaux, des scènes de cirque, des plages et des fleurs. Mari du peintre Marie Raymond et père du peintre Yves Klein (1928-1962).

Lanskoy André (1902-1976). Né en Russie, exilé en France à partir de 1921. Peintre figuratif et grand coloriste, il passe définitivement à l'abstraction en 1944.

Lapicque Charles (1898-1988). Peintre dont la formation de centralien a marqué les recherches sur la lumière et les multiples possibilités de la couleur.

Laurens Henri (1885-1954). Sculpteur et graveur qui, après une période cubiste, s'oriente vers un classicisme révolutionnaire. Grand ami de Braque.

Laval Jacques (né en 1911). Dominicain, ami de Nicolas de Staël, il cultive d'innombrables amitiés avec des peintres comme Jean Bazaine, Manessier, et des écrivains comme Claude Mauriac, Patrice de La Tour du Pin.

Le Corbusier (1887-1965). Architecte illustre et peintre.

Lecuire Pierre (né en 1922). Normalien, poète et éditeur, il est le premier à écrire sur Nicolas de Staël, son ami et son aîné de neuf ans.

Léger Fernand (1881-1955). Peintre dont l'œuvre, marquée par le cubisme, s'oriente ensuite vers l'abstraction, puis un réalisme particulièrement puissant.

Lhote André (1885-1962). Peintre dont les livres sur la peinture et l'enseignement ont profondément influencé ses élèves.

Louttre B. (né en 1926). Peintre, fils de Roger Bissière.

Magnelli Alberto (1888-1971). Peintre italien installé en France. Son œuvre, souvent monumentale, se moque des frontières en passant alternativement de la figuration à l'abstraction et de l'abstraction à la figuration. Il influence profondément, à partir de 1945, de jeunes artistes comme Jean Dewasne et Jean Deyrolle.

Maillol Aristide (1861-1944). Sculpteur et peintre. L'un des maîtres du xxᵉ siècle.

Majorelle Jacques (1886-1962). Peintre de l'École française, né à Nancy, il puise dans ses voyages, particulièrement au Maroc, nombre de ses sujets.

Moser Wilfrid (1914-1997). Peintre suisse, il grandit à Venise, Sienne et Marbourg. Après des études de mathématiques, il séjourne en Espagne, en France et en Afrique du Nord. Il expose à partir de 1952, avec succès. Sa peinture originale et forte doit beaucoup à Paul Klee, l'un de ses maîtres. Les thèmes du métro parisien, des petits commerces, de la cathédrale de Sienne reviennent tout au long de son œuvre expressionniste.

Permeke Constant (1886-1952). Peintre belge dont l'œuvre marque profondément les artistes de l'Europe du Nord. Il utilise une pâte généreuse et des couleurs de terre.

Poliakoff Serge (1900-1969). Peintre et graveur russe installé en France. Résolument abstrait, il peint de grandes compositions avec des aplats nettement délimités, dans des tons subtils.

Pompon François (1855-1933). Sculpteur français, connu pour ses grandes compositions monumentales comme *L'Ours blanc* ou *Le Taureau.*

Raymond Marie (1908-1988). Peintre français qui s'oriente, peu avant-guerre, vers l'abstraction. À son propos, le *Dictionnaire* de Bénézit note : « Abstraction directement issue des moirures de la lumière captées par Monet dans les dernières années de sa vie, la peinture de Marie Raymond a toujours représenté quelque chose de très particulier et de rare dans l'abstraction française. Les délicatesses de pastel de ses tons s'accommodent d'une construction qui, pour être discrète, n'en est pas moins rigoureuse. » Femme du peintre Fred Klein et mère du peintre Yves Klein (1928-1962).

REVERDY Pierre (1889-1960). Poète dont l'œuvre influence profondément les jeunes surréalistes comme André Breton, Aragon et Éluard. Il se tient pourtant à l'écart de toute écriture automatique. Il a très tôt rencontré au Bateau-Lavoir Juan Gris, Picasso, Braque et Max Jacob.

SALLEFRANQUE Charles (1896-1973). Professeur de lettres fixé au Maroc. Écrivain, il revendique la « triple influence de Barrès, Valle-Inclan et d'Irnaunzis, sans omettre Gide, ni Toulet, ni Gongora et les mystiques espagnols ». Il publie en 1929 un ouvrage sur les jardins marocains et termine, en 1935, un long roman, *La Danse devant Fez.* Il donne de loin en loin des chroniques dans les *Cahiers du Sud*, signées « Charles Tristan Pehau », et entretient une correspondance avec son directeur, Jean Ballard.

SGARBI Hector (1905-1982). Peintre uruguayen qui s'oriente après-guerre vers la carrière diplomatique. Ami de Nicolas de Staël.

SOULAGES Pierre (né en 1919). Peintre et figure majeure de l'abstraction. Il s'exprime sur de très grands formats, notamment en jouant avec les noirs et la lumière.

SPILLIAERT Léon (1881-1946). Peintre belge dont l'œuvre très originale se situe entre les courants symboliste et surréaliste.

TAL-CÒAT Pierre (1905-1985). Peintre abstrait. Sa peinture, a-t-on écrit, présente une « dissolution du paysage ». Les quelques traces repérées par l'œil ont une singulière présence poétique.

Teslar Olek (1900-1952). Peintre polonais. Dernier enfant d'une fratrie de dix garçons et filles, il quitte Varsovie à l'âge de seize ans en grimpant à bord d'un train de marchandises en partance pour Paris. Il s'engage dans l'armée française, puis vit à Bordeaux où il apprend à dessiner et peindre. Assistant à l'Académie des arts décoratifs (section peinture) de Nice à la fin des années vingt, il a pour élève Jeannine Guillou, qu'il épouse. Antek Teslar, dit Antoine Tudal, naît le 28 mars 1931. La famille entreprend de découvrir les Carpates à pied avant de partir à l'aventure au Maroc. Engagé volontaire dans la Légion étrangère en 1939-1940, il passe à Londres. À la Libération, il regagne le Maroc où il reste jusqu'à sa mort.

Tézenas Suzanne (1899-1991). Son salon a réuni les plus grands écrivains, musiciens et peintres de l'après-guerre.

Tudal Antoine ou Teslar Antek (né en 1931). Poète et cinéaste, fils de Jeannine Guillou et Olek Teslar. Jacques Prévert lui a rendu hommage en écrivant : « Après examen unanime et approfondi, les critiques littéraires l'ont refusé à l'écrit. Sans doute parce qu'il a sa langue à lui – ce qui ne court pas les rues – et qu'elle est, si on sait lire, d'une trop étrange simplicité » *(Soleil de nuit)*.

Van Dongen Kees (1877-1968). Peintre hollandais. Grande figure du fauvisme et de l'expressionnisme.

Vitullo Sesostris (1889-1953). Sculpteur argentin, ami de Nicolas de Staël.

Principales sources : *Dictionnaire des peintres, sculpteurs, dessinateurs et graveurs*, E. Bénézit, Gründ, 1976 ; *Dictionnaire universel de la peinture*, sous la direction de Robert Maillard, Robert, 1975 ; *La Peinture abstraite*, Jean-Clarence Lambert, Lausanne, Rencontre, 1967.

SOURCES ET COMPLÉMENTS

Les correspondances de Nicolas de Staël citées dans cet ouvrage sont extraites de l'indispensable catalogue raisonné de l'œuvre peint établi par Françoise de Staël (Ides et Calendes, Neuchâtel, 1997). Nombre de renseignements figurent de même dans la biographie rédigée par Anne de Staël sous la forme d'une chronologie publiée en tête du catalogue raisonné de l'œuvre peint de Nicolas de Staël.

Les lettres inédites que nous avons trouvées au cours de nos recherches sont signalées comme telles dans les notes.

Première partie

Entretiens avec Olga de Staël, Marina Ujlavki de Staël, Paul Caso, Marcel Daloze, Emmanuel Van der Linden d'Hooghvorst et Pascal de Sadeleer.

*

– *Geschichte der Herren Staël von Holstein*, Anton Fahne, 2 Bde, Köln, 1869, 1871.
– *Nachrichten über das adeliche und freihenliche geschlecht Staël von Holstein*, Russwurm, Baltische Monat Schift, Bd 22, S 444-455, 1873.

– *Histoires des pays baltiques*, J. Meuvret, Armand Colin, 1934.

• Les graphies du patronyme de la famille Staël varient au cours des siècles : Staal au XVIIᵉ, Staël von Holstein à la même époque pour la branche suédoise. Les blasons évoluent eux aussi : en 1652, en Suède, sur fond d'argent se détachent neuf tourteaux rouges ; au XIXᵉ, le blason s'est singulièrement alourdi : deux lionceaux dorés à la langue rouge sont venus encadrer le blason coiffé d'une couronne d'or, elle-même auréolée de deux cornes d'abondance gris argent ; en Russie, un oiseau de proie remplace les cornes d'abondance et une patte de rapace vient se lover entre des tourteaux d'or, véritable fond commun de cette héraldique.

• La lettre d'Olga Oom, baronne de Staël-Holstein, à Nicolas de Staël, est datée du 9 mai 1932 (archives Françoise de Staël). Cette cousine s'emploie notamment à le rassurer sur l'histoire familiale en écartant l'idée que leurs ancêtres aient pu être des « brutes », comme semblait le redouter Nicolas de Staël : « Je pense pouvoir affirmer que tel ne pouvait pas être le cas, puisque les armes portent comme motto *"Exemplo suorum"* (…). » Selon la baronne, leur ancêtre Johann-Georg fut blessé au siège de Saint-Jean-d'Acre. Sa lettre, pleine de sensibilité, commence ainsi : « J'ai reçu votre gentille lettre et je vous remercie de tout cœur de m'avoir écrit et de vous être adressé à moi dans l'espoir d'éclaircir des questions qui vous intéressent et peut-être des doutes qui vous assiègent. »

Revers de fortune...

L'essentiel des informations réunies dans cette section et les suivantes proviennent des archives de la ville de Saint-Pétersbourg déposées au Sénat, des archives de Françoise de Staël et des entretiens qu'ont bien voulu nous accorder les deux sœurs de Nicolas de Staël, Marina Ujlavki de Staël et Olga de Staël.

Les papiers de la famille Staël, et notamment ses requêtes auprès du Sénat de Saint-Pétersbourg au cours du XIXᵉ siècle, nous ont permis de recouper une partie de cette histoire familiale.

– *Histoires des pays baltiques*, op. cit.
– *Les Chevaliers teutoniques*, Laurent Dailliez, Librairie académique Perrin, 1979.
– *Les Pays Baltes*, Pascal Lorot, PUF, 1991.
– *Chevaliers teutoniques*, Henry Bogdan, Perrin, 1995.
– *Les Familles de la noblesse portée sur la liste du recueil général des blasons russes*, A. Boberinsky, 1890.
– *Geschichte der Herren Staël von Holstein*, op. cit.
– *Nachrichten über das adeliche und freihenliche geschlecht Staël von Holstein*, op. cit.
– *Société et noblesse russe*, D. Schkhovskoy (quatre volumes ronéotés déposés à la bibliothèque du Sénat à Saint-Pétersbourg).
– *La Russie ancienne* (dictionnaire usuel), Les Temps anciens, 1871.

« Cette terrible forteresse... »

– *La Forteresse de Saint-Pétersbourg*, Konstantin Logatchev, éditions d'art Aurora, Léningrad, 1989.
– *Loin de Byzance*, Joseph Brodsky, Fayard, 1988.
– *Histoire de Saint-Pétersbourg*, Wladimir Berelowitch et Olga Medvedkova, Fayard, 1996.
– *La Magie blanche de Saint-Pétersbourg*, Dominique Fernandez, Gallimard, coll. « Découvertes », 1994.
– *Autour d'une vie*, Piotr Kropotkine, Stock, 1971.
– *Journal* de la générale Bogdanovitch, Payot, 1926.
– *Souvenirs*, Mathilde Kschessinska, Plon, 1960.
– *Madame de Staël*, M.-L. Pailleron, Hachette, 1931.

– *La Famille Necker, Mme de Staël et sa descendance*, Rosalynd Pflaum, Librairie Fischbacher, Paris, 1969.

– *Madame de Staël*, Ghislain de Diesbach, Perrin, 1983.

– *Biographie universelle*, Michaud, vol. 40 (Bibliothèque nationale).

• Le destin d'Éric-Magnus de Staël, qui épouse Germaine Necker, marque une rupture dans une longue tradition familiale. Pour la première fois, un Staël dédaigne la carrière des armes. Le personnage, il est vrai, préférait de loin les palais et les bals.

Né en 1749, il choisit très tôt la carrière diplomatique. Attaché d'ambassade à Paris, ce sont ses talents de séducteur émérite qui retiennent l'attention. Éric-Magnus est né pour la dépense et l'amour. Son supérieur, le comte de Creutz, ambassadeur de Suède en France, sait en tenir compte : « M. de Staël est d'une grande activité, note-t-il dans un courrier adressé au roi Gustave III. Il est très bien traité à la Cour et toutes les jeunes femmes de ce pays-ci m'arracheraient les yeux si je ne m'intéressais pas pour lui. Mme de La Marck et Mme de Luxembourg m'extermineraient. » Tout est dit.

Son statut caractérise bien la position de la famille en ce XVIIIe siècle : illustre par son ancienneté, mais dépourvue de véritable fortune ; noble, mais sans titre prestigieux. La protection de la monarchie suédoise lui est acquise, sans lui valoir pour autant des charges honorifiques ou des pensions.

Joueur et criblé de dettes, Éric-Magnus doit trouver d'urgence un état. Dans sa situation, seul un grand mariage pourrait le sauver de la banqueroute. La comtesse de Boufflers, qui s'est entichée de lui, travaille à son « bonheur ». Avec des amis, elle fixe son choix sur la jeune Germaine Necker, dont la famille est richissime et protestante.

La cible choisie, tout reste à faire – et notamment la conquête. Banquier, ancien ministre des Finances, Jacques Necker place les enchères très haut. Il exige de son futur gendre qu'il dispose d'une « ambassade à perpétuité, d'un titre de comte, de l'ordre de l'Étoile polaire ». Aussi les négociations traînent-elles plusieurs années, durant lesquelles les dettes du prétendant s'accumulent.

Éric-Magnus de Staël, qui souffre d'un défaut de titre de noblesse confirmé, multiplie les requêtes auprès de son roi. Ce dernier jure à qui veut l'entendre qu'il fera tout pour voir son « petit Staël heureux ». Mais, tout en accusant scrupuleusement réception des demandes de son sujet, il se garde de lui promettre sur-le-champ les titres revendiqués. Jusqu'au nécessaire compromis… Finalement anobli, Éric-Magnus épouse en 1786 Germaine Necker à la fortune si fort convoitée.

L'union relève du plus pur désastre. Supérieurement intelligente, passionnée, exaltée, obsédée d'elle-même et des Necker, elle voue un culte trop marqué à son père pour se laisser séduire : « M. de Staël est un homme parfaitement honnête, incapable de dire ni de faire une sottise, mais stérile et sans ressort », écrit-elle dans son journal intime. Le trait, plus tard, deviendra mordant : « J'ai fait le plus déraisonnable mariage de raison », puis cruel : « Cet homme ajoute à tous ses défauts un désordre et un luxe dont on ne peut se faire une idée. Ce n'est point par aucun genre de générosité qu'il se ruine, mais par ostentation et mollesse. »

Esprit brillant, essayiste reconnue, Germaine de Staël ne détecte chez son mari aucune des qualités tant vantées par d'autres femmes. « M. de Staël est, au contraire, parfaitement beau et de la meilleure compagnie », souligne par exemple la baronne d'Oberkirch.

Impossible de départager les deux camps. Tout au plus peut-on remarquer que ce mari accusé de nonchalance saura, seul de son espèce, représenter son monarque auprès d'un pays saisi par la révolution et l'ambition républicaine. Aux lendemains de la Terreur, il présente ses lettres de créance au nouveau pouvoir. La cérémonie demande une intense préparation diplomatique. Chaque détail protocolaire fait l'objet d'une discussion. Au terme des négociations, le président de la Convention nationale l'accueille assis, Staël avance, prend place en face de lui et lit son discours sans avoir à se tenir debout. « Je viens, déclare-t-il, de la part du roi de Suède, au sein de la représentation nationale de France, rendre un hommage éclatant aux droits naturels et imprescriptibles des nations. » Le discours plaît. C'est beaucoup…

• En 1864, Nikolaï Alexandrovitch Staël von Holstein épouse Sophia Fedorovna, fille d'Alexandre Fedorovitch Langeron. Un mariage prestigieux, tant la figure des Langeron a marqué la France et la Russie.

Louis Alexandre Andrault, comte de Langeron, né en 1763, émigre après la révolution. Devenu colonel des grenadiers Sibirsky, il commande la flottille des galères. Ce boutefeu est entré au régiment du comte de Damas à l'âge de dix-sept ans et a participé à la guerre de Suède, puis à la guerre de Turquie. Adopté par les Russes, il reçoit du tsar l'autorisation de prendre le nom d'Alexandre Fedorovitch Langeron. L'empereur Paul Ier ira jusqu'à l'élever, le 29 mai 1799, au titre de comte de Russie. Alexandre Ier lui remet l'ordre de Saint-André, la plus haute distinction, en 1813.

Cette alliance ancre encore davantage les Staël à la Cour du tsar. Nikolaï Alexandrovitch, général-lieutenant, possède dans le civil une propriété à Nikolskoïé, dans la province de Koursk. Sa fille Olga épousera en secondes noces le sénateur Fedor Fedorovitch Oom.

• Dans le parcours sans faute du père de Nicolas de Staël, on relève la trace d'une mystérieuse affaire dans les pièces d'archives. En 1910, le baron est gravement mis en cause par un militaire. On ignore sur quels faits repose cette dénonciation. Le baron réplique à cette mise en cause par un rapport de 44 pages dont nous n'avons pu retrouver la trace. Le supérieur du baron de Staël, le général d'ordonnance Komaroff, répond alors au commandement à Moscou : « Je suis complètement sûr de l'exactitude des explications données par le général sur cet incident. Le général-major, baron de Staël, est connu comme un cadre d'une tenue parfaite. »

Est-ce un ultime rebondissement de cette affaire ? En 1912, le général déclare sous serment : « Je, soussigné, certifie que je n'ai appartenu ni n'appartiendrai jamais à aucune société, assemblée ou conseil secret qui existerait sous quelque nom que ce soit ; que je n'ai jamais prêté serment ou donné ma parole d'honneur comme membre de telles sociétés, ni fréquenté leurs membres ; j'affirme même que je ne connaissais rien d'elles, ni de leurs menées, ni de leurs membres, et que je n'ai donné aucune forme d'engagement ou de parole d'honneur à aucune d'entre elles » (Archives nationales russes).

Lubov ou le « côté coton »

– *Biographie*, texte d'Anne de Staël publié dans *Nicolas de Staël*, catalogue raisonné de l'œuvre peint établi par Françoise de Staël, Ides et Calendes, 1997.
– *Noblesse russe : portraits*, Jacques Ferrand, t. 5, 1993.
– *La Roue rouge, premier nœud : Août 14*, A. Soljénitsyne, Fayard, 1972-1983 pour la traduction française.

• Une confusion s'établit parfois entre les familles Béreznikov et Bérednikov, le *z* et le *s* pouvant facilement se confondre en russe. Par sa mère, Nicolas de Staël descend des Bérednikov, une famille de riches propriétaires fonciers.

Les Béreznikov sont des nobles dont la descendance est inscrite dans la VIᵉ partie (noblesse ancienne) des registres nobiliaires de Moscou, selon les indications du *Dictionnaire de la noblesse russe* de Patrick de Gmeline (Contrepoint, 1978). Alexeï Alexandrovitch (1868-1934] fut conseiller d'État, chambellan de la Cour, gouverneur de Tchernigov. Vladimir Alexandrovitch fut lui aussi conseiller d'État et consul général de Russie à Marseille.

Un frisson d'union

— *Nicolas II*, Marc Ferro, Petite Bibliothèque Payot, 1990-1991.

— *Nicolas II, le dernier tsar*, Henri Troyat, Flammarion, 1991 (coll. « J'ai lu », 1995).

— *La Roue rouge, premier nœud : Août 14, op. cit.*

— *La Vie quotidienne à Saint-Pétersbourg à l'époque romantique*, Z. Schakovskoy, Hachette, 1967.

— *La Vie quotidienne en Russie au temps du dernier tsar*, Henri Troyat, Hachette, 1939.

Souvenirs d'enfance

— Dossier du vice-gouverneur Staël von Holstein (forteresse Pierre-et-Paul, Saint-Pétersbourg).

— *L'Écroulement du tsarisme*, Maurice Paléologue, Flammarion, 1939.

— *Nicolas II, le dernier tsar, op. cit.*

— *Nicolas II, op. cit.*

— *Histoire de la Russie des origines à 1992*, Nicholas V. Riasanovsky, Robert Laffont, coll. « Bouquins », 1994 (première édition 1987).

— *Enfance*, Nathalie Sarraute, Gallimard, 1983.

Une flaque écarlate

— Dossier du vice-gouverneur Staël von Holstein (forteresse Pierre-et-Paul, Saint-Pétersbourg).

— *L'Écroulement du tsarisme, op. cit.*

— *Lettres à Marie, Pétersbourg-Petrograd, 1914-1917*, Charles de Chambrun, Plon, 1941.

– *La Révolution russe par ses témoins*, Gilbert Comte, La Table ronde, 1963.

– *La Révolution russe*, Alexandre Kérensky, Payot, 1928.

« *Mon pauvre petit !* »

– *Nicolas II, le dernier tsar, op. cit.*

– *La Révolution russe à Petrograd et aux armées*, Claude Anet, Payot, 1917.

– *La Révolution russe par ses témoins, op. cit.*

– *Journal d'un diplomate en Russie*, 1917-1918, Louis de Robien, Albin Michel, 1967.

Comme des ombres rompues

– Papiers de la famille Staël von Holstein.

– *Nicolas II, le dernier tsar, op. cit.*

– *Histoire de la Russie des origines à 1992, op. cit.*

– *Le Malheur russe, essai sur le meurtre politique*, Hélène Carrère d'Encausse, Fayard, 1988.

– *Souvenirs du baron N. Wrangel (1847-1920)*, Plon, 1926.

– *Mémoires du général Wrangel*, Jules Tallandier, Paris, 1930.

– *Mon journal sous la terreur*, Zénaïde Hippius, Bossard, Paris, 1921.

Le temps des malheurs

– Papiers de la famille Staël von Holstein.

• Le baron Bernard de L'Escaille, né le 8 août 1874, fut envoyé spécial et ministre plénipotentiaire de 2ᵉ classe de la Belgique en poste à Varsovie à partir du 28 février 1921 (*Annuaire diplomatique et consulaire des années 1936 et 1937*, édité par l'Agence Havas belge pour le compte du ministère des Affaires étrangères et du Commerce extérieur de Belgique).

La protection des Fricero

– Correspondance de Nicolas de Staël : lettre à Charlotte Fricero datée de 1934.

– Notes de Marina de Staël et archives Anne de Staël.

– *Joseph Fricero, 1807-1870, peintre-voyageur*, Serge Romain, Jacques Ferrand, 1993.

• Dans une lettre-témoignage de Charlotte Fricero à Anne de Staël en date du 10 juin 1965, Mme Fricero indique sur elle-même : « Je suis née à Paris et devenue russe par mariage. J'étais étudiante à la Sorbonne et me suis mariée avec Emmanuel Fricero. Je n'avais pas dix-huit ans. Nous sommes partis presque de suite à Pétersbourg. »

« Kolia, Kolia... Kolia ! »

– Correspondance de Nicolas de Staël : lettre à Emmanuel Fricero du 31 janvier 1926.

– *Portrait posthume de Nicolas de Staël*, article de Jean Grenier paru dans *L'Œil*, n° 12 (Noël 1955).

– *La nuit aussi est un soleil. Les hors-la-loi de la peinture*, Pierre Cabanne, Robert Laffont, 1960.

– *Essais sur la peinture contemporaine*, Jean Grenier, Gallimard, 1959.

– *Beaux livres et documents sur la gastronomie et l'œnologie*, catalogue n° 10 établi par Rémi Flachard (9, rue du Bac, 75007 Paris).

• Les souvenirs de Marina Ujlavki de Staël et d'Olga de Staël attestent les rapports conflictuels qui ont existé entre Nicolas et Marina de Staël. Avec sa sœur cadette, Nicolas se ligue contre l'aînée qui doit assurer très jeune une partie de leur éducation. Il refusera toujours l'autorité de sa sœur aînée. Ainsi, il l'enferme un jour durant plusieurs heures dans un placard avec l'aide d'Olga. En revanche, « Kolia » multiplie les gestes de protection envers sa petite sœur, lui renouant ses lacets dans la rue, l'entraînant dans ses jeux et lui faisant partager ses enthousiasmes.

• Sur la légende concernant l'« évasion » et l'« adoption » de Nicolas de Staël par le directeur d'un pensionnat, le Bénézit (dictionnaire des peintres) hésite aussi en indiquant : « Il semble qu'il fut recueilli, avec ses deux sœurs, par un ingénieur bruxellois, qui devint leur tuteur, il semble qu'il s'agissait d'un industriel russe établi à Bruxelles : Emmanuel Fricero ; d'autres sources le disent avoir été élevé dans une institution créée pour recueillir les enfants d'émigrés russes : ç'aurait été le directeur de l'institution lui-même qui l'aurait adopté. »

• En juin 1934, lors d'un voyage en France qui le conduit sur la Côte d'Azur, Nicolas de Staël évoque dans une lettre à Charlotte Fricero la figure du peintre Joseph Fricero : « À Nice chez un petit boutiquier, j'ai trouvé un album : *Nice et ses environs*, par J. Fricero. Je l'achèterai quand je gagnerai de l'argent en revenant de Provence. La maison du peintre est picturale. Nous la ferons aussi en revenant par ici. Nous passerons par Grasse et j'irai voir la tombe que vous m'avez indiquée. »

« Nicky de Petrograd »

– Archives du collège Cardinal-Mercier (Braine-l'Alleud, Belgique).

– *Si le collège m'était conté*, fascicule 1 (1924-1933), numéro spécial de la revue du collège Cardinal-Mercier, 1990.

– *Le collège Cardinal-Mercier dans la tourmente, essai de reconstitution de la vie du collège pendant la Seconde Guerre mondiale (1940-1945)*, « Point cardinal spécial », n° 52, avril 1995.

– *Hergé*, Pierre Assouline, Plon, 1996.

– *Les Années courtes*, Félicien Marceau, Gallimard, 1968 (coll. « Folio », 1973).

• Une légende attribue à Nicolas de Staël une mystérieuse amitié avec Philippe Daudet, le fils de Léon Daudet, écrivain et polémiste d'extrême droite. La simple vérification des dates (Philippe Daudet est mort le 24 novembre 1923) exclut la possibilité de cette trop belle amitié romantique entre deux jeunes exilés.

Son ami Emmanuel d'Hooghvorst confirme cependant que Nicolas de Staël connaissait Léon Daudet. À l'occasion d'une conférence du polémiste à Bruxelles, dans les années trente, il a assisté à un rapide échange entre eux, attestant des liens cordiaux. Peut-être Léon Daudet était-il une relation de sa tutrice Ludmila von Lubimov.

« *Je serai peintre !* »

– Archives du collège Cardinal-Mercier, *op. cit.*

– *Cecini pascua, rura, duces...*, article de Nicolas de Staël paru dans la revue du collège Cardinal-Mercier en mars 1932.

– *Le Destin tragique de Nicolas de Staël*, série de quatre articles de Paul Caso parue dans *Le Soir* du 13 au 17 février 1959.

Deuxième partie

Entretiens avec Jane Aublet, Suzanne Bistesi, Elisabeth de Brouwer, Jeanne de Cardaillac-Lavanchy, Marguerite Goupy-d'Hooghvorst, Luce Hadju, Madeleine Haupert, Jandeline (†), Marianne Madelin née de Brouwer, Anne Maisonnier, Angèle Mauxion de Renesse, Aurélie Nemours, Danièle Olivier De Vlamynck, Simone Robin, Olga de Staël, Françoise de Staël, Anne de Staël, Marina Ujlavki de Staël, Daniel Abadie, Jean Bazaine, Simon de Cardaillac, Paul Caso, Yves de Chaisemartin, Marcel Daloze, Bernard Dorival, Pierre Granville (†), Emmanuel d'Hooghvorst, Jean-François Jaeger, Gérard ten Kate, Jules Lismonde, Jacques Matarasso, Wilfrid Moser (†), Georges Richar, Marcel Salinas, Antonio Sapone, Carlos Sgarbi et Antek Teslar dit « Antoine Tudal ».

*

– Archives Françoise de Staël.
– Lettre-témoignage de Léon Malinowsky à Jacques Dubourg (Bibliothèque littéraire Jacques Doucet, Ms 27453).
– *Le Destin tragique de Nicolas de Staël*, série de quatre articles, *op. cit.*
– *L'Exil de Nicolas de Staël dans notre pays : le souvenir d'un garçon charmant et fantasque*, article de Paul Caso dans *Le Soir* du 15 mars 1982.

• Nicolas de Staël s'est inscrit à la rentrée universitaire de 1933 aux cours de l'Académie royale des beaux-arts et aux cours du soir de l'Académie des beaux-arts de Saint-Gilles. À l'Académie royale, Staël a suivi les cours d'Henri Van Haelen (dessin), de Paul Mathieu (paysage et nature morte), de Jacques Marin (modelage tête antique), de Montald (peinture monumentale) et de Bastien (peinture de paysage). À l'Académie Saint-Gilles, alors située rue de La Croix-de-Pierre,

Staël s'était inscrit en architecture pour l'année 1933-1934. Il a alors notamment suivi les cours de Charles Malcause (perspective et croquis d'architecture). Il s'est inscrit les deux années suivantes aux cours de Geo De Vlamynck (décoration, composition avec figure).

L'élève de Geo De Vlamynck

— Archives de l'Académie Saint-Gilles.

— Archives Danièle Olivier De Vlamynck.

— *Anciens élèves*, Académie des beaux-arts de Saint-Gilles, Centre culturel Jacques-Franck, catalogue de l'exposition du 14 au 30 avril 1992, 88 pages.

— *100e Anniversaire de l'Académie des beaux-arts de Saint-Gilles*, exposition « Histoire et pédagogie », du 18 avril au 11 mai 1991, brochure.

— *100 Artistes pour 100 ans*, catalogue de l'exposition à l'hôtel de ville de Saint-Gilles du 5 au 25 septembre 1991, 96 pages, quadrichromie.

— *Le Livre d'or de l'Exposition universelle et internationale, Bruxelles, 1935* (édité par le comité exécutif de l'Exposition).

— *Inventaire nostalgique du Heysel. La dernière promenade artistique*, article de Sander Pierron dans *L'Indépendance belge*, 28 octobre 1935.

— *Architecture-Construction, 1932*, article de L. Herdé, éd. Henri Baudoux.

— *Geo De Vlamynck, 1897-1980*, catalogue édité par la Ville de Bruxelles, exposition à l'Hôtel de Ville en septembre-octobre 1992, 45 pages, quadrichromie. Lire notamment l'étude de Georges Mayer, *Geo De Vlamynck et la formation artistique de Nicolas de Staël à Bruxelles : une collaboration, une amitié* (pp. 19 à 26).

— *Geo De Vlamynck à Schaerbeek de 1924 à 1965. Hôtel communal de Shaerbeek*, catalogue de l'exposition du

6 décembre 1996 au 20 janvier 1997, 60 pages, quadrichromie.

• D'autres élèves, durant les années quarante, ont éprouvé les mêmes impressions que Staël à l'égard de Geo De Vlamynck. Ainsi les peintres Maurice Wyckaert et Roger Somville. On peut lire dans l'ouvrage de Freddy De Vree consacré à Wyckaert (éd. Lannoo, Tielt et Fonds Mercator, 1986) : « Wyckaert et Somville se rencontraient le soir au cours quelque peu marginal de Geo De Vlamynck. Ce dernier était supposé commenter des illustrations de livres, mais, en fait, ce cours avait une portée bien plus vaste. De Vlamynck était le moderniste de l'Académie et le seul enseignant qui suscitât l'enthousiasme chez ses jeunes auditeurs. Maurice Wyckaert fut captivé par la largeur de vues de cet homme (…). De Vlamynck était le premier professeur qui établissait, tout en les expliquant, des liens entre la représentation et le monde extérieur. Il n'existait dans les cours de Van Haelen ou d'Anto-Carte pour ainsi dire aucun rapport entre ce que l'artiste met sur le papier et la vie elle-même. »

• Probablement Staël a-t-il aussi assuré avec Geo De Vlamynck la décoration d'une chambre d'enfants dans la résidence de la famille royale, au château de Laaken. Plusieurs notices signalent ce travail, mais aucune trace n'en a été sauvegardée.

Tout voir, tout sentir

– Correspondance de Nicolas de Staël : lettres à Geo De Vlamynck datées de juin 1935, du 5 août 1935 et d'octobre 1935 ; lettre à Alix et Alain Goldie datée de Guadalupe, 1935 ; lettre à Charlotte Fricero datée de Suances, 1935 ; lettre à Emmanuel Fricero datée de septembre 1935 ; lettre à Charlotte Fricero datée de Valence, 1935 ; deux lettres aux Fricero datées de Tulle et de La Montagne, octobre 1935.

– Lettre-témoignage d'Alix Goldie en date du 25 mai 1965 (archives Anne de Staël).

– *Le Destin tragique de Nicolas de Staël*, série de quatre articles, *op. cit.*

• Les principales étapes du voyage de Staël en Espagne ont été les suivantes : Barcelone, îles Baléares, Barcelone, Manresa, Bilbao, Santander, Madrid, Tolède, Mérida, Cadix, Séville, Cordoue, Ronda, Malaga, Grenade, Murcie, Alicante, Valence.

Cinq icônes

– *Rostislas Loukine*, J. Sartenaer, Bruxelles, 1968.

– *La Gazette de l'hôtel Drouot*, n° 7, 16 février 1996. Annonce de la vente publique du 11 mars 1996 à Bruxelles organisée par la librairie Pascal de Sadeleer. Reproduction de l'icône représentant saint Jean (31,5 × 24 cm).

– *Catalogue de la vente publique fin de siècle et entre-deux-guerres*, organisée par la librairie Pascal de Sadeleer. Voir pp. 42, 43, 44 et 45. 1996. Rue des Drapiers 62 – 1050 Bruxelles.

Les gueux de l'Atlas

– Correspondance de Nicolas de Staël : lettre aux Fricero du 25 octobre 1936.

– Fonds Charles Sallefranque à la Bibliothèque municipale de Marseille.

– Cahier du Maroc (archives Françoise de Staël).

– *Journal*, Paul Klee, Bernard Grasset, 1959 (coll. « Les Cahiers rouges », 1992).

– *Au Maroc*, Pierre Loti, 1889 (réédité dans la coll. « Bouquins », Robert Laffont, 1991).

– *Wilfrid Moser, ein schweizer Beitrag zur europäischen Nachkriegskunst*, Kunsthaus Zurich, 3 septembre-31 octobre 1993.

– *Dictionnaire des peintres, sculpteurs, dessinateurs et graveurs*, E. Benezit, Gründ, 1976.

– *Bloc*, articles de Nicolas de Staël signés Michel Servet, 14 janvier 1937 (n° 11), 21 janvier 1937 (n° 12).

– Article d'Anne de Staël dans le catalogue de l'exposition « Nicolas de Staël » à Parme, en 1994 : *Catalogo a cura di Dominique Astrid Lévy, Simon Studer, Simona Tosini Pizetti*, Électa, Milan, 1994.

– *Lyautey l'Africain*, étude de Daniel Rivet dans *L'Histoire*, n° 29, 1980.

• Avant de s'embarquer pour le Maroc, Nicolas de Staël a tenté de rejoindre la famille Goldie en Espagne pour lui prêter secours. La presse commençait en effet à relater les débuts de la guerre civile et les opérations militaires conduites dans le nord du pays par le général Mola. En souvenir de l'accueil des Goldie en 1935, Nicolas franchit la frontière clandestinement avant d'être rapidement arrêté et refoulé *manu militari*. Les Goldie furent finalement secourus par l'aide internationale et s'expatrièrent au Portugal (lettre témoignage d'Alix Goldie à Anne de Staël datée du 25 mai 1965).

• Charles Sallefranque (1896-1973), professeur de lettres installé au Maroc, est l'auteur d'un long roman, *La Danse devant Fez*, publié en 1935. Dans une lettre datée du 17 décembre 1936, il écrit à Jean Ballard, qui dirige la revue *Les Cahiers du Sud* : « ... Il fait très, très froid à Marrakech. Le soleil y est cependant toujours souverain. Quand vous reverra-t-on sur ces bords heureux ? Quand m'expédiez-vous quelque ami des *Cahiers* ? Je loge un peintre belge, Nicolas de Staël. Il part dans huit jours et il y a toujours une "cellule" libre sur mon patio-monastère qui n'impose aucune espèce de clôture ni de chasteté » (correspondance déposée à la bibliothèque municipale de Marseille).

• Dans les lettres à ses parents, Nicolas de Staël fait part de son mécontentement lors de la publication de ses articles, en raison des coupes qu'ils ont subies : « Emmanuel a arrêté de publier dans *Bloc* mes articles signés Michel Servet, quatre pages seulement ont paru. Et bien changées. Je ne reconnaissais plus ce que j'avais écrit moi-même » (lettre du 7 février 1937). Dans un second temps, il écrira cependant : « Demandez à Emmanuel les quarante pages que je lui ai envoyées et dont il a publié la moitié dans *Bloc*, deux numéros du milieu de janvier. Écrivez rue Montoyer 65, ils vous enverront les deux numéros où il y a "Les gueux de l'Atlas" par M. Servet. Ce n'est certainement pas une littérature de qualité, mais ils n'ont pas réussi à abîmer tout ce qu'il y avait de passable et j'aimerais bien que vous lisiez cela » (lettre de mars 1937).

Ces quarante pages n'ont malheureusement pas été retrouvées à ce jour. Seuls les deux articles publiés demeurent (Bibliothèque royale Albert-Ier, à Bruxelles).

La loi des couleurs

— Correspondance de Nicolas de Staël : lettres à Charlotte Fricero du 30 novembre 1936 et du 7 février 1937 ; lettre à Emmanuel Fricero datée de mars 1937.

— Cahier du Maroc (archives Françoise de Staël).

— *Lettres à son frère Théo*, Vincent Van Gogh, Grasset, 1937 (coll. « Les Cahiers rouges », 1990 et 1994).

— *Journal, 1822-1863*, Eugène Delacroix, Plon, 1931-1932 (réédition en 1980 et 1996).

— *Journal*, Paul Klee, *op. cit.*

• La lettre datée du 30 novembre 1936 montre que celui-ci avait alors connaissance de la correspondance de Vincent Van Gogh avec son frère Théo. Dans une longue lettre, Van Gogh écrivait : « … Le noir et le blanc peuvent-ils être employés ou non, sont-ils des fruits défendus ? Je pense que non, Frans Hals possède au moins vingt-sept noirs. Du blanc ? Mais tu sais tout de même bien quels tableaux extraordinaires ont été faits par quelques coloristes modernes, intentionnellement, blanc sur blanc. » Plus loin, Van Gogh reprend : « Est-ce que Rembrandt et Hals n'employaient pas de noir ? Et Vélasquez ? Pas seulement un, mais vingt-sept noirs, je t'assure » (*Lettres à son frère Théo, op. cit.*, pp. 127, 128, 129).

Les nomades

– Correspondance de Nicolas de Staël : lettre à Charlotte Fricero datée de mars 1937 ; lettres à Emmanuel Fricero des 24 avril, 25 juillet et 31 août 1937 ; lettre à Charlotte Fricero du 13 septembre 1937.

– Lettres-témoignages de Simone Robin à Anne de Staël des 20 juin et 7 août 1965 (archives Anne de Staël).

– *Jean Deyrolle*, Georges Richar, Portes du Sud-Galarté, 1987.

• Selon toute vraisemblance, Nicolas de Staël a finalement expédié une caisse de tableaux au baron Jean de Brouwer, comme il s'y était engagé avant de partir pour le Maroc. Dans une lettre datée de Naples le 13 février 1938, Jeannine Teslar écrit : « La caisse de tableaux de Nicolas est arrivée avec un fou retard dans le bled du baron belge, bardée d'une douane de 500 francs. On ne sait même pas si c'est bien de celle-là qu'il s'agit. Enfin, ces tableaux que nous pensions depuis longtemps au mur du coco qui les avait commandés sont encore en souffrance à la gare de Bruges » (archives Anne de Staël).

Il reste que cette caisse semble n'être jamais parvenue à son destinataire.

Du pain et du fromage

– Correspondance de Nicolas de Staël : lettres à Emmanuel Fricero datées du 15 février 1938, de Frascati, 1938, et de Nice, 5 janvier 1943. Dans cette dernière lettre, Nicolas de Staël présente ainsi sa compagne Jeannine Guillou : « Jeannine est bretonne de Concarneau, fille du contre-amiral Guillou et de Louise Joulie. (Joulie est le savant qui découvrit l'emploi de l'acide phosphorique pour différentes maladies. Interne hôpitaux de Paris.) Elle a trente-trois ans, elle est belle comme aucune femme en ce monde et a un réel talent de peintre. » Staël commet une erreur sur le nom du scientifique cité : il s'agit de Joly qui a fait ses découvertes de 1882 à 1886, comme nous l'a indiqué le chercheur Paul Caro.

– Lettre de Jeannine Teslar à Simone Robin datée de Naples, le 13 février 1938 (archives Anne de Staël).

– *Jean Deyrolle, figuration et abstraction*, catalogue de l'exposition au musée Campredon de L'Isle-sur-la-Sorgue, Fondation Vasarely, Aix-en-Provence et château de Gordes (9 novembre 1991-septembre 1992). Reproduction de *Janine au cirque*, 1938, 46 × 38 cm, coll. part.

– *Jean Deyrolle, œuvres sur papier*, catalogue de l'exposition du musée des Beaux-Arts de Rennes du 18 octobre au 31 décembre 1984. Voir notamment la contribution de Georges Richar : *Jean Deyrolle et le passage de la ligne*.

– *Dictionnaire des peintres, sculpteurs, dessinateurs et graveurs, op. cit.*

– *Nicolas de Staël*, article de Georges Duthuit dans *Transition Press*, Paris, 1950.

• *Le Courrier du Maroc* du 15 mars 1935 a consacré une critique à l'exposition commune de Jeannine Teslar et Jean Deyrolle dans laquelle on peut lire : « De Mme Jeannine Teslar, je veux encore une fois souligner la sensibilité extraordinaire et le grand étendu de son talent viril et nerveux. Ses visions artistes de Fès, qu'elle nous présente avec une expression si puissante, ne peuvent que réjouir et satisfaire les connaisseurs de la peinture moderne. »

Le matricule 7310

– Correspondance de Nicolas de Staël : deux lettres à Hector Sgarbi de septembre et octobre 1939.
– Lettre-témoignage de Suzette Guillou-Rigal à Simone Robin du 3 août 1965 (archives Anne de Staël).
– Archives du commandement de la Légion étrangère de Marseille et du Bureau central d'archives de Pau.
– *Jeanne Bucher, une galerie d'avant-garde, 1925-1946*, ouvrage collectif, Skira, Les musées de la ville de Strasbourg, 1994.
– *Lettres au Castor et à quelques autres, 1926-1939*, Jean-Paul Sartre, Gallimard, 1983.
– *Giacometti*, James Lord, Nil, 1997.
– *Aurélie Nemours, la plénitude du vide*, propos recueillis par Henri-François Debailleux, *Libération* du 30 août 1996.
– *La Légion étrangère*, André-Paul Comor, Presses universitaires de France, coll. « Que sais-je ? », 1992.
– *Pierre Chareau, Archives Louis Moret*, Martigny, Fondation Moret, 1994 (publication des 110 lettres échangées entre les Chareau et Louis Moret).

• Le portrait de Jeannine en noir sur fond rouge est signalé par sa sœur et son fils. Ce tableau a disparu.

• Selon le peintre Marcel Salinas, longtemps proche d'André Lhote, Staël a aussi fréquenté l'académie de ce dernier, située au 18 de la rue d'Odessa. C'est d'autant plus vraisemblable qu'à la même époque son ami Hector Sgarbi suit assidûment les cours d'André Lhote.

• Dollie Chareau décrit dans une lettre à Louis Moret le climat des mois de décembre 1939 et janvier 1941 : « Ici, moralement, nous sommes vraiment bien (…). La vie est même intense, sillonnée continuellement par des permissionnaires, des voyageurs, des jeunes qui habitent à la maison ; tout ceci dans une sérénité et une émotion qui, pour ceux qui savent la laisser venir à eux, est d'une grande beauté. Nous avons passé deux réveillons qui étaient deux "veillées", Français, Russes, Polonais, Allemands, les uns en partance pour la Légion étrangère, les autres sortis (depuis) quelques jours des camps de concentration, le tout d'une beauté au plus haut sens du mot » (lettre du 9 janvier 1940 à Louis Moret, extraite de *Pierre Chareau, Archives Louis Moret, op. cit*).

Chef de famille

– *Chronique d'une galerie de tableaux sous l'Occupation*, Maurice Laffaille, Marval-Éditions galerie Fanny-Guillon-Lafaille, 1988.
– *Journal (1940-1941)*, André Gide, Gallimard.
– *La Promenade des Anglais*, Max Gallo, Robert Laffont, 1976.

• À l'issue de son engagement dans la Légion étrangère, Nicolas de Staël a reçu le document suivant : « Le légionnaire de Staël, matricule 7310, engagé volontaire pour la durée de la guerre, libéré ce jour, 20 septembre 1940, n'a pu être mis en possession de son livret individuel, cette pièce n'étant jamais parvenue au bureau de l'unité. En foi de quoi, nous lui avons délivré la présente attestation. Sousse, le 19 septembre 1940. Le lieutenant Masse » (archives Françoise de Staël).

Les rares documents encore en possession des archives militaires signalent que Staël a reçu la médaille commémorative française de la guerre 1939-1945 avec barrette « France » et « engagé volontaire ».

• Nicolas de Staël a lui aussi vendu des tableaux à Mockers, à Nice. L'une de ses lettres adressées à Jacques Dubourg, le 13 décembre 1954, en témoigne : « Pour le tableau de 1941 vendu à l'antiquaire Mockers, racheté par Tarika en 1951, chez vous à présent, moi je ne l'aime pas. Si ce n'est pas cher, c'est à démolir. Voyez vous-même pour décider. C'est les petits en circulation qui m'agacent. »

« Qu'ai-je peint là ? »

– Archives Jane Aublet.
– Lettre de Jeannine Guillou à Olga de Staël datée du 7 janvier 1943 (archives Anne de Staël).
– Fonds Henri Goetz au Centre Pompidou (service de la documentation du musée national d'Art moderne).
– *Ma vie, mes amis*, Henri Goetz, préface de J. Guichard-Meili, Cahiers du musée national d'Art moderne (nos 82-10), Centre Georges-Pompidou, 1982.
– *L'Œuvre gravé d'Henri Goetz, 1940-1972*, Sonet, Stockholm, 1973.
– *Henri Goetz, 1909-1989*, rétrospective, exposition à Strasbourg, texte de Jean-Pierre Geay, Garnier Nocera, 1995.
– *Delaunay, le triomphe de la couleur*, Hajo Düchting, Taschen, 1994.
– *Nous irons jusqu'au soleil*, Sonia Delaunay, Robert Laffont, 1978.

– *Entretien sur Nicolas de Staël*, dialogue entre Michel-François Braive et Félix Aublet, *L'Arc, cahiers méditerranéens*, Aix-en-Provence, automne 1958.

• La décoration du cabaret « L'Aigle d'or », signée « Tahar » (second prénom de Félix Aublet), fut finalement le seul chantier au cours duquel Staël et Aublet travaillèrent ensemble. Nous n'avons pas pu retrouver de documents photographiques de ce cabaret aujourd'hui détruit.

Le réconfort d'Alberto Magnelli

– Fonds Henri Goetz au Centre Pompidou (service de la documentation du musée national d'Art moderne).

– *Ma vie, mes amis*, Henri Goetz, *op. cit.*

– *Alberto Magnelli, l'œuvre peint*, catalogue raisonné par Anne Maisonnier, Société internationale d'art du XXe siècle, Paris, 1975.

– *Magnelli*, Daniel Abadie, Centre Georges-Pompidou, 1989.

– *Magnelli, les pierres : 1931-1935*, texte d'Italo Calvino, catalogue de la galerie Sapone à l'occasion de l'exposition Magelli de juillet à septembre 1981.

– *Magnelli*, rétrospective d'œuvres sur papier en hommage au centenaire de sa naissance, texte d'Anne Maisonnier, catalogue de la galerie Sapone à l'occasion de l'exposition Magnelli de juillet à août 1988.

– *Magnelli, le réalisme imaginaire, 1920-1931*, catalogue de la galerie Sapone à l'occasion de l'exposition Magnelli de mars à mai 1991.

– *L'Art de la mise à distance, les ardoises et collages d'Alberto Magnelli au Centre Pompidou*, article de Philippe Dagen dans *Le Monde* du 13 septembre 1986.

– *Soulages*, Bernard Ceysson, Flammarion, 1979, 1996.

– *Trente Mille Jours*, Maurice Genevoix, Seuil, 1980.

• Sur la difficulté de trouver du matériel pour peindre durant l'Occupation, les témoignages abondent. Retenons ce simple extrait d'une lettre du marchand de tableaux Louis Carré, datée du 8 août 1942, adressée à Mme Aurenche qui s'occupe de Soutine : « Par poste, je vous envoie le maximum de couleurs que j'aie pu acheter. Comme je n'avais pas de tubes à fournir, j'ai dû promettre d'en remettre d'ici très peu de temps. Pour le cas ou vous auriez actuellement des tubes vides, je vous serais reconnaissant de me les adresser à Paris » (papiers Louis Carré aux Archives nationales).

« Un peintre inobjectif de Nice »

Tableaux cités : *Symphonie de Beethoven* (65 × 43 cm, nº 16 du catalogue raisonné); *Composition* (73 × 92 cm, nº 13); *Composition* (114 × 72 cm, nº 15). La toile représentant un tigre a, semble-t-il, disparu (témoignage d'Antoine Tudal). Le peintre Jean Dewasne se souvient d'avoir vu un tableau du même motif en 1946-1947 chez Nicolas de Staël.

– *Ma vie, mes amis*, Henri Goetz, *op. cit.*

– *Magnelli*, Daniel Abadie, *op. cit.*

– *Nicolas de Staël*, catalogue de l'exposition de la fondation Gianadda, à Martigny (Suisse) du 19 mai au 5 novembre 1995. Réalisation : Jean-Louis Prat ; notices : Harry Bellet.

– *Nicolas de Staël, rétrospective de l'œuvre peint*, catalogue de l'exposition à la Fondation Maeght, Saint-Paul, du 2 juillet au 22 septembre 1991. Réalisation : Jean-Louis Prat ; notices : Harry Bellet.

Troisième partie

Entretiens avec Geneviève Asse, Hélène Bauret, Laurence Bertrand Dorléac, Jeanne de Cardaillac-Lavanchy, Ruth Domela, Evelyne Dubourg, Jandeline (†), Anne Maisonnier,

Simone Robin, Françoise de Staël, Anne de Staël, Dina Vierny, Jean-François Bauret, Gabriel Bauret, Jean Bazaine, Simon de Cardaillac, Daniel Cordier, Pierre Courtin, Jean Dewasne, Bernard Dorival, Pierre Granville (†), Jean-François Jaeger, Jacques Laval, Pierre Lecuire, Jean Mercure (†), Carlos Sgarbi, Gustave de Staël, Antek Teslar dit « Antoine Tudal », Germain Viatte et Marc Yver.

*

« Une fièvre de travail »

– Correspondance de Nicolas de Staël : lettre à Alberto Magnelli du 20 septembre 1943.

– Lettre de Jeannine Guillou à Olga de Staël du 28 juin 1945 datée d'Auron, et carnet de Jeannine Guillou (archives Anne de Staël).

– Fonds Henri Goetz au Centre Pompidou (service de la documentation du musée national d'Art moderne).

– *Magnelli*, Daniel Abadie, *op. cit.*

– *Jeanne Bucher, Une galerie d'avant-garde, 1925-1946, op. cit.*

– *Nicolas de Staël*, Antoine Tudal, Le Musée de Poche, Georges Fall, 1958.

– *Pierre Chareau*, article paru dans *L'Œil*, décembre 1959, n° 60.

– *Pierre Chareau*, article de Marie-Jeanne Dumont dans la revue *L'Architecte d'aujourd'hui*, n° 289, octobre 1993.

– *Chareau années 30*, article de Michèle Champenois paru dans *Le Monde* du 13 novembre 1993.

– *Ma vie, mes amis*, Henri Goetz, *op. cit.*

Les exilés

– Papiers Louis Carré aux Archives nationales (389 AP 20 et 399 AP 34).

– *Art, culture et société : l'exemple des arts plastiques à Paris entre 1940 et 1944*, t. II (entretiens, index), Laurence Bertrand Dorléac, thèse soutenue à l'université Lille-III, 1989-1990.

– *L'Art de la défaite, 1940-1944*, Laurence Bertrand Dorléac, Seuil, 1993.

– *L'Hommage de son modèle à Aristide Maillol*, article d'Emmanuel de Roux dans *Le Monde* du 19 janvier 1995.

– *Un homme partagé*, Jacques Laval, Julliard, 1978.

– *L'Homme de l'art, D. H. Kahnweiler, 1884-1979*, Pierre Assouline, Balland, 1988.

– *Boris Vian*, Philippe Boggio, Flammarion, 1993.

« *Tout ce que je ferai t'appartient* »

– Correspondance de Nicolas de Staël : lettre à Alberto Magnelli du 20 septembre 1943.

– Papiers Louis Carré aux Archives nationales (389 AP 20 et 399 AP 34).

– *Magnelli*, Daniel Abadie, *op. cit.* (voir lettre de Kandinsky à Magnelli en date du 7 janvier 1944, p. 229).

– *Révolutionnaires d'arrière-garde*, article de Lucien Rebatet dans *Je suis partout* du 29 octobre 1943.

– *Art, culture et société : l'exemple des arts plastiques à Paris entre 1940 et 1944, op. cit.*

– *Paris 1940-1944, ordre national – traditions et modernités*, Laurence Bertrand Dorléac, Publications de la Sorbonne, 1986.

– *La Mort de César Domela*, article d'Harry Bellet dans *Le Monde* du 2 janvier 1993.

– *Jeanne Bucher. Une galerie d'avant-garde, 1925-1946, op. cit.*

– *Carnets, 1944-1971*, Jean Grenier, édition établie et annotée par Claire Paulhan, Seghers, 1991.

– *Dans le secret des ateliers*, Georges Limbour, L'Éloquent, 1986.

– *Nicolas de Staël*, Arno Mansar, La Manufacture, 1990.

Deux expositions d'art « dégénéré »

– Lettre de Jeannine Guillou à sa sœur Suzanne du 19 mai 1944 (archives Anne de Staël).

– *Magnelli*, Daniel Abadie, *op. cit.*

– *Jeanne Bucher. Une galerie d'avant-garde, 1925-1946*, *op. cit.*

– *Jeanne Bucher à Strasbourg, l'histoire d'une grande galerie*, article d'Harry Bellet dans *Le Monde*, 21 juin 1994.

– *Beaux-Arts*, notice de G.-J. Gros, le 25 février 1944.

– *Le Grand Recrutement*, Thierry Wolton, Grasset, 1993.

– *Vassili Kandinsky, 1866-1944. Vers l'abstraction*, Ulrike Becks-Malorny, Taschen, 1994.

– *Vassili Kandinsky, 1866-1944. Révolution de la peinture*, Hajo Düchting, Taschen, 1994.

– *Kandinsky et moi*, Nina Kandinsky, Flammarion, 1978.

– *L'École de Paris au musée national d'Art moderne*, Bernard Dorival, Aimery Somogy, 1961.

– *Conversations avec Denise René*, Catherine Millet, Adam Biro, 1991.

– *Vivre avec Picasso*, Françoise Gilot et Carlton Lake, Calmann-Lévy, 1964.

– *Art, culture et société : l'exemple des arts plastiques à Paris entre 1940 et 1944, op. cit.* Lire tout particulièrement l'entretien avec César Domela.

• Les peintres d'avant-garde, durant l'Occupation, ressentent très fortement le poids de la critique officielle. Outre la presse collaborationniste qui les traîne dans la boue, une revue académique comme *Beaux-Arts* affiche sa ligne à plusieurs reprises dans des éditoriaux. Le 10 octobre 1942, on peut lire : « Comme le fait observer Lucien Rebatet dans *Le Petit Parisien*, l'essentiel serait d'abord de réformer l'enseignement de la sculpture et plus encore celui de la peinture dont la stérilité, depuis plus d'une cinquantaine d'années, est un phénomène que l'on est bien obligé de constater. » Dans une lettre au marchand Louis Carré, le peintre Édouard Pignon écrit le 24 février 1943 : « Pour un soi-disant retour à une saine tradition, cette critique est prête à tous les abandons, à toutes les exécutions par haine de toute pensée véritablement jeune qui pourrait la troubler dans ses préjugés et l'empêcher de se vautrer dans la médiocrité » (papiers Louis Carré aux Archives nationales).

La punition d'Antek

– Lettre de Jeannine Guillou à sa sœur Suzanne du 19 mai 1944 (archives Anne de Staël).

– Journal intime de Marc Yver, jeudi 15 mai 1945, visite à Braque et Reverdy (archives Marc Yver).

– *Souspente*, Antoine Tudal, préface de Pierre Reverdy avec une lithographie en huit couleurs de Georges Braque, Éditions Robert J. Godet, Paris, 15 avril 1945.

– *L'Esprit de la peinture contemporaine, suivi de quelques études sur Braque, Chagall, Lhote*, Jean Grenier, Vineta, Paris-Lausanne-Bâle, 1951.

Les chaînes et la liberté

– Papiers Louis Carré aux Archives nationales (389 AP 20 et 399 AP 34).

– *Cahiers d'art*, n° 1, 1927.

– *L'Homme de l'art, D. H. Kahnweiler, 1884-1979, op. cit.*

– *Carnets, 1944-1971, op. cit.*

– *Un homme partagé, op. cit.*

– *L'Esprit de la peinture contemporaine suivi de quelques études sur Braque, Chagall, Lhote, op. cit.*

– *Georges Braque : découvertes et tradition*, article de Georges Limbour dans *L'Œil*, nᵒ 33, septembre 1957.

– *Georges Braque*, textes de Francis Ponge, Pierre Descargues et André Malraux, Draeger, 1971.

– *Art, culture et société : l'exemple des arts plastiques à Paris entre 1940 et 1944, op. cit.*

La vie dure

– Lettres de Jeannine Guillou à sa sœur Suzanne et cahier de Jeannine Guillou (archives Anne de Staël).

– *Souspente, op. cit.*

– *Art, culture et société : l'exemple des arts plastiques à Paris entre 1940 et 1944, op. cit.*

• Dans son journal intime, Marc Yver note à la date du dimanche 27 mai 1945 quelques impressions de sa visite à de Staël. On peut lire ainsi : « J'entre dans une pièce remplie de ses peintures, complètement délabrée, trois pièces d'enfilade, sur la façade, mais plus de portes ; dans le fond, une pièce aussi, mais le plafond à moitié effondré. Quelques toiles de lui, de grandes choses, en général, de bonnes. Très abstrait. Moi, j'aime cela, c'est de la "belle peinture", comme on dit un "beau" travail, avec sa personnalité qui plane sur tout. Au bout de quelques instants, de Staël vient me retrouver. Immense avec ses deux mètres au moins, et sa voix d'orchestre. »

• Dans une lettre de janvier 1945 à Antoine Tudal, Pierre Reverdy se rappelle l'hiver 1944, rue Nollet : « Je me demande si malgré les coupes sombres de l'année dernière dans les menuiseries de l'immeuble, tu trouves encore de quoi faire de ces belles étincelles qui brûlent si bien les habits. Je me rappelle quelle belle et chaude journée tu nous as fait passer devant la cheminée de la rue Nollet à peu près à cette même époque. Je crois que c'est là que j'avais guéri mon rhume grâce à ton feu et à celui que le vin allume à l'intérieur » (lettre citée dans le catalogue raisonné de l'œuvre peint de Nicolas de Staël).

• En 1946, le critique Germain Bazin revient sur l'accueil fait aux Picasso : « Au Salon d'automne de 1944 où Picasso montra quarante toiles récentes, si le scandale fut si grand, n'est-ce pas parce que cette vision d'horreur fut trop forte pour les nerfs d'un public qui était tout à la joie de la Libération et qui se voyait restituer par le peintre le cauchemar dont il venait de sortir ? Ces œuvres d'épouvante ne sont pas autre chose que les *Malheurs de la guerre* du peintre espagnol » (*Le Crépuscule des images*, 1946).

• Les grands titres de la presse, qui paraissaient sur des paginations réduites en raison du manque de papier, ne consacrèrent pas une ligne à la mort de Vassili Kandinsky. Il fallut encore attendre plus d'une dizaine d'années pour que les musées français veuillent bien acheter et exposer ses tableaux.

« Pourquoi pas Françoise ? »

– *Textes*, Pierre Lecuire, Taranman (Londres), Pierre Lecuire (Paris), 1980.

« Très cher Bauret »

– Correspondance de Nicolas de Staël : lettre à Jean Bauret datée du début de 1945.

– Lettres de Jean Bauret à Nicolas de Staël (datées de 1945, notamment le 17 janvier) citées dans le catalogue raisonné, pp. 98 et 836.

– *Jeanne Bucher, une galerie d'avant-garde, 1925-1946*, op. cit.

• On peut lire sur les deux premières pages du livre d'or de l'exposition de Nicolas de Staël, du 5 au 22 avril 1945, les noms de Jean Le Moal, Georges Hillaireau, Étienne Hajdu, Galvan, Jean Masurel, Dutilleul, Serge Charchoune, André Lanskoy, Jean Bazaine, Alberto Magnelli, Henri Goetz, Christine Boumeester, Fred Klein, Georges Limbour, Jean Dubuffet, Louis Carré, Édouard Pignon, Hector Sgarbi, Denise René, Nina Kandinsky, Jean Dewasne.

Le chaos des mortels

– *Salon de mai du 29 mai au 29 juin 1945*, plaquette de la galerie Pierre-Maurs, 3, avenue Matignon, Paris.

– *Jeanne Bucher, une galerie d'avant-garde, 1925-1946*, op. cit.

– *La Mesure de Nicolas de Staël*, Jean-Pierre Jouffroy, Ides et Calendes, Neuchâtel, 1981.

– *Cézanne*, Philippe Dagen, Flammarion, 1995.

– *Nicolas de Staël*, article de René de Solier dans la *NRF*, mai 1955.

– *La nuit aussi est un soleil. Les hors-la-loi de la peinture*, op. cit.

• Antoine Tudal évoque cette période de la vie de Staël dans l'un de ses livres : « Souvent, la nuit, toutes lumières éteintes, il peint les arbres de son jardin ou les branches mortes de l'hiver, ou même, il prend comme point de départ des objets ou des outils usuels. Il les dessine, d'abord avec une grande réalité, puis une succession d'étapes l'amènent à un dépouillement qui lui permet de rester face à face avec la peinture et la forme » (*Nicolas de Staël*, Paris, Le Musée de poche, 1958).

De chambre en meublé

– Correspondance de Nicolas de Staël : lettres à Jean Adrian datées de mars et du 18 avril 1945.

– Lettre de Jeannine Guillou à Olga de Staël du 28 juin 1945, lettre de Jeannine Guillou à Nicolas de Staël du 13 juillet 1945, lettre de Jeannine Guillou à Antoine Tudal du 18 décembre 1945 (archives Anne de Staël)

– Lettres inédites de Jeannine Guillou à Jacques Laval du 13 septembre et du 14 novembre 1945 (archives Jacques Laval).

– Lettres inédites de Nicolas de Staël à Marc Yver des 7 juin, 12 juin, 18 juillet 1945, plus une lettre sans date (archives Marc Yver).

– Souvenirs manuscrits d'Hector Sgarbi (archives Carlos Sgarbi).

– *Nicolas de Staël*, Antoine Tudal, *op. cit.*

– *Un homme partagé, op. cit.*

– *L'Éclat de la lumière, entretiens avec Marie-Hélène Vieira da Silva et Arpad Szenes*, Anne Philipe, Gallimard, 1978.

– *Nicolas de Staël*, article de Georges Limbour paru dans *France-Observateur*, le 24 mars 1955.

– Numéro spécial (351-352) de la revue *Critique* sur Georges Limbour, 1976.

– *Dans le secret des ateliers, op. cit.*

– *Georges Limbour, le songe autobiographique*, Martine Colin-Picon, Lachenal et Ritter, 1994.

• À la lecture des lettres de Nicolas de Staël à Marc Yver, il apparaît que Georges Limbour devait initialement écrire un article sur Staël. C'est finalement René de Solier qui l'a

405

rédigé. Marc Yver nous a précisé que cet article, adressé par ses soins à Skira, à Genève, a été refusé. Dans une lettre du 18 juillet 1945, Nicolas de Staël écrit notamment : « Solier prendra mal de ne pas être payé, je crois, ayant fait un réel effort et ne le faisant peut-être que pour cela ; vous payez bien Basin, il y a dans tout ce fatras quelques paragraphes dignes d'argent. Vous verrez, je le ferai peut-être pour vous, cela dépend un peu de mes finances. Je n'ai jamais poussé personne à faire quoi que ce soit, mais encore une fois, du calme, cette petite exposition vaut bien une chandelle, on en reparlera d'ici cinq ans, oui, de ces toiles-là. Vous verrez. »

« S'il m'arrive quelque chose... »

— Correspondance de Nicolas de Staël : deux lettres à Mme Guillou datées de mars 1946.
— Lettre de Jeannine Guillou à sa sœur Suzanne du 10 novembre 1945 (archives Anne de Staël).
— *Nicolas de Staël*, Antoine Tudal, *op. cit.*

• Jeannine Guillou et Nicolas de Staël ne sont jamais parvenus à se marier comme ils le désiraient. En raison de la guerre et de la présence de son mari Olek Teslar à Londres, Jeannine Guillou n'a pu obtenir les papiers qui auraient permis que leur divorce fût prononcé. Ce n'est finalement qu'au lendemain de sa mort que ces papiers indispensables arrivèrent boulevard du Montparnasse. Nicolas de Staël et Jeannine Guillou s'étaient cependant toujours considérés comme mariés, Nicolas allant jusqu'à demander avec insistance à sa compagne de signer « Jeannine de Staël » son courrier. Il en reste quelques exemples comme les lettres qu'elle adressait à Jacques Laval ou à sa sœur.

Quatrième partie

Entretiens avec Geneviève Asse, Hélène Bauret, Denise Colomb, Ruth Domela, Evelyne Dubourg, Luce Hajdu, Nelly Kartencewicz, Françoise de Staël, Anne de Staël, Dina Vierny, Jean-François Bauret, Jean Bazaine, Marc-Antoine Bissière dit « Louttre B. », André du Bouchet, Simon de Cardaillac, Pierre Courtin, Jean Dewasne, Bertrand Dorival, Hubert Fandre, Pierre Granville (†), Jean-François Jaeger, Ladislas Kijno, Jacques Laval, Michel Laval, Pierre Lecuire, Jean Leymarie, Michel de Potestat, Pascal de Sadeleer, Marcel Salinas, Gustave de Staël, Antek Teslar dit « Antoine Tudal », Germain Viatte, Michel Waldberg et Marc Yver.

*

– Correspondance de Nicolas de Staël : lettres à Jean Bauret de mars, mai, juin, juillet, été 1946 ; lettre à Germaine (« Pounette ») Chapouton de juillet 1946.
– Lettre inédite de Roger Bissière à Nicolas de Staël datée du 8 août 1946 (archives Françoise de Staël).
– Archives de la famille Aublet.
– *Carnets, 1944-1971, op. cit.*
– *L'Art abstrait*, Dora Vallier, Librairie générale française, 1980, Le Livre de poche, coll. « Pluriel », 1995.

• Nous n'avons pas retrouvé les études de Nicolas de Staël en vue de la rénovation du bar du théâtre des Champs-Élysées. D'après les notes de Marc Yver dans son journal intime, Staël travaillait sur ce projet depuis l'automne 1945. Yver écrit notamment : « Il me montre la maquette d'une fresque qu'il doit aller présenter. C'est excellent, beaucoup de couleurs vives. Cela chante terriblement. Cela change, car habituellement ses fonds sont très foncés. Sa femme m'explique que ce qu'il aime surtout, ce sont des couleurs assemblées par masses, et que ce ne soit pas impressionniste. »

La violence de l'espoir

— *La Boîte verte*, Michel Waldberg, La Différence, 1995.

— *Mains et merveilles*, Patrick Waldberg, Mercure de France, 1961.

— *Georges Bataille, choix de lettres, 1917-1962*, Gallimard, coll. « Les Cahiers de la *NRF* », 1997.

— *Vivre avec Picasso, op. cit.*

— *Paris tel qu'on l'aime*, Odé, 1949. Le chapitre consacré à Montparnasse est signé André Warnod.

— *1946, l'art de la Reconstruction*, contributions de Maurice Fréchuret, Laurence Bertrand Dorléac, Serge Guilbaut et Jean-Pierre Rioux, musée Picasso, Antibes, Skira, catalogue de l'exposition 1996.

— *Les Chemins de la vue*, Jean-Claude Schneider, Deyrolle, 1996.

— *Entretiens*, André Breton, Gallimard, coll. « Idées », 1969. (Dans l'entretien accordé à la revue *Opéra*, le 24 octobre 1951, André Breton précise : « Les staliniens disposent d'une multitude d'organes. Aux intellectuels qui les servent, ils sont équipés pour procurer un maximum d'audience. Une sorte de serment les lie, qui d'une seule voix leur permet de répandre les mêmes contre-vérités comme de couvrir des mots les plus rassurants les contenus pratiques les plus contraires. À ceux-ci, les Américains, qui submergent cette partie de l'Europe de leurs "digests", ne sont aucunement en mesure de fournir la réplique idéologique qui conviendrait. Il n'en reste pas moins que ces messieurs s'arrachent le papier imprimé » (p. 295).

« Ce fut historique, gogolien »

— Correspondance de Nicolas de Staël : lettre à Jean Adrian du 17 août 1946.

– *L'Homme de l'art, D. H. Kahnweiler, 1884-1979, op. cit.*

– *Giacometti*, James Lord, *op. cit.*

– *Carnets, 1944-1971, op. cit.*

– *Art, culture et société : l'exemple des arts plastiques à Paris entre 1940 et 1944, op. cit*, p. 366.

• Dans une lettre de 1945, Jeannine Guillou écrit à sa sœur : « Nicolas n'a rien fait avec Carré qui n'a pas marché pour le payer plus cher que ses autres peintres et lui fait maintenant des petites vacheries pas graves. C'est mieux ainsi. Il est despote et Nicolas aussi. Je ne sais s'ils auraient été capables de s'entendre longtemps » (archives Anne de Staël).

Rue Gauguet

– *Nicolas de Staël*, Patrick Waldberg, *Transition Fifty*, n° 6, 1950, article repris dans *Mains et merveilles*, Mercure de France, 1961.

– *Géricault*, Michelet, L'Échoppe, Caen, 1991.

– *Géricault*, Bernard Noël, Flammarion, 1991.

– *Textes*, Pierre Lecuire, *op. cit.*

– *Nicolas de Staël*, catalogue de la Fondation Pierre-Gianadda, *op. cit.*

« Moi, monsieur ? Je suis un pur classique... »

– *De la révolte à la renaissance, au-delà du tachisme*, Georges Mathieu, Gallimard, coll. « Idées », 1972.

– *L'Art abstrait*, Michel Ragon et Michel Seuphor, Maeght, 1973.

– *Le Temps immobile. Aimer de Gaulle*, t. V, Claude Mauriac, Grasset, 1978. (Le passage cité est daté « samedi… août 1946 ».)

– *Paul Klee (1870-1940)*, poème de Louis Aragon, pp. 431-435, *L'Œuvre poétique*, t. XV, Livre Club Diderot, 1981.

– *Aragon*, Georges Sadoul, Seghers, coll. « Poètes d'aujourd'hui », 1967.

– *Aragon, une vie à changer*, Pierre Daix, Seuil, 1975, pp. 356-357. (Après 1955, Elsa Triolet dira : « Comment avons-nous pu vivre sans nous apercevoir qu'existait Nicolas de Staël ? »)

– *Contre l'art abstrait*, Robert Rey, Flammarion, 1957.

– *Jeanne Bucher, une galerie d'avant-garde, 1925-1946*, *op. cit.*

Comme un vertige...

– Correspondance de Nicolas de Staël : lettre à Mme Chapouton du 26 août 1947 ; lettre à Germaine (« Pounette ») Chapouton datée d'octobre 1946.

– *Nicolas Lioguine*, récit inédit de Guy Dumur, dix-huit pages manuscrites déposées aux archives de l'IMEC.

– *Staël*, texte de Denis Sutton, Gruppo Editoriale Fabbri, 1990.

• Un document officiel figurant dans les archives de Françoise de Staël établit que Domna Trifonoff, si longtemps attachée à la famille Staël, avait soixante-trois ans en 1925. Sa naissance remonte donc soit à l'année 1862, soit à l'année 1863.

Entre Renoir et Monet

– Papiers Louis Carré (389 AP 20 et 399 AP 34) aux Archives nationales.

– *Carnets, 1944-1971*, *op. cit.* (voir notamment les indications p. 258).

• La sœur de Pierre Loeb, Denise Colomb, nous a indiqué que son frère a toujours regretté de n'avoir pas pris le risque d'accueillir Nicolas de Staël dans sa galerie. Quelques années plus tard, il exposait la grande toile *Ballet*. Selon la légende familiale, Pierre Loeb aurait refusé Staël en expliquant à ses proches : « Il est trop grand. »

« Français... On le verra bien après ma mort, non ? »

– Correspondance de Nicolas de Staël : lettre à Pierre Lecuire du 18 novembre 1949.
– Centre des archives contemporaines (dossier de naturalisation n° 13357 × 47, cote 780018/82).

• Germaine Ratel, l'une des sœurs de Françoise de Staël, est la marraine de Laurence de Staël, et Antoine Tudal son parrain. Marcelle Braque, l'épouse de Georges Braque, sera la marraine de Jérôme de Staël, et Pierre de Montgareuil, ami des Staël et futur mari d'Andrée Chapouton, son parrain.

Le miroir d'Hercules Seghers

– Correspondance de Nicolas de Staël : lettre à Pierre Courthion datée de l'été 1948.
– *Bonjour à Nicolas de Staël*, texte de Pierre Courthion à l'occasion de *Exposición de Oleos y Dibujos de Nicolas de Staël*, Montevideo, octobre 1948.
– *L'Art qui vient à l'avant*, texte de Pierre Lecuire, 1948 ; publié par Pierre Lecuire, en 1965, avec trois bois inédits de Nicolas de Staël.
– *Textes, op. cit.*
– *Histoire universelle de la peinture. La peinture hollandaise*, Robert Genaille, Pierre Tisné, 1956.
– *Die Radiernuggen des Hercules Seghers*, W. Fraenger, 1907.

– *Hercules Seghers*, John Rowlands, Herscher, 1981.
– *Dictionnaire de la peinture*, Larousse.
– *Encyclopaedia universalis*, Paris, 1985.

• Au cours de ce voyage en Belgique et aux Pays-Bas, Françoise et Nicolas de Staël font halte principalement à Bruxelles, à Amsterdam et à La Haye.

• Dans *L'Improbable et autres essais* (Gallimard, coll. « Idées », 1980), Yves Bonnefoy écrit notamment à propos de l'art de Seghers : « On comprend mieux sous le signe de Seghers les arbres insensés, aux cimes croulantes comme des neiges, de Fragonard ; les visages hantés, secoués, que peint Géricault ; et Goya. »

Les sortilèges du sculpteur

– Correspondance de Nicolas de Staël : lettre à Pierre Lecuire du 3 décembre 1949.
– *Nicolas de Staël*, Arno Mansar, *op. cit.*
– *Un homme partagé, op. cit.*
– *Géricault raconté par lui-même et par ses amis*, Pierre Courthion, Genève, 1947.
– *Correspondance*, Paul Cézanne, préfacée et annotée par John Rewald, Grasset, 1978.
– *Géricault*, Bernard Noël, Flammarion, 1991.
– *Étienne Hajdu, dessins*, Pierre Descargues, Bagneux, 1987.
– *123 Dessins de Nicolas de Staël*, catalogue de la galerie Jeanne Bucher, Paris, 1979.
– *La Mesure de Nicolas de Staël, op. cit.*
– *Nicolas de Staël : l'impatience et la jubilation*, texte d'André Chastel publié dans le catalogue de l'exposition Nicolas de Staël à la Fondation Maeght, 1972.
– *Essais sur la peinture contemporaine, op. cit.*, pp. 81-94.

« Vive la publicité ! »

– Correspondance de Nicolas de Staël : lettres à Theodore Schempp, début décembre 1949, 10 et 26 janvier 1950 ; lettre à Roger Van Gindertael, le 14 avril 1950.

– *Nicolas de Staël*, Georges Duthuit, *op. cit.*

– *Nicolas de Staël*, *id.*, article paru dans *Cahiers d'art*, 25, n° 2, 1950.

– *L'Esprit de la peinture contemporaine, suivi de quelques études sur Braque, Chagall, Lhote, op. cit.*

– *Georges Braque : découvertes et tradition*, Georges Limbour, article paru dans *L'Œil*, n° 33, septembre 1957.

– *L'Art informel*, article de Jean Paulhan dans *La Nouvelle Revue française* du 1er mai 1961, numéro 101. (Dans cet article, Jean Paulhan range Staël parmi les constructeurs : « L'informel cependant n'est pas long à trouver ses expressionnistes : Hartung, Poliakoff ; ses intimistes : Wols, Bryen, Bissière ; ses impressionnistes : Bazaine, Estève, Lapicque ; ses constructeurs : Jacques Villon, de Staël ; ses naïfs : Miró ; ses calligraphes : Mathieu, et bien d'autres. »)

• La première exposition de Nicolas de Staël aux États-Unis a lieu dans l'appartement de Theodore Schempp (149 East 72 Street, New York) aux mois de décembre 1950 et janvier 1951.

Le « gang de l'abstraction avant »

– Correspondance de Nicolas de Staël : lettre à Roger Van Gindertael datée de juillet 1950 ; lettre à Bernard Dorival datée de septembre 1950 ; lettre à Theodore Schempp du 1er décembre 1950 ; lettre à Pierre Lecuire du 10 décembre 1950.

– *Nicolas de Staël in America*, Eliza E. Rathbone, The Phillips Collection, Washington DC, 1990.

– *Jackson Pollock*, film documentaire de Kim Evans, Weekend-UGC, Londres, 1987.

– *Tal-Coat, Singier, Nicolas de Staël*, article de Bernard Dorival publié dans *La Table ronde*, juillet 1950.

– *Germaine Richier, de Staël, Bazaine, Chagall*, article de René de Solier dans *Les Cahiers de la Pléiade*, printemps 1950.

– *Deux peintres et un lithographe. Au seuil du mystère*, article d'André Chastel, *Le Monde*, 3 juin 1950.

• En 1950, dans une enquête réalisée par le journal américain *Magazine of Arts*, n° 43, mai 1950, sur les peintres français, le nom de Staël n'est cité qu'une fois. La rédaction a longuement interrogé six critiques français, dont Bernard Dorival qui a évoqué le nom du jeune peintre. En 1951, le critique Thomas B. Hess écrit que Staël « bénéficie d'une réputation d'avant-gardiste aux États-Unis où il vend un nombre surprenant de tableaux, mais reste relativement peu connu » (*Art News*, New York, n° 9, janvier 1951).

Cinquième partie

Entretiens avec Geneviève Asse, Hélène Bauret, Suzanne Bistesi, Cécile Cacoub, Marie-Claude Char, Denise Colomb, Françoise David-Supervielle, Evelyne Dubourg, Colette Dumur, Nicole Fenosa, Marguerite Goupy-d'Hooghvorst, Ciska Grillet, Luce Hajdu, Madeleine Haupert, Pascaline Magnard, Olga de Staël, Françoise de Staël, Anne de Staël, Louttre B., Jean-François Bauret, Jean Bazaine, André du Bouchet, Pierre Boulez, Michel Butor, Simon de Cardaillac, Daniel Cordier, Jean Dewasne, Bernard Dorival, Jacques Dupin, Hubert Fandre, Jean-François Jaeger, Pierre Granville (†), Philippe Havard, Ladislas Kijno, Pierre Lecuire, Walter Lewino, Jean Leymarie, Jacques Matarasso, Jacques Polge, Michel de Potestat, Marcel Salinas, Jorge Semprun, Carlos Sgarbi, Gustave de Staël, Antek Teslar dit « Antoine Tudal » et Germain Viatte.

*

– Correspondance de Nicolas de Staël : lettre à Jacques Dubourg du 2 août 1951.

– Correspondance de René Char à Nicolas de Staël, bibliothèque littéraire Jacques-Doucet (Ms. 32537 alpha à Ms. 32573 alpha).

– *Albert Camus, une vie*, Olivier Todd, Gallimard, 1996, chap. 35, « Trois amis ».

– *Carnets III, mars 1951-décembre 1959*, Albert Camus, Gallimard, 1989.

– *Œuvres complètes* de René Char, Gallimard, coll. « Bibliothèque de la Pléiade », 1995 (*Bois de Staël*, p. 701).

– *René Char, faire du chemin avec...*, Marie-Claude Char, Gallimard, 1992, p. 170.

Le Poème pulvérisé

– Correspondance de Nicolas de Staël : lettres à René Char des 9 juillet, fin juillet, 16 octobre, 26 octobre, 30 octobre, 5 novembre, 8 novembre et 23 novembre 1951 ; lettres à Theodore Schempp du début de décembre 1949 et de la fin de décembre 1951.

– Correspondance de René Char à Nicolas de Staël, bibliothèque littéraire Jacques-Doucet (Ms. 32537 alpha à Ms. 32573 alpha).

– Correspondance de René Char à Guy Dumur, IMEC.

– *René Char*, Christine Dupouy, Belfond, 1987, pp. 119-129.

– *René Char*, Éric Marty, Seuil, coll. « Les Contemporains », 1990.

– *René Char, faire du chemin avec...*, op. cit.

– *Poésie et peinture, l'appropriation du réel chez René Char et Nicolas de Staël*, mémoire de maîtrise soutenu par Manuela Morbieu en octobre 1983 (université Paris X-Nanterre).

– *Œuvres complètes* de René Char, op. cit.

– *Hommage à Nicolas de Staël*, galerie Denis-Bloch, préface de Bernard Dorival, Paris, sans date.

– *De Staël*, Pierre Granville, L'Autre Musée-La Différence, 1984.

• Pierre Granville écrit dans son ouvrage sur Staël à propos du livre composé avec Char : « Le graveur y piquetait des étoiles sur fond noir. Le condensé des traits ou des points prend ici une valeur explosive et en même temps allusive à l'écrit du poème. L'un des plus beaux livres illustrés de notre temps est objet en soi, sous un emboîtage inventé et fait main. »

• Le critique Guy Dumur publie dans *Combat*, le 3 février 1952, un article sur le livre de René Char et de Nicolas de Staël. Il écrit notamment : « Rien de commun avec un livre illustré. Mais plutôt une sorte d'expédition géographique, la reconnaissance par deux hommes de même grandeur d'une *terra incognita*, maintenant visible à tous. Les bois de Staël sont exactement le relevé de cette terre et de ce ciel décrits par Char dans *Le Poème pulvérisé*. »

Une farandole de pommes

– Correspondance de Nicolas de Staël : lettre à Denys Sutton de la mi-novembre 1951.

– Lettre inédite de Nicolas de Staël à Bernard Dorival de 1952 (archives Bernard Dorival) ; carte inédite de René Char à Nicolas de Staël, sans date (fonds Doucet).

– *Priorité peinture*, texte de Jean-Luc Daval, galerie Daniel-Malingue, Genève, 1992.

– *Témoignages pour l'art abstrait*, Julien Alvard et Roger Van der Gindertael, Paris, 1952.

– *L'École de Paris au musée national d'Art moderne*, Bernard Dorival, Aimery Somogy, 1961.

– *De Staël*, Denys Sutton, *op. cit.*

• Le critique Guy Dumur et Suzanne Tézenas, qui tenaient un salon influent à Paris, avaient rejoint à Londres Françoise et Nicolas pour tenter d'aider Staël à faire connaître sa peinture grâce à leurs relations. Malgré leur aide, l'exposition à la galerie Matthiessen ne fut pas un réel succès.

• Dans une lettre à Guy Dumur, René Char écrit le 29 octobre 1952 : « Mon cher ami, j'ai eu le plaisir, en revenant à Paris avant-hier, de trouver votre lettre. Nicolas m'avait fait lire votre étude sur lui le jour de mon départ. Il a dû vous dire combien celle-ci m'avait paru, en art, juste, perspicace, poétique, équilibrée. Seule peut-être "la partie affective" – mais il en est toujours ainsi – se confiait un peu trop et cet épanchement tout amical pouvait gêner la modestie du cher Nicolas ! Vous pouvez me l'adresser ou l'envoyer directement à Zervos… » (Archives IMEC).

Le Parc des Princes

– Correspondance de Nicolas de Staël : lettres à René Char des 10 avril, 26 avril, 27 mai et 12 juin 1952, lettre à Jacques Dubourg du 7 juin 1952.

– Lettre inédite de Jacques Dubourg à Nicolas de Staël du 17 juin 1952 (archives Françoise de Staël); lettre inédite de René Char à Nicolas de Staël, sans date (fonds Doucet).

– Comptes rendus du match dans *L'Équipe* du jeudi 27 mars 1952 et dans *Le Monde* des 27 et 28 mars 1952.

– *De Staël*, Denys Sutton, *op. cit.*

– *De Staël*, Pierre Granville, *op. cit.*, pp. 13-14.

– *De Staël, Les Footballeurs*, service éducatif, musée des Beaux-Arts de Dijon, 1990, 28 pages.

– *Nicolas de Staël*, article de Christian Zervos dans *Cahiers d'art*, 30e année, 1955.

– *Nicolas de Staël aux limites de l'abstrait*, article d'Eric de Chassey dans *Beaux-Arts*, n° 137, 1995.

— *La Peinture libérée*, André Lhote, Grasset, 1956, p. 188.

— *Entretiens*, André Breton, Gallimard, coll. « Idées », 1969, p. 294.

— *Œuvres complètes* de René Char, *op. cit.* (*Nicolas de Staël*, p. 702).

Un équilibre précaire

— Correspondance de Nicolas de Staël : lettres à Theodore Schempp du 17 mai 1952, à Françoise de Staël datée de juillet 1952, à Guy Dumur du 29 août 1952, à René Char du 14 mars 1952, à Pierre Lecuire du 9 juin 1952, à Françoise de Staël du 31 juillet 1950, à Anne de Staël datée de la fin février 1952, à Mary St John Hutchinson du 26 février 1952, à René Char datée de novembre 1952, à Theodore Schempp datée de novembre 1950, à René Char du 22 octobre 1952, à Theodore Schempp datée d'octobre 1950, à Jacques Dubourg du 7 juin 1952 ; deux lettres à Jacques Dubourg datées de juin 1952.

— Une lettre et une carte postale inédites de René Char à Nicolas de Staël, sans dates (fonds Doucet) ; une lettre inédite de Jacques Dubourg à Nicolas de Staël du 7 juin 1952 (archives Françoise de Staël).

— *Nicolas de Staël, Drawings and Engraved Work*, avec une préface de Denys Sutton et une étude de Nicolas Barker, Taranman, Londres, 1981.

— *Ce que je crois*, Alexandre Minkowski, Grasset, 1997, pp. 92-94.

— *André Derain, lettres à Vlamynck*, texte établi et présenté par Philippe Dagen, Flammarion, 1994, p. 180.

• Dans un témoignage après la mort de Nicolas de Staël, Jean Bauret a indiqué : « Il employait toujours le couteau à mastic. Je lui conseillai la truelle, qui est un gros couteau à peindre. Son couteau de vitrier engendrant des "biscuits", j'ai essayé de le faire passer des biscuits aux lunes, des lunes aux péniches, des péniches aux bouteilles, etc., et il a pris l'habitude de prendre exemple sur les formes picturales de la nature au lieu de prendre des leçons dans *Les Cahiers d'art*. Le passage du "biscuit" abstrait à la "lune" concrète est important. »

La petite musique de Suzanne Tézenas

– Correspondance de Nicolas de Staël : lettre à Suzanne Tézenas du 12 juin 1952 et carte du 11 février 1953 ; lettres à René Char du 29 avril 1953 et du 6 mai 1953. Archives de la bibliothèque littéraire Jacques Doucet : deux lettres adressées à Suzanne Tézenas, les 11 avril et 29 août 1952, sont encore scellées. Fonds Doucet, Ms. 34794 à Ms. 34812.

– Lettre inédite de René Char à Nicolas de Staël du 4 mai 1953 (fonds Doucet) ; fonds Guy Dumur à l'Institut Mémoire de l'édition contemporaine (IMEC).

– *Récit secret*, suivi de *Journal (1944-1945)*, Pierre Drieu la Rochelle, Gallimard, 1961.

– *Journal, 1939-1945, id.*, Gallimard, coll. « Témoins », 1992.

– *Drieu la Rochelle ou le séducteur mystifié*, Dominique Desanti, Flammarion, 1978.

– *Les Modernes*, Jean-Paul Aron, Gallimard, 1984.

– *La Tribu des clercs, les intellectuels sous la Ve République*, Rémy Rieffel, Calmann-Lévy, 1993.

– *Mort de la fondatrice du Domaine musical. Le dernier salon*, article de Guy Dumur paru dans *Le Nouvel Observateur* des 13-19 juin 1991.

– *La Mort de Suzanne Tézenas*, article d'Alain Lompech paru dans *Le Monde*, 12-13 mai 1991.

– *Nicolas de Staël ou le vertige*, récit de Cioran paru dans *Die Zeit* en 1988 et repris dans *Lire* en mai 1995.

– *Œuvres complètes* de René Char, *op. cit.* (*L'Abominable des neiges*, ballet rédigé en 1952, pp. 1127-1135).

• Au cours de ce rapide voyage en Italie, Françoise et Nicolas de Staël, accompagnés de Pierre Lecuire, ont visité Florence, Ferrare, Bologne, Milan, Ravenne et, très brièvement, Venise.

Voyage à « Babylone »

– Correspondance de Nicolas de Staël : lettres à Theodore Schempp du 30 décembre 1952 et des 8 janvier, 14 janvier, 26 janvier 1953 ; lettre à René Char datée de février 1953 ; lettres à Ciska Grillet datées de février 1953, 27 février 1953 ; lettres à Jacques Dubourg des 24, 25 février, 2 mars et 5 mars 1953 ; lettre à Pierre Lecuire du 7 mars 1953.

– Deux lettres inédites de Jacques Dubourg à Nicolas de Staël datées de février et mars 1952 (archives Françoise de Staël) ; lettre à Pierre Lecuire du 25 février 1953 (*Lettres de Nicolas de Staël à Pierre Lecuire*, Paris, Pierre Lecuire, 1966).

– *Time*, 30 mars 1953.

– *New York Times*, 15 mars 1953, article de Stewart Preston.

– *International Herald Tribune*, 15 mars 1953, article de Carlyle Burrows.

– *Art Digest*, 15 mars 1953, article de James Fitzsimmons.

– *Le Monde*, 10 avril 1953, article d'André Chastel.

– *Nicolas de Staël in America*, catalogue conçu par Eliza E. Rathbone, études de Nicholas Fox Weber et de John Richardson, The Phillips Collection, Washington DC, 1990.

– *Revoir Nicolas de Staël*, catalogue de la galerie Jeanne-Bucher, comprenant *Esquisse d'un portrait* par Anne de Staël et un texte de Jean-Luc Daval, 1981.

Les fantômes de Sicile

– Correspondance de Nicolas de Staël : lettres à René Char des 7 avril, 9 juillet, 13 juillet et 20 juillet 1953 ; lettres à Pierre Lecuire des 29 avril, 5 mai, 11 mai, 13 mai, 14 mai, 31 mai et 6 septembre 1953.

– Lettre inédite de Nicolas de Staël à Guy Dumur du 12 octobre 1953 (fonds Dumur à l'IMEC); lettre inédite de Nicolas de Staël à René Char du 12 octobre 1953 (fonds Doucet); lettre de Nicolas de Staël à Pierre Lecuire du 15 juillet 1953 (*Lettres de Nicolas de Staël à Pierre Lecuire*, Paris, Pierre Lecuire, 1966).

– *Œuvres complètes* de René Char, *op. cit.* (voir *Anoukis et plus tard Jeanne*, pp. 314-315, et *Ciska Grillet*, p. 687).

– *René Char*, Christine Dupouy, *op. cit.*, pp. 119-129.

– Article d'Anne de Staël dans le catalogue de l'exposition « Nicolas de Staël » à Parme, en 1994, *op. cit.*

– *Albert Camus, une vie*, Olivier Todd, Gallimard, 1996, pp. 582-594.

– *Correspondance de Flaubert*, lettre du 13 août 1846 à Louise Colet (Gallimard, coll. « Bibliothèque de la Pléiade », t. 1, p. 300).

• Dans ses deux lettres du 12 octobre 1953 à René Char et à Guy Dumur, qui se connaissaient bien, Staël évoque les mêmes impressions à quelques nuances près. À l'un et à l'autre il se garde de parler de Jeanne et évoque sa série de nus en précisant à chaque fois : « sans modèle ». Il écrit à Guy Dumur : « Je peins des paysages de Sicile et des nus sans modèle dans une grange du Vaucluse dont la plaine regrette à jamais les marais qui la noyaient dans le temps. J'ai choisi une solitude minable au retour de mon voyage chez les fantômes de la mer des Grecs, mais cela me va bien parce que j'ai maintes facilités à devenir moi-même un fantôme avec ou sans obsessions. C'est d'ailleurs atroce mais c'est comme cela, que voulez-vous y faire. » À René Char il raconte : « L'eau qui noyait ta plaine bout dans les nuages au ras des cyprès. Moi, je suis devenu corps et âme un fantôme qui peint des temples grecs et un nu si adorablement obsédant, sans modèle, qu'il se répète et finit par se brouiller de larmes. Ce n'est pas vraiment atroce, mais on touche souvent sa limite. Quand je pense à la Sicile qui est elle-même un pays de vrais fantômes, où les conquérants seuls ont laissé quelques traces, je me dis que je suis dans un cercle d'étrangetés dont on ne sort jamais. »

« Il ne reste plus que moi »

— Correspondance de Nicolas de Staël : lettre à René Char du 4 juin 1953 ; lettre à Jacques Dubourg du 12 octobre 1953 et lettre datée de février 1954 ; lettre à Denys Sutton datée de fin juin 1952 ; lettres à Paul Rosenberg des 6, 11 et 18 janvier 1954.

— Lettres de Paul Rosenberg à Nicolas de Staël des 21 octobre, 27 octobre, 31 décembre 1953, 11 janvier et 9 février 1954 (archives Françoise de Staël et fonds Rosenberg à la Piermont Morgan Library de New York) ; lettre inédite de Romain Gary du 11 février 1954 à Nicolas de Staël (archives Françoise de Staël).

— *Le Musée perdu, enquête sur le pillage des œuvres d'art en France par les nazis*, Hector Feliciano, Austral, 1995.

— *L'Homme de l'art, D.H. Kahnweiler, 1884-1979, op. cit.*

— *Mes galeries et mes peintres*, Daniel Henry Kahnweiler, entretiens avec Francis Crémieux, Gallimard, 1961 et 1998, chap. 4.

— *Le Front de l'art, défense des collections françaises, 1939-1945*, Rose Valland, Réunion des musées nationaux, 1960 et 1997, pp. 76-77, 99, 184-187.

Le Castelet de Ménerbes

— Correspondance de Nicolas de Staël : lettre à Marcel Berthon datée de 1955 ; lettre à René Char du 9 novembre

1953 ; lettre à Denys Sutton datée de novembre 1953 ; lettre à Jacques Dubourg datée de février 1954.

– *Mes galeries et mes peintres, op. cit.*, pp. 188-189.
– *L'Homme de l'art, D.H. Kahnweiler, 1884-1979, op. cit.*.
– *Cingles*, Anne de Staël, Deyrolle, 1992.
– *Nicolas de Staël à Ménerbes*, article d'André Chastel paru dans *Art de France*, n° 1, 1961.
– *Nicolas de Staël in America, op. cit.*.
– *La Mesure de Nicolas de Staël*, Jean-Pierre Jouffroy, Ides et Calendes, 1981.
– « *... Et comme un appel d'air* », intervention de Cécile Cacoub aux journées d'automne 1995 de la Société française de psychopathologie. Intervention publiée dans : « Le style : structure ou symptôme ? », L'Harmattan, 1997.
– *Une vie cachée. Entretiens avec Bram van Velde*, de Charles Juliet, Fata Morgana, 1994.

• Dans son étude très serrée de l'œuvre de Staël, Jean-Pierre Jouffroy écrit : « ... En adoptant le principe de la couleur-couleur par opposition à la couleur-reflet pour trouver la couleur de l'objet, Nicolas de Staël supprime toutes les ombres de son œuvre et abolit la signification : clair égale lumière, foncé égale ombre » (*La Mesure de Nicolas de Staël*, p. 209).

« *Je deviens aveugle* »

– Correspondance de Nicolas de Staël : lettre à Pierre Lecuire du 5 avril 1954 ; lettres à Françoise de Staël de mai et juin 1954.
– Lettre-témoignage d'Emmanuel Fricero en date du 16 août 1958 (archives Françoise de Staël) ; lettres inédites de Nicolas de Staël à Guy Dumur des 3 mai et 2 juin 1954 (fonds Dumur à l'IMEC) ; lettre de Nicolas de Staël à Pierre Lecuire du 17 février 1954 (*Lettres de Nicolas de Staël à Pierre Lecuire, op. cit.*).

– « *... Et comme un appel d'air* », op. cit.

– *Denise Colomb, portraits*, Jean-Claude Lemagny, La Manufacture, 1996.

– *Nicolas de Staël et Léon Gischia*, article de Bernard Dorival dans *La Table ronde*, n° 80, août 1954.

– *Portrait posthume de Nicolas de Staël*, article de Jean Grenier dans *L'Œil*, n° 12, Noël 1955.

– *L'Aventure dramatique de De Staël*, article de Marcel Brion dans XXe *Siècle*, n° 12, mai-juin 1959.

– *Nicolas de Staël, le déroulement de son œuvre témoigne d'un destin libre et nécessaire*, article de Pierre Granville dans *Connaissance des arts*, n° 160, juin 1965.

– *De Staël et le désastre*, article de Pierre Schneider dans *L'Express*, 21-27 décembre 1964.

– *La Longue impatience de Nicolas de Staël*, article de Pierre Schneider, *ibid.*, 7-13 août 1972.

• Le geste familier de Jeanne a été relevé par René Char dans son texte *Anoukis et plus tard Jeanne* : « Le visage à demi masqué par ton bras replié, les doigts de ta main sollicitant ton épaule... » (*Œuvres complètes, op. cit.*, pp. 314-315).

• Emmanuel Fricero écrit dans sa lettre-témoignage datée du 16 août 1958 : « Je ne lui ai jamais caché mon aversion pour sa peinture qui n'avait pour moi aucun sens. Quand j'allais passer quelques jours chez lui à Ménerbes et qu'il me proposait de choisir tout ce qui me plaisait, je me bornais à lui demander de tourner face aux murs ce qui se trouvait sur le parcours qui me conduisait à ma chambre. Il riait et m'affirmait qu'il avait de ses œuvres la même opinion que moi. Était-il sincère ? » (Archives Françoise de Staël)

• Cette lettre de Nicolas de Staël au peintre Madeleine Haupert remonterait à la fin de l'année 1953 ou au début de l'année 1954 selon les propres souvenirs de sa destinataire.

Cet extrait nous a été remis par Madeleine Haupert, qui l'avait recopié dans son journal avant de brûler la lettre conformément au vœu exprimé par Staël à la fin de son courrier. Dans le passage sauvegardé figurent aussi, à la fin, ces lignes : « L'œuvre d'un peintre? On devrait s'en occuper après sa mort… et pendant sa vie, faire le silence. »

L'atelier d'Antibes

– Correspondance de Nicolas de Staël : lettre à Geneviève Asse datée de l'été 1954 ; lettre à Ciska Grillet du 13 octobre 1954 ; lettres à Jacques Dubourg des 29 octobre, 18 novembre et fin décembre 1954 ; lettre à Pierre Lecuire du 27 novembre 1954.

– Lettre de Nicolas de Staël à Pierre Lecuire du 9 août 1954 ; lettre de Nicolas de Staël à Guy Dumur, sans date (fonds Dumur à l'IMEC) et lettre de Nicolas de Staël à Madeleine Haupert (voir *supra*).

– *Nicolas Lioguine*, récit inédit de Guy Dumur, (fonds Dumur à l'IMEC).

– *Carnets du vertige*, Louis Lachenal, Société nouvelle des Éditions GP, 1956, 1963.

– *Federico Sanchez vous salue bien*, Jorge Semprun, Grasset, 1993 (rééd. Livre de Poche, 1995, pp. 147-150).

– *Œuvres complètes* de René Char, *op. cit.* (*Les Nuits justes*, p. 310).

Le Diable, l'Hermite et la Force

– Correspondance de Nicolas de Staël : lettres à Pierre Lecuire du 26 novembre et du 9 décembre 1954 ; lettres à Jacques Dubourg du 23 novembre, du 18 décembre, datée de fin décembre 1954, puis datées du début janvier, du 14 janvier, du 17 février 1955 ; lettres à Betty Bouthoul datées de décembre 1954 et janvier 1955 ; un mot et une lettre à Douglas Cooper datés de janvier 1955.

– Lettre d'Alexandre Rosenberg à Nicolas de Staël du 9 décembre 1954 (archives Françoise de Staël).

– *Dictionnaire des symboles*, Jean Chevalier et Alain Gheerbrant, Robert Laffont, coll. « Bouquins », et Jupiter, 1982.

– *Nicolas de Staël in America, op. cit.* (lire plus précisément *Remembering de Staël*, de John Richardson, pp. 61-63).

« *Merci pour tout* »

– Correspondance de Nicolas de Staël : lettre à Suzanne Tézenas du 4 mars 1955 ; lettre à Jacques Dubourg du 16 mars 1955 ; lettre à Jean Bauret du 16 mars 1955.

– *Nicolas de Staël*, Arno Mansar, *op. cit.*

– *Nicolas de Staël*, Antoine Tudal, *op. cit.*

– *Imago Mundi, topologie de l'art*, Éliane Escoubas, Galilée, 1986. Voir en particulier le chapitre « Le flagrant de la peinture : Nicolas de Staël », pp. 182-189.

– *La Mesure de Nicolas de Staël, op. cit.*

– *Staël*, Daniel Dobbels, Hazan, 1994.

– « Excursion au village », dans *Aromates chasseurs*, texte de René Char (*Œuvres complètes, op. cit.*, p. 514).

• En dépit des dernières lettres de Nicolas de Staël, le 16 mars 1955, la réalité de son suicide est encore parfois contestée par certains de ses proches. Ceux-ci expliquent généralement que, sous l'emprise de médicaments ou d'alcool, Staël aurait soit basculé dans le vide, soit voulu plonger dans la Méditerranée.

Tout récemment, le peintre Balthus a expliqué dans un dialogue avec Zeki : « … Je l'aimais beaucoup personnellement. – *Zeki :* Vous le connaissiez ? – *Balthus :* Oui. Nicolas ne s'est pas suicidé, mais il se bourrait de drogues et perdait ainsi toujours l'équilibre ; c'est comme cela qu'il est tombé par la fenêtre » (*Balthus ou la quête de l'essentiel*, Sémir Zeki-Balthus, Les Belles Lettres-Archimbaud, 1995).

En réalité, Staël n'était ni alcoolique, même s'il lui arrivait de boire, ni drogué. Tous les témoignages l'attestent, excepté celui de Balthus et celui de Guy Dumur (sous forme interrogative) : « Les excitants ? L'alcool ? Il affirmait à ses amis que, depuis quelques mois, il ne prenait plus que des jus de fruits. Il nageait beaucoup » (*De Staël*, Flammarion, 1975, p. 84).

En 1979, René Char reste en retrait, laissant l'opinion (« on ») affirmer l'évidence du suicide : « Nicolas de Staël a eu plusieurs vies et, dit-on, une mort voulue. Il en est toujours revenu, n'étant pas perdable » (*Œuvres complètes, op. cit.*, p. 1389).

Les faits sont cependant établis. Outre les deux lettres citées, Nicolas de Staël a laissé une lettre-testament en faveur de sa fille Anne, née de son union avec sa compagne Jeannine Guillou. Le récit par les voisins et la cuisinière de Staël de son comportement la veille (absorption de Véronal, douleurs, etc.) complète ces premiers éléments, de même que les mauvais pressentiments de Jeanne elle-même (témoignages d'Hélène Bauret et Pierre Lecuire à l'auteur). Au lendemain de sa mort, Hélène et Jean Bauret, fidèles à leur rendez-vous du jeudi avec leur ami, découvrirent l'émoi du quartier. Plus tard, en compagnie de Françoise de Staël et de Jacques Dubourg, ils constatèrent dans l'atelier du peintre la présence de cendres dans la cheminée, attestant que de nombreuses correspondances avaient été brûlées.

Le quotidien régional *Nice-Matin* du 18 mars 1955 relata ainsi la mort du peintre : « On a pu établir que Nicolas de Staël s'était jeté de la terrasse de l'immeuble, et les lettres qui furent trouvées chez lui, s'ajoutant aux propos désabusés que des voisins et quelques connaissances lui auraient entendu prononcer, ne semblent plus devoir laisser subsister aucun doute. »

• En 1955, la tombe de Nicolas de Staël ne comportait aucune mention. Ce n'est que plus tard que Françoise de Staël a fait poser une dalle de pierre ornée d'une croix gravée discrète. On peut lire sur la tombe : « Jeannine Guillou / 17 mai 1909 / 27 février 1946 / Nicolas de Staël / 5 janvier 1914 / 16 mars 1955. »

INDEX

431

432

440

Table